U0464208

福州摩崖石刻史话

福州市政协文化文史和学习委员会 编

海峡出版发行集团 | 海峡文艺出版社

图书在版编目(CIP)数据

福州摩崖石刻史话/ 福州市政协文化文史和学习委员会编. —福州:海峡文艺出版社,2024.12

ISBN 978-7-5550-3898-6

Ⅰ. K877.494

中国国家版本馆 CIP 数据核字第 20246VC724 号

福州摩崖石刻史话

福州市政协文化文史和学习委员会　编

出 版 人　林　滨
责任编辑　林可莘
出版发行　海峡文艺出版社
经　　销　福建新华发行(集团)有限责任公司
社　　址　福州市东水路 76 号 14 层
发 行 部　0591－87536797
印　　刷　福州雄胜彩印有限公司
厂　　址　福州市晋安区新店镇健康工业区 10 号
开　　本　720 毫米×1010 毫米　1/16
字　　数　340 千字
印　　张　24.5
版　　次　2024 年 12 月第 1 版
印　　次　2024 年 12 月第 1 次印刷
书　　号　ISBN 978-7-5550-3898-6
定　　价　98.00 元

编 委 会

凡　例

一、本书所介绍摩崖石刻均在今福州地区。

二、时限上溯唐代，下迄当代。

三、本书记载的摩崖石刻包括岩画、造像、题刻。

四、本书按摩崖石刻文字内容分类，各章节内容按年代顺序排列。

五、历史年代记述按朝代年号，括注公元纪年。

六、本书不采取“夹注”“页下注”形式，统一在书后列“参考书目”。

七、本书以存史为目的，相关细节不做学术性论述。

前　言

摩崖石刻是中国传统文化的一个载体，也是我国独特的文化形态，因为它承载着厚重的文化，也展示出久远的历史，是即时性的确切信息，又是恒久不磨的文章，具有特别的观赏价值。福州地区独多摩崖石刻，是有其地理和人文原因的。首先，福州地形山环水绕，独多崖石，唐代诗人周朴有诗形容曰："万里重山绕福州。"城外四周有鼓山、旗山、方山、北岭围护，城内有越王山、九仙山、乌石山鼎足支立，端的是形胜之地。其次因历代开府建衙，而成政治中枢、文教重镇，名公巨卿游屐常履，硕士鸿儒兴会屡集。自唐以后登临山岩者接踵连履，文人们不忘摩崖留诗、题字刻文，以此留书丘岑，而致石文遍山，满目琳琅，引人观览诵读，流连至今。金石不磨，果不其然。岁序迁移，至今尚存者累百上千，其中不乏诗文书法大家之作，洵为福城之文库。

陆游有诗曰："石不能言最可人。"福城之幸在内外高岗富有花岗岩石，质朴无华，又坚硬耐磨，古代采凿者少，为众多文人墨客提供题刻之具。他们在登览、吟咏之后将怡悦豪迈之情形诸笔墨，以记所游而抒快意，故顽石蒙镌美文，遂成人文艺术之大景观，真是"摩崖雅笔业千秋"，其不朽不在楮墨而在硕大的天然石壁。体量高大者如鼓山，登临游览者最众，留文刻凿者亦夥，千百年间所遗石文多达六百余段，蔚为壮观，令人惊叹。

福州郡城之内三山，岗阜并不危峻，游人固多游观，好事者留下更多笔墨，"磨崖纪胜，期与此山俱传"，所以石刻繁密。乌石一山多达三百余段，于山稍逊，亦不下两百多段；即便是越王山，历来为王宫、郡衙所在地，枢要之区，常人难于涉足，也不免留斧凿之迹，至今可见题刻亦有五六十处之多。这些山石，因为有文有字，沾上人文造化，得以久存。所录仕宦及游观者浏览与咏赞品题，其文其事更不绝书。今人视之如珍宝，护之为遗产，真是石亦能言尤足珍，人赏石文皆关情。因此古今留有不少关于石刻的著述、诗文，可见人们对它的喜爱与欣赏。

现今编成的《福州摩崖石刻史话》，实乃同类著作的一种，“尝鼎一脔，可知肉味”，书中所收石刻之文，虽然百不及一，因是精选，又多加石文解读、作者介绍、人物故事、典故诠释，大大方便人们对这些摩崖石刻的认识，丰富了对内容的理解。讲历史、品人物、识游踪、观景致、赏诗文、阅世情，因一本“史话”而另外获得诸多知识与教益，岂止充卧游之具哉？就常人而言，游山不过观风阅景，见岩石之高大，感绿植之清新，听闻鸟鸣蝉噪，感受雨丝风片，徒具知觉的感官享受，实不及读“史话”之隽永有味。众手成书虽难免驳杂无统，文风不一，却有博观约取之效。因为人们所赏“石文”乃注意于其所关涉之人物、故事，涉及历史、文学、艺术、科学，具有多方面的价值，即以刻文内容论，就包含书刻者的履历、人品、思想、情趣，以及石刻的社会价值与后世影响等诸多方面，所以这些石刻注定要成为世间的珍贵文化遗产。许多石刻内容还具有补史、证史的价值。这些都是读者或研究者应当注意且需顾及的内容。福州摩崖石刻具有丰富的文化内容和重要的史料价值，是作为历史文化名城的实物标志，是珍贵的第一手历史资料。

由石文到书著，是一种再创作，也是文化的再生产，这突出说明中华文化不但博大精深，而且耐久无弊，品味有得。

福州市政协文史馆顾问
福建省文史研究馆原馆长　卢美松

2024年11月

目 录

第一章　综述

摩崖石刻是中国独特的文化形态和文物类型。摩崖的定义，在清冯云鹏《金石索》中有明确解释：“古者，方曰‘碑’，圆曰‘碣’，就其山而凿之，曰‘摩崖’，亦曰‘石刻’。”摩崖石刻有狭义和广义之分。狭义的摩崖石刻专指人们在天然石壁镌刻文字；广义的摩崖石刻泛指人们在天然石壁上刻字、造像、岩画。摩崖石刻的产生与人们所处时代的政治、经济、文化、军事、风俗习惯等有着密切联系，具有历史、艺术、文学、科学价值。福州境内层峦叠嶂，城绕青山，丘陵绵亘。地质以花岗石为主，风化较浅，适合磨石刻文。故自唐宋以降，文人墨客、过往官宦，凡游走于山间者，皆视绝壁为缣素，或作大字，或题韵语，留下丰富的摩崖石刻作品。

一、福州摩崖石刻的类型与分布

广义摩崖石刻中的岩画、造像、石刻，在福州地区均保存一定数量珍品。这些摩崖石刻中，岩画早于造像，造像又早于石刻。

（一）岩画

岩画，也叫崖壁画，是刻画在山洞内或崖石上的图画。人类祖先以石器作为工具，用粗犷、古朴、自然的方法刻石，描绘、记录他们的生产方式和生活内容。在福州，登云山、瑞迹岭两处岩画属于我国绘画艺术的萌芽时期。

登云山岩画，又称上太人岩画，在福州东郊岳峰镇登云山古石磴路边的岩石上。岩画年代久远，有说凿刻于商周时代。岩画西南向，高 80 厘米，宽 60 厘米。岩壁阴刻有人物、动物等图案。人物形态各异，或立，或坐。动物有似马，有似牛羊。图案抽象简陋，风化较严重。画面中部后人阴刻“上太人”3 字楷书。

瑞迹岭岩画，在福州城门镇瑞迹寺后侧。岩画主要由云雷纹和雨纹组成，共 5 幅。中央民族大学教授陈兆复认为：“岩画系抽象性几何图形，与珠海和香港发现的岩画相似，雕刻技法较为进步，造型精致，属秦汉至隋唐时期作品。瑞迹岭岩画的发现，进一步证明福建是我国岩画的重要地区。”关于岩画的断代问题有待进一步考证，疑与闽越族文化有关，推测是“祈雨图”。

（二）造像

摩崖造像指在山崖石壁上雕造出的宗教题材形象，多露置于石窟或浅龛之中，以佛教造像最为典型。福州现存摩崖造像有 20 多处，主要为民间造像，零散分布于各区县。

福州摩崖造像的出现不迟于唐代，《三山志》中有佛像显迹于岩石的记载，乌山摩崖造像、瑞迹岭摩崖造像均有相关传说。到了宋元时期，福州摩崖造像艺术进入发展的高峰期，城门山飞来石摩崖造像、东岐山摩崖造像、永泰名山室造像是这一时期的代表。名山室共有 7 个天然岩洞，其中灵龟洞石壁刻有众多佛教题材造像，以其中白莲菜“莲社七祖”造像最为罕见。明清以后，福州摩崖造像艺术愈发多样，如鼓山摩崖造像便是非常有特色的晚近佳作。此外，福州地区著名的摩崖造像还有象山摩崖造像、埠头山摩崖造像、七佛坑摩崖造像、透堡摩崖造像、半岩亭摩崖造像等。

（三）石刻

此处专指在天然岩石上的摩崖石刻。唐宋以来，达官显宦、文人墨客在福州名山胜境的岩石上接续摩崖刻字，留下了大量珍贵的石刻文字。据初步统计，福州地区现存摩崖石刻数量近 2000 段。

1. 福州六区石刻

福州六区现存摩崖石刻 1300 多段。福州地区最早的摩崖石刻是乌山上唐大历七年（772）李阳冰般若台篆刻。明末大儒顾炎武称“闽中绝少石刻，惟此铭在三山为最古”，可惜此刻后毁，于 1982 年重刻，故福州现存最早摩崖石刻是北宋淳化元年（990）于山鳌顶峰吕文仲等人的题名。

鼓山摩崖石刻，共有 689 段（现存 633 段，佚刻 56 段），分布于绝顶峰、灵源洞、白云洞、达摩洞十八景、石磴路旁、舍利窟等处。现存石刻中，宋刻 89 段、元刻 11 段、明刻 33 段、清刻 180 段、民国石刻 103 段、中华人民共和国成立后石刻 53 段、疑刻 164 段。知名的题刻留名者有：宋丞相赵汝愚、李纲，参知政事真德秀、常挺，吏部尚书张镇，工部尚书胡榘，状元、礼部尚书黄裳，理学家朱熹，书法家、福州知州蔡襄；元平章政事朵儿只班、恒国公焦德裕，福建行省郎中王翰，右榜状元薛朝晤，闽海道肃政廉访副使郑至；明吏部尚书王翱，理学家李元阳，册封琉球国使节郭汝霖、陈侃，状元龚用卿，福建布政使周颐、屠侨、徐乾健，镇守福建太监陈道；清闽浙总督李率泰，福建巡抚佟国鼐、黄国材，太傅陈宝琛，福州将军成基、长庆，船政大臣沈葆桢，四川总督苏廷玉；北洋军阀孙传芳；民国蒋介石，师长卢兴邦、吴威，旅长陈国辉，海军台澎要塞司令李世甲；中华人民共和国成立后，全国政协主席贾庆林，全国人大常委会副委员长郭沫若、卢嘉锡、倪志福、王兆国、王丙乾等。

乌山摩崖石刻，共有 314 段（现存 186 段，佚刻 128 段）。现存石刻有唐刻 1 段、宋刻 41 段、元刻 19 段、明刻 28 段、清刻 25 段、民国 2 段、新中国成立后 11 段、疑刻 59 段。题刻留名的有：唐代将作少监李阳冰；宋代丞相李纲、赵汝愚、梁克家，参知政事郑性之、孟庾，端明殿学士许应龙，理学家陈襄、朱熹、黄榦，状元毕之进，屯田员外郎刘蒙伯、湛俞，福建按察使张汝贤，福建路抚谕使胡世将，福州知州王逵、李上交、程师孟、张徽、温益、柯述、叶棣、程迈、王镕；元代平章政事朵儿只班，闽海道肃政廉访使赵文昌，恒国公焦德裕；明代首辅叶向高，刑部尚书林聪，户部尚书马森，状元龚用卿，都御史林廷玉，云南巡抚薛梦雷；清代前侍御史萧震，郡守李拔；民国厦门大学校长萨本栋等。

于山摩崖石刻，共有 167 段（现存 110 段、佚刻 57 段），分布于鳌顶峰、狮子岩、舒啸台、廓然台、戚公祠边、金粟台等处。现存石刻中，宋刻 32 段、元刻 2 段、明刻 22 段、清刻 12 段、民国石刻 8 段、新中国成立后石刻 17 段、疑刻 17 段。题刻留名的有：宋参知政事元绛，少府监丞吕文仲，吏部尚书吴正仲，礼部侍郎陈旸，福建转运使张宇、张徽，福州知州李上交、程迈、程师孟、张劢、薛直老，理学家陈襄；明兵部尚书林瀚，工部尚书林廷选、林庭棉，礼部尚书席书，都御史林廷玉，镇守福建太监尚春、罗侖、陈道；清闽浙总督李率泰、三宝、张师诚，郡守李拔；民国十九路军将领丘国珍、翁照垣等。

长乐六平山摩崖石刻，位于吴航街道六平山上，山因形势六折平坦故名，山上有朱熹“石萝烟月”榜书、陈合“第一小有洞天”榜书、陈容“独也正”榜书，以及陈所立诗刻等30多段摩崖石刻。在2023年开始的第四次全国文物普查中，长乐区新发现45处、76段摩崖题刻及石刻造像。

此外，六区著名石刻还有：长乐柏山张徽“游参村山”诗刻、苏舜元（才翁）“钓鳌”，洋屿云门山宋右丞相郑昭先诗刻、宋状元黄裳诗刻，白犬列岛东犬（东莒）岛明董应举“沈君有容获生倭六十九名”题记。

2. 福州六县（市）石刻

福清瑞岩山现存宋至民国摩崖石刻97段。较著名摩崖石刻有北宋武状元薛奕“云海风涛”，明内阁首辅叶向高“谢政归来”诗刻，抗倭名将戚继光“穿云洞”“独醒石”，大学士余有丁“万历皇帝手书摹刻记”。

福清石竹山有叶向高诗刻、明福建巡抚南居益“早春登石竹山”诗刻、明进士王锡侯“皇明启胜”诗刻、民国福清县长徐征祥（鲤九）“石竹”榜书等45段摩崖石刻。

连江青芝山有董应举、叶向高、曹学佺、左宗棠、陈宝琛、林森等历史名人近100段摩崖石刻。

永泰名山室宋代石刻众多，以古道上宋代状元许将与礼部侍郎陈旸诗刻最为有名。此外还有南宋词人张元幹、永泰县令黄叙、元代王用文、明代谢肇淛等摩崖题刻。永泰姬岩在白云乡白云村，主峰玳瑁山海拔1238米。山上有姬岩寺，建于北宋政和年间，明万历八年（1580）重建。姬岩寺附近有宋代陈旸，明代曹学佺、谢肇淛、黄文焕，清代黄任等13段摩崖题刻。永泰方广岩位于永泰县葛岭山腰。方广岩如一片巨瓦，覆盖成一个天然大石室，高60多丈，宽、深各30多丈。洞周围有元代李良杰“天关”榜书、薛朝晤等题名、王用文“飞珮”“铁壁”榜书、明代林应宪与徐熥、陈鸣鹤、王崐仲、徐惟起、陈价夫、荐夫、林应起同游并镌“方广洞天”题刻，以及明谢肇淛，清赵在田、欧阳骏、龚易图、陈景亮等23段摩崖石刻。

此外，六县（市）较著名石刻还有：福清狮头坑北宋参知政事欧阳修（永叔）“遗照台”“三生石”疑刻；闽清梅溪坪朱熹“梅溪”“留云”榜书，宋状元郑性之白鼻岩“白岩”、樟洋“万松岭”，爱国诗人张孝祥际上村“起傅岩”；闽侯汤院山吕惠卿题名、住持沙门诗刻，旗山石松寺后灵凤山天白老祖题刻；罗源县走马岭“才翁所赏树石”，圣水寺眠鹤石葛仲温与王用文等题名；连江玉泉山明首辅叶向高诗刻、南京兵部尚书吴文华诗刻、云居山清湖广总督杨芳“海上飞来”等。

二、福州摩崖石刻的特点与价值

“城在山中，山在城中”是福州这座历史文化名城的一个显著特征，城内于山、乌山和屏山鼎足而立，别称“三山”。其中乌山、于山名刻多且集中。与国内其他地区摩崖石刻与城市距离而言，福州人上山磨岩刻字、爬山赏刻更为方便，交流互动也更频繁。

（一）石刻弥补史志缺漏

福州历史上的重要时刻，多能找到摩崖石刻记录或见证。

福州建城，源于闽越王无诸。时无诸被秦“废为君长”，愤懑之余，佐汉灭秦，被汉高祖刘邦立为“闽越王”，“王闽中故地，都冶”。为此，民国20年（1931），闽侯知县欧阳英在冶山刻“无诸故城”四字于石。

无诸是在南台江边的惠泽山上接受汉室册封的，后世称册封处为“越王台”。台上有石刻“全闽第一江山”，后圮，改立为碑，今犹存。无诸又到九仙山登高，凿石樽，饮菊花酒。据晋《闽中记》载：“九仙山，亦名九日山，无诸王是日于此凿石樽以泛菊，石樽可盛三斗。”石樽至清嘉庆年间尚在，时梁章钜等8人登山访樽，在山麓九曲亭刻下石文“越王石樽。嘉庆癸亥重阳，郑天祥、郭仁图、叶申万、林永健、梁章钜、冯光祚、叶申芗、廖鸿藻同寻”。

唐开元十三年（725），因闽州西北有福山，改闽州都督府为福州都督府，福州之名自此始。47年后的唐大历七年（772），监察御史李贡在乌山建般若台，并于乌山刻字，字由李阳冰所书。

唐元和八年（813），福州刺史裴次元建毬场于冶山，即山为亭，造二十九景，并刻《二十景诗》于亭壁。后景多为民居所侵，诗刻亦圮。1931年，闽侯县名胜古迹古物保存会重修古迹，福建高等法院院长王风雄刻“唐裴刺史球场遗址”于八曲旁。同年，教育厅厅长程时煃刻“唐陈将军岩建牙处”于六曲。

到了宋代，闽学兴起，前有“海滨四先生”，后有“南剑三先生”，朱熹及众弟子游历福州名山大川，留下诸多石刻。如陈烈在鼓山的《鼓山铭》；陈襄在乌山与程师孟、刘彝等人的“题名”；朱熹在鼓山的“天风海涛”，凤丘山的“鹤林”“凤丘”，乌山的“清隐”，马尾的“仙苑”“龙溪”，闽清梅溪坪的“梅溪”，福清梨洞的“龙津”，连江的“陟岵”“降虎”“雷移”等；郑性之在乌山与孙德舆、黄桂等人的“三鼎甲题名”，在闽清的“白岩”“万松岩”；陈孔硕在鼓山与朱熹等人的“同游题名”，在凤丘山的“蛰仙”。

元至正二十七年（1367），汤和攻克福州，结束了元朝在福州92年的统治。时福州出了个“死做忠臣”的王翰，他在鼓山、罗源莲花山、永泰方广岩、方壶岩、赤壁等处都留有石刻。

明代福州重修府城，新建周边县城，并在濒海造所城。戚继光入闽剿倭，也留下多处石刻。他在瑞岩山开辟新洞期间，还在“兴剧时，每集众宾坐于（弥勒石像）肩乳、手腕、足膝之上，分韵赋诗，间以歌儿，鳞次高下，传觞而饮”。

明清两代，福州与琉球国王封贡往来密切，册封琉球的使臣在福州留下许多记事摩崖石刻。明嘉靖十三年（1534），正使陈侃、副使高澄“游鼓山题记”；嘉靖三十七年，正使郭汝霖“航海待渡”，樊献科邀其游乌山；嘉靖三十九年，正使郭汝霖“鼓山灵泉题刻”；清康熙五十七年（1718），副使徐葆光“鼓山题名”。

进入民国后，“福州古迹古物保存会”和“闽侯县名胜古迹古物保存会”成立，陈衍任会长，施景琛为常务理事，二人以“福州古迹莫古于泉山（即冶山）”，决定依“唐裴刺史”所创，恢复“毬场山亭二十九景”，今冶山上现存的60段石刻，大都为民国16年至21年（1927—1932）间所镌，题名者包括大总统黎元洪、陆军总长王士珍、海军总司令杨树庄、国民政府主席林森等。

石刻如同历史遗珠，可补志书手札之阙。福州多段摩崖石刻发挥了证史或补史作用。不少官宦名儒在游览名山胜景时留下的题刻，从中可以佐证历史人物在福州为官期间行事的内容。其中乌山“潘正夫题记”记述宋绍兴二年（1132），因靖康之间金人南侵，二圣北迁，吴国长公主一家南渡流亡至福州，馆于神光寺，特别往观李阳冰篆刻之事。天章台旁“李世安题名刻”记载：“至正壬辰冬，余以柏府之命如广海，经三山止神光寺。明年正月朔，寇逼郡城，是日与廉使许希文共守南门，董督备御。越二十六日，建、邵分宪佥事郭继先率援兵南下，贼遂败溃宵遁。”于山兰花圃内“绅耆题记”镌刻清嘉庆十四年（1809）七月张中丞（师诚）权总督，八月歼蔡牵于黑水洋，九月朱渥率其党三千余人乞降的史实。这3段摩崖石刻叙述的内容均不见史志记载，可见石刻有拾遗补阙之重要价值。

（二）石刻记载城市风貌

福州是一座山水城市，吻海派江，民众附山以居。明《闽部疏》云："天下形势，易辨者莫如福州府。诸山罗抱，龙从西北稍衍处过行省，小山坐其中，乌石、九仙二山东西峙作双阙。其外托则东山高大，蔽亏日月，大海在其外，是谓鼓山；西山迤逦稍卑，状若展旗，曰旗山，以配鼓；其前则印山若屏，为南案，似人巧凑泊而成者，然犹未睹水所经宿也。登道山以望，则大小二水，历历在目。大江从西南蛇行方山下，南台江稍近城而行。大江复从南稍折而东北，南台江水合之，汪洋弥漫，东下长乐入海，其山川明秀如此。"这段话精辟地概括了福州的山川地貌，而《闽部疏》所云之鼓山、乌石山（乌山）、于山（九仙山）正是摩崖石刻云集的形胜之地。

鼓山距城三十里，宋代以降，文人墨客皆喜欢登临眺望。游目四顾："东则巨海茫无际崖，琉球诸国隐约雾霭间。西则三山，州城百雉，烟火万家，重江如练带，环绕郛郭。南北则层峦叠嶂，蜿蜒起伏，若图画然。"清魏杰在鼓山创"十八景"，刻"远浦潮生字字明，图开福寿自天成""长江舟满看如蚁，架壑沿岩上九霄。万点灯球灿碧流，江干夜夜聚渔舟"诗句于八仙岩壁上，讲的就是"若图画然"的福州美景。鼓山脚下南台、西峡、马头三江交汇，莽莽滔滔，东流入海，故描写"东则巨海"的石刻较多，如宋丁竦、沈绅、陈烈的"穷岛夷，濒封域，屏闽东，拱辰北"；元赵文昌的"海上诸峰剑戟稠，兹山盘礴甲闽瓯。天风下控三千界，岛月旁通十二楼。郡志昔常夸绝域，版图今始附中州。六朝而后多词客，谁得题诗到上头"；明江以达的"云起千峰失，潮生匹练明。东山观海处，亲挈鲁诸生"；清林之蕃的"槛外长江涛澜汹涌，风云开阖，舟楫往来，鱼龙出没，尽收佛几禅床之上。四望冈峦之起伏，峰岫之联亘，若奔若蹲，若去若来，皆效于左右"，魏杰的"俯瞰三江汇，环流万壑明。奇绝瓯闽胜，许多岛屿横。江山尘外净，风月眼前陈。真乃豁心目，人间少此亭。海近涛常涌，舟多潮正平”；民国张治如的“晓日半轮开芳崩，岛烟数点见琉球”等。

乌山是福州城内“三山”之一，文人登高望远，看的景便与鼓山不同。宋詹乂民南望，则“南台江中，风帆浪舶，历历可数，前则田畴广衍，后则屋室参差”；明南居益北眺，则“秋涛蜃气三山外，夕照闽宫百代前”；凭崖吊古，明陈德言“首夏移尊傍石台，万家烟井望中开。江分九曲通遥岛，地拥三山接上台”；宴集群公，明叶向高“槛外林光连百雉，天边江影落双虹”；重九登高，清魏杰“地分城市连三岛，潮满江河涨九秋。榕树千村青到眼，茱萸几朵绿簪头”；买园即景，陈琼“家藏山第一，门对塔成双”；开荒构畦，许豸“徙倚危阑畔，潮来浦几湾”。

于山与乌山互为犄角，亦为福州城内“三山”之一，宋薛弼夸于山“虽李太白骑鲸探禹穴，跨鳌登天门，其玩奇纳爽，无以异此”，并刻石于补山精舍。从于山鸟瞰福州，亦有许多胜景入刻。明林庭棉等“醉倚楼阑频北望，五云遥护六龙回”，一眼望到了王霸宅改建的五云阁；宋黄轺“两潮涨雪连空阔，万顷堆云接畛平”，书写将西湖美景尽收眼底之情；明林廷玉到万岁寺看塔，见“塔上云容晃水光，塔前花雨入禅堂”；民国施景琛入戚公祠祭告，盼“柴门遮断马江烟，军威早已惊三岛”。

（三）石刻呈现书法艺术

福州摩崖石刻荟萃了上起唐代、下至当代的各类书法艺术，可谓琳琅满目。这些石刻既有在书法史上享有盛誉的名家之作，也有达官名儒的珍贵题记，意趣各异，不乏书刻俱佳精品，楷、行、草、隶、篆诸体皆备，具有极高的艺术价值和文史价值，为书法史研究提供丰富的实物资料，是福州重要的人文景观和书法艺术宝藏。

其中《般若台题记》是李阳冰任将作少监时，应监察御史李贡之请所书并刻于石的。李阳冰篆书被誉为“李斯之后千古一人”，其所书石刻在元明之后大都佚失，《般若台题记》篆书石刻便尤显珍贵。书法史上被称为“宋四家”之一的蔡襄，曾两度知福州，勤政爱民，且留下诸多书迹。“苏、黄、米、蔡”都以行草见长，而蔡襄尤精楷书，多效鲁公面貌。鼓山灵源洞“忘归石”“国师岩”“邵去华、苏才翁、郭世济、蔡君谟庆历丙戌孟秋八日游灵源洞”，皆为擘窠大字，不仅有鲁公宽博清正之气，又得诚悬之劲健，绝无米芾所评“蔡襄书如少年女子，体态妖娆”之态。这几块石刻，刻工极佳，为有宋以来难得的楷书精品。南宋时期的朱熹是儒学的集大成者，在书法上也卓有成就，被誉为南宋四大家之一，曾多次游历福州，留下 30 多方题刻，以大字居多。在鼓山灵源洞“谒鼓山嗣公”石刻为多字行书，与台北故宫博物院藏大字《宋朱子书易系》风格相近。其结体上重下轻，笔势深沉而迅速，大有快剑斫阵之势，筋骨突出，强健有力，亦是朱熹书法之精品。元代被赵孟頫推崇甚至亲自举荐入宫任职书法家的李溥光，善真、行、草书，尤工于大字，著有《雪庵永字八法》《雪庵字要》，存世书迹较少，在乌山上留有石刻。元代著名书法理论家郑杓，所著《衍极》是中国历代书法理论史中少有的鸿篇巨制，亦善书，工八分。乌山上存有两块他的石刻题记，为研究郑杓提供重要的资料。

在书法史上，宋元以行草为盛，篆隶作品并不多见，福州地区的摩崖石刻中存有多块篆隶石刻作品，其艺术上虽不能和秦汉篆隶书艺术鼎盛时期相比，但别具气格，其中不乏上乘之作，对研究和学习宋元时期的篆隶书十分有益。篆书有宋知州程师孟题刻“道山亭”“冲天台”“金粟台”“光禄吟台”，字径皆逾尺，线条匀称，笔力劲健，结构方圆结合，遒秀流美，端庄而又有异趣，堪称精品。隶书以鼓山灵源洞宋代“赵希衮等题名”和乌山元代任允书“僧家奴等联句”为代表，结构方正，笔势飞动，由于刻石的原因，掩去宋元时期隶书多以楷法写隶不能高古之弊。

摩崖石刻作品多以正体（楷、隶、篆）刊石，一是易得端正气象，二是便于凿刻，所以草书石刻作品较为罕见。鼓山灵源洞有块宋代林公济“钱公永等题名”的草书石刻，字字状如算子，是书者抑或刻工水平，现无从考究，足见草书刻石之难。在乌山、福清瑞岩山、灵石山、黄檗山、齐云山、石竹山所存叶向高题刻，多是草书，其字放达洒脱，行笔婉转多变，虽字字独立，却上下连属，左右顾盼，当为佳作。

三、福州摩崖石刻的保护与利用

摩崖石刻是文物保护法的重点保护对象。《中华人民共和国文物保护法》第三条规定：“古文化遗址、古墓葬、古建筑、石窟寺、石刻、壁画、近代现代重要史迹和代表性建筑等不可移动文物，根据它们的历史、艺术、科学价值，可以分别确定为全国重点文物保护单位，省级文物保护单位，市、县级文物保护单位。”

2007 年 4 月至 2011 年 12 月开展的第三次全国文物普查数据显示，我国共有 6905 处摩崖石刻。在先后公布的八批次全国重点文物保护单位中，共有 70 处摩崖石刻（由 128 处摩崖石刻合并保护）列入“国保”。福州有 2 处摩崖石刻、2 处摩崖造像列入“国保”。其中，福清瑞岩弥勒造像于 1996 年 11 月被国务院公布为第四批全国重点文物保护单位；鼓山摩崖题刻于 2001 年 6 月被国务院公布为全国重点文物保护单位；于山、乌山摩崖石刻及造像于 2013 年 5 月被国务院公布为第七批全国重点文物保护单位。2022 年 7 月，国家文物局公布了第一批古代名碑名刻文物名录。其中，蔡襄游鼓山题刻、南宋李纲题刻、蔡襄忘归石题刻、南宋寿字题刻、施元长喝水岩题刻、于山金粟台石刻、乌山黎公崖榜书题刻入选。

福州现有摩崖石刻文物 171 处，其中已公布为各级文物保护单位的有57处，包括全国重点文物保护单位2处、省级文物保护单位6处、市级文物保护单位12处、县（市）区级文物保护单位37处。

福州摩崖石刻总体保存较为完好，但也有一些石刻被人为毁坏，有些年代较远、石质较差的石刻因风吹日晒、自然腐蚀和日益频繁的人类活动，存在一定程度的损毁。为推动摩崖石刻保护，近年来，福州市主要开展了以下保护工作：一是推动立法保护。2024年，福州市人大常委会成立工作专班，启动摩崖石刻立法工作。福州市文物局在市司法局的配合下，经征询各方意见，组织草拟了《福州市摩崖石刻保护规定》（送审稿）。8月12日，福州市政府第112次常务会议审议通过规定草案。10月29日，福州市第十六届人大常委会第二十次会议审议通过该规定。11月28日，福建省第十四届人大常委会第十三次会议批准该规定，自2025年3月1日起施行。二是夯实保护基础。福州市文物部门相继开展全市石刻碑刻文物、九峰寺及其周边摩崖石刻文物等摩崖石刻保护资源专题调查及名碑名刻遴选推荐工作，并结合第四次全国文物普查，进一步摸清全市摩崖石刻底数，补充完善摩崖石刻基础数据。全市摩崖石刻文物均按照文物保护法的规定树立文物保护碑（或保护牌），确定了保护单位（或保护责任人），建立了规范化“四有”档案。同时，划定了摩崖石刻文物本体、保护范围及建设控制地带线（省级文物保护单位及其以上级别），建立数据库并定线落图，纳入福州市国土空间规划管理系统进行有效管控。组织开展《全国重点文物保护单位乌石山、于山摩崖题刻及造像保护规划》和《全国重点文物保护单位鼓山摩崖题刻保护规划》修编工作。三是定期保养维护。2018—2019年，福州市文物部门指导鼓岭管委会对鼓山摩崖石刻进行保养维护，指导编制石刻整治方案，积极争取上级资金补助；先后完成鼓山核心区灵源洞景区、喝水岩景区、十八景区内的摩崖石刻周边环境整治，对摩崖石刻进行清洗保养维护，清除摩崖石刻面层苔藓、地衣，结壳等，重新填色描红。结合于山、乌山、冶山历史文化风貌区保护提升，拆除摩崖石刻周边的违章建筑，整治周边环境，并加强摩崖石刻文物的维护，加强管护。2021 年，结合乌山景观保护修复工程，拆除覆盖在摩崖题刻上面的违章建筑，使建筑下的石刻文字得以重见天日。2018 年到 2022 年 12 月，冶山春秋园建设项目中，先后发现“芳茗原”“雉梁”“红蕉坪”“耀星岩”4 段题刻。2023 年 11 月，清除覆盖摩崖石刻的树根，使“冶山胜境”榜书题刻露出全貌。四是促进文旅融合。福州市文旅局串联鼓山、乌山、于山、青芝山、瑞岩山等景点，打造了福州摩崖石刻主题旅游线路；创作了歌曲《梦从鹤上来》、闽剧《乐圣陈旸》、评话《山水知音》等文艺作品；设计生产了如心经灯、随手泡茶具、书签套组，状元砚台、“凌霄玉柱”卷轴等摩崖石刻文创产品。五是积极宣传推广。相关单位和个人先后编撰出版了《福建摩崖石刻精品》《福州摩崖石刻》《鼓山摩崖石刻百幅拓片精选集》《鼓楼摩崖碑刻》《冶山摩崖石刻新编》《泉山全集》《连江摩崖石刻》《长乐古石刻》等书籍，宣传推广福州摩崖石刻。福州市电视台以“石刻之魂、石刻之雅、石刻之韵、石刻之灵、石刻之约”为主题，拍摄摩崖石刻相关短视频系列性节目。福州广播电视台、福州日报社及市县级文旅公众号分别在电视端、新媒体端、广播端、纸媒端等多渠道对福州市摩崖石刻进行专题宣传报道。福州市文联、福州日报社联合开展“我来读刻”寻访福州摩崖石刻征文活动。

福州摩崖石刻是福州历史文化名城的重要组成部分，以诗歌、题名题记、榜书，以及岩画和造像等形式构成完整的摩崖石刻文化，具有丰富历史内涵和史料价值，是研究历史名人、历史事件和书法艺术的第一手资料。据统计，石刻署名者达 3000 多人，涉及历史人物、历史事件、文化艺术、宗教信仰、地名演变、地理变迁、自然景观、民俗、民间故事、吉祥祝福、行善积德等内容，可谓是“露天”的历史资料宝库，也是闽都文化的重要实物载体。加强保护活化利用，弘扬摩崖石刻文化，功在当代，利在千秋。

第二章　叙事抒情

叙事抒情是中国文学的一大特色，也是摩崖石刻最常见的一种类型。北宋史温于山访僧，发出“劳生何得此中闲”的感慨，是为福州摩崖石刻抒情之始。此后历代文人墨客，或宦游，或流寓，或寂隐，或谪居，凡寄迹于福州山水之间者，皆喜择石留题，记事抒情。诸如陈烈赞山，萧竑观海，张孝祥咏梅，徐鹿卿祷雨，樊纪刊山修路，龚易图归隐造园，赵与滂感怀世事，萨子安指顾襟怀，萧震祈山海无事，李率泰睹升平有象，寥寥数语者有之，洋洋百千字亦有之，雪泥鸿爪，皆为往事见证。人事或过往早散，但石文却永久寄寓着当年风景与古人情感。今人亦常在这些跨越千百年的字痕中，感悟着自然的恒久与生命的多彩。

樊纪怀安县修路记

福州怀安县修沙溪路记

怀安县令樊纪，到官之次年，尝讼事沙溪口，由拔仕岭过新蓝至鸡菜岭，距县百里而遥，路险而石恶，行人苦之，其石有觜于旁而啄衣者，牙于中而齿足者，蹲于前而梗步者，因购工力，率皆琢去，易艰涩为平易，虽引杖索途者亦无颠踣之虞，夫历年且深，陵谷尚有变更者，况道路乎。苟缺者能补，陷者能平，断者能接，敢望于继政君子也。

时嘉祐三年八月二十四日记。

文林郎守县尉叶武，将仕郎守主簿王知微，都经划主幽居僧垂拱，监役僧戒达、传昭，住外汤院释庆聪书

樊纪“福州怀安县修沙溪路记”

这段石刻位于闽侯县荆溪镇关西村拔仕自然村。拔仕旧称别仕，宋崇宁年间，官府辟“北西取建宁后路”时，曾在此设“别仕铺”，配厢军两人，负责“稽留盗匿”。

宋嘉祐三年（1058），是樊纪任怀安知县的第二年。这一年秋天，他因为一桩官司，带着县尉叶武、主簿王知微等出福州北门，经沙溪、拔仕前往鸡菜岭，一百多里的路程，基崩地坼，颠沛难行，沿途的石块，或“啄衣”，或“啮足”，或“梗步”，令行走的人苦不堪言。

当樊纪由唐贤进入拔仕时，见林姓聚居，人虽不多，却多为青壮，于是“购工力”，让人将“觜于旁”“牙于中”“蹲于前”的石块尽皆凿去，道路因之平坦，连“引杖索途”的老人“亦无颠踣之虞”。

路修好后，樊纪为之取名“沙溪路”。考虑到时间久了，沧海都会变成桑田，何况道路，樊纪在八月二十四日，将修路经过题刻于石上，希望后任官员在道路再次受损后，能延续他的政事，将缺失的石阶补上，把凹陷的路段填平。

崇宁元年（1102），沙溪路被拓为官道，成为福瓯驿道的一段，官府在这里设置“别仕铺”，配厢军两名，负责“稽留盗匿”。过了五年，因“山岭既峻，道旁绝少人家”，福瓯驿道被罢，别仕铺也随之弃用，没了官府管护的官路，渐渐沦为村道。

宣和元年（1119），沙溪路再次损坏，受樊纪的激励，拔仕人林慈带着儿子林简、林筠发起募捐，准备“铺境内官路”一里。村民踊跃参与，连主持道观事务的彦从也率领八九个道士加入捐款的行列。这次修建耗资近两百贯，由林简立碑于樊纪修路石刻旁，希望成为后人学习的榜样，发扬这份功德。（林强）

陈烈等鼓山题铭

鼓岃崩，顶峰特。穷岛夷，類封域。屏闽东，拱辰北。岁辛亥，帝司赤。竦绅烈，从陏陟。搴若华，揖瑶极。呵蜚霆，蹴鳌脊。披霄垠，殚目力。高者仰，深必惕。谨其至，惟古则。

丁竦公善、陈烈季甫，大顶峰，沈公仪铭

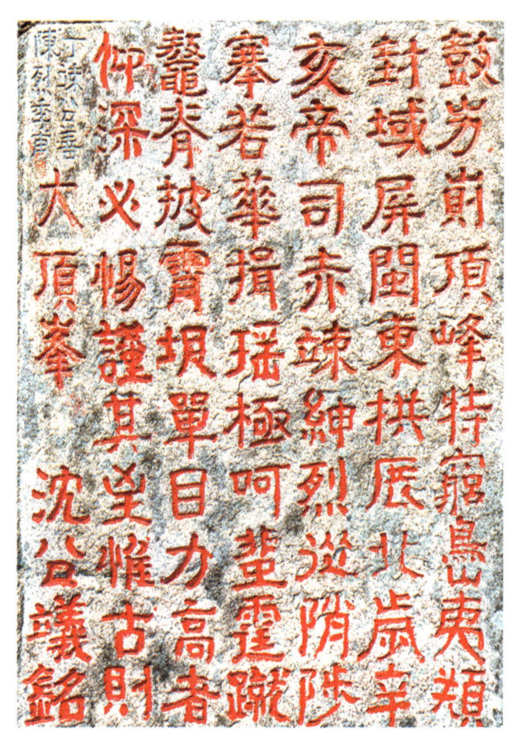

陈烈等“鼓山铭”题刻

大顶峰

这段石刻位于鼓山的大顶峰，为福州郡守丁竦、提刑沈绅、郡人陈烈同游鼓山时所刻。

大顶峰为鼓山之巅，又名屴崱峰，人立其上，云从足下生，蓬蓬如絮，凭虚西眺，可见福州府城，屋宇鳞次，烟火万家。东南处，大海淼淼苍苍，茫无际涯，依稀可望闽安、五虎诸岛。

石刻落款没有时间，据《艺文录》记载："熙宁四年（1071），陈烈、丁竦、沈绅同游。"可知当刻于其时。另据《闽中金石志》记载："丁竦、沈绅、陈烈，熙宁四年同游，作三言诗十一句。"亦可证其时间。

丁竦，字公善，安徽青阳（今池州）人，宝元元年（1038）进士，熙宁三年（1070）以太常少卿知福州，五年再知福州，八年回京，元丰二年（1079）以朝议大夫知越州。沈绅，字公仪，浙江会稽（今绍兴）

人，景祐五年（1038）进士，治平四年（1067）以尚书屯田员外郎为荆湖南路转运判官，熙宁年间（1068—1077），为福建提刑司文臣提刑，元丰中，知庐州，卒谥“文肃”。陈烈（1012—1087），字季慈，号季甫，侯官（今属福州）人，居福州郎官巷，为人“学行端饬，动遵古礼”，与同郡陈襄、郑穆、周希孟为友，因四人“在闽倡明道学于杨、罗、李、朱未起之日”，开后世“性理之学”之先，故时人号为“海滨四先生”。宋庆历初（1041），陈烈以贡士身份赴试京师，应进士不中，在仁宗朝，屡召不起，欧阳修举为国子监直讲，亦不受；元祐初（1086），诏为福州府学教授，在其教诲下，乡人感化，知“忠信孝悌”“礼义廉耻”。

《鼓山铭》的作者，众说纷纭。按石刻落款，为沈绅所书，按清《鼓山志》《全闽诗话》记载，为陈烈所写；《全宋诗》收录时又把它列入丁竦作品；查明代《福州府志》（卷四十），则说是宋熙宁中，陈烈、丁竦、沈绅合作。

该铭格调高古，感染了许多人。真德秀登临鼓山时，有诗言及：“有怀子陈子，感叹为欷歔。子抱明月终，我方长途趋。”黄榦也有登鼓山诗，曰：“摩挲陈公碑，岁月为我纪。更持末后句，归以铭石几。”明成化二年（1466），游明生《游鼓山记》则有大顶峰上“刻有熙宁中丁福州竦、沈提刑绅辈所作《鼓山铭》，摩洗读之，其文甚古。相与据石而坐，抚今思昔，怅然者久之”的描写。（林强）

张徽等游参村山

“游参村山”题刻

游参村山

未穷双佛刹，先到一渔家。
山雨已残叶，溪风犹落花。
汲泉沙脉动，敲火石痕斜。
应是佳公子，竹间曾煮茶。

张徽

二寺一峰顶，巉岩石作门。
飓风掀涨海，漂卤灌低原。
斑驳窥虫篆，钓舟听鸟言。
人家溪两岸，遥望似桃源。

蒋之奇

熙宁辛亥秋九月晦，县令萧竑立

这段石刻位于长乐区江田镇三溪村柏山的钓鳌石旁，熙宁辛亥，即宋熙宁四年（1071），由两首五律诗组成，一首是张徽所写，一首是蒋之奇所写，立石者为长乐知县萧竑。

张徽，字伯常，复州景陵（今湖北天门）人。宋熙宁初（1068）为福建路转运使，后授朝议大夫，“以上柱国致仕”。与司马光、范纯

钓鳌台

仁、曾巩、程师孟等友善，有诗名，著有《沧浪集》。

蒋之奇（1031—1104），字颖叔，一作颕叔，号函南，常州宜兴人，宋嘉祐二年（1057）进士，累官至正议大夫、知枢密院事、观文殿大学士、上柱国、弋阳郡开国侯。崇宁三年（1104）卒，赠太师，封魏国公，谥号文穆。熙宁二年（1069），蒋之奇曾任福建转运判官，推行新法，旋迁淮东转运副使，熙宁四年，他到福州公干。

萧竑，字立之，尤溪人，嘉祐八年（1063）特奏名进士，熙宁中知长乐县。

张徽、蒋之奇、萧竑同登柏山，是在熙宁四年（1071）的九月末，"山雨已残叶，溪风犹落花"，秋意正浓，正是赏秋好时节。

柏山的路是依崖而凿的石磴道，沿途林碧峰青，翠岫葱茏，山上有数座古刹，其中最有名的当属唐代的当阳寺和宋初的瑞峰院，"二寺一峰顶，巉岩石作门"，说的就是这两座寺庙。

在通往“双佛刹”的路上，有一户看上去很普通的渔家，修竹疏影，古井微澜，依稀有“汲泉沙脉动，敲火石痕斜”的痕迹，这应该是某位“佳公子”，曾在这儿汲泉敲火、竹间煮茶吧。

登上瑞峰山顶，视线从瑞峰院东移，鼎溪两岸的人家，笼罩在蒙蒙的烟雨中，远远望去，像是置身桃源仙境。更远处，一望无际的大海廓然在目，飓风咆哮着，掀起巨浪，漂浮在海面的垃圾，被潮水裹挟着向岸边涌来。瑞峰院下方两块前后重叠的巨石上，隐约能看到篆书的痕迹，剥开斑驳的苔痕，原来是福建路提刑苏舜元于庆历七年（1047）视察飓风时的题句：“飓风起，余陟是山颠，观海波也。”24 年了，海还是那片海，风还是那个风，人却如浮光掠影，岁岁不同。

由瑞峰院往西，就到了当阳寺，在寺的后山稍做休憩后，三人前往灵峰院入宿。事后，萧竑命人将张、蒋二人游参村山后所写的诗刻于苏舜元飓风石刻的旁边，并将游参村山的过程题于当阳寺后山的古道边：“张伯常、蒋颖叔同登瑞峰山顶，观海罢，复小憩于当阳后峰，退而宿于灵峰院。”可惜灵峰院早已废圮，遗址无从考证。（林强）

海务等铺路记

大观戊子年募缘捐题，及礼佛会收钱二百余贯，铺砌古岭并南洋官路一条二千余丈，至宣和五年癸卯毕工，共成胜事，庶尔不朽之功，利济荐亡之福。十一月初三日谨记。

大乘化士僧海务、居惠、居赞，同化郑兴、陈晗、高仪、张问、张满、郑才、陈生、林忻、王八妹、林三娘

“海务古岭官路记”题刻

这段石刻位于鼓宦公路佛舍岭的附近，是北宋时期福州人前往鼓岭的官路上的珍贵遗存。该路在民国以后渐渐荒废，鲜有人走，石刻亦淹没在荒烟蔓草之中，难以寻觅。笔者曾在2012年7月由东山村人带路，缘得一见。几年后再去，因山洪暴发，荆棘挡道，再也没有寻到。

鼓岭旧名“古岭”，它成为福州著名的避暑胜地，源于清光绪十一年（1885）传教士的发现。在此之前，它不过是“睹过仑之峰高，漫说无多过客；叹佳湖（今嘉湖）之屋远，居然大半村翁”的传统村落，清末秀才刘益琛在《鼓岭赋》中称其“地接闽山，乡居东土，路出双龟，峰朝五虎”。这“五虎”不是今天闽侯县祥谦镇的五虎山，而是闽江入海口的五虎礁，它与“双龟”一同构成“闽江口七景”中的“五虎把门”“双龟锁口”。

那鼓岭是怎么“路出双龟”的呢？原来，在北宋之时，从福州往闽江入海口有一条官路，起于福州东郊的东山村，经奶奶坪、佛厝，到鼓岭的嘉湖、牛头寨，之后下南洋、白眉、康坂，到闽安镇。闽安镇是闽江口重要门户，由此北出双龟，或到连江，接“福宁温台北路”，或经五虎，改走“东南水路北路”，是宋代福温驿道的补充。

鼓岭并南洋官路就是这条路的一段，长 14 里，始建于宋大观二年（1108），历时 15 年，至宣和五年（1123）竣工，发起人是大乘寺僧海务、居惠、居赞。大乘寺历史悠久，据宋《三山志》记载：“大乘、爱同寺，在东山瑞圣里。（梁大同）六年（540）置大乘，十二年置爱同，皆律寺。异居而同食，故曰爱同。唐神龙中，律师怀道、怀一相继居之。会昌，例废。大中十一年（857）复之，合为一，尚异居。”清康熙八年（1669）重修，如今已经废圮，位置就在今东山村北圣泉寺一带。

在这段石刻的旁边，还有一段未落款的石刻，上写“眠云寺舍钱三十六贯，铺佛舍岭并□□岭路三百丈，□□□音□□□舍一□□计三百”。眠云寺原名眠云院，宋《三山志》记载：“眠云院，瑞圣里，庆历五年（1045）置。”瑞圣里即大乘寺所在的里。惜如今寺亦无存，遗址不详。（林强）

程迈访于山小华峰

程晋道解帅事，将造行阙前一日，拉徐持志、刘仲高同访小华峰，登廓然台，憩野意亭。超然遐瞩，危岑列岫，尽落樽俎间。晋道此行若登仙，而居者无路挽留，不得从容物外之乐，殊为大恨。

绍兴壬子季秋十一日，时侯仲勉以疾不至

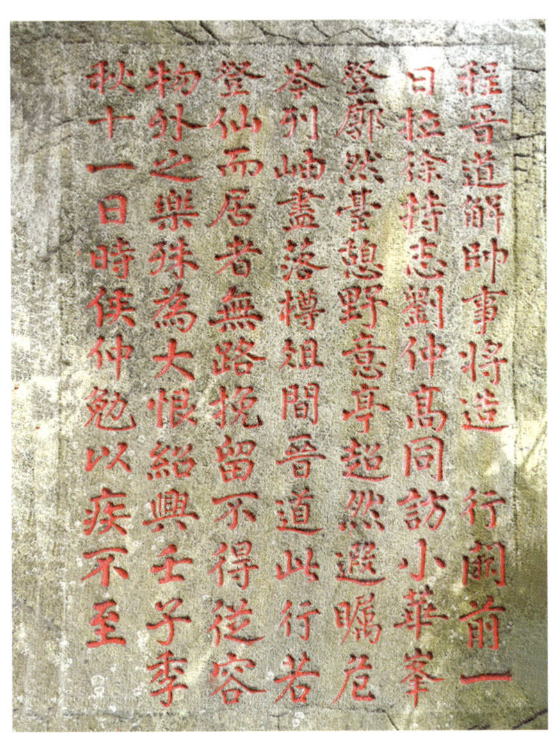

程迈“访于山小华峰”题刻

这段石刻位于于山的野意亭下，绍兴壬子，即宋绍兴二年（1132），由时任福州知州的程迈题写。

程迈（1068—1145），字晋道，徽州黟县人，宋元符三年（1100）进士，历官仁和县尉，西安知县，提举江西常平，除直秘阁、福建转运副使，太常少卿，福州、温州、信州、饶州知州，官至显谟阁直学士。他在供职之余，撰述不辍，著有《漫浪编》。他有三次福州任职经历，第一次在建炎三年（1129），任福建转运副使；第二次在建炎四年三月至绍兴二年（1132）九月，以朝散大夫、徽猷阁待制知福州；第三次在绍兴十二年二月至十三年，以显谟阁直学士再知福州，并充福建路安抚使。

此题刻是他第二次任职福州的最后一天所写。这一天是九月十一，深秋的福州，晴空景明，程迈带着文臣提刑刘峤（字仲高）、福建转运使徐宇（字持志）同访于山。他们登上廓然台，在野意亭休憩，看孟庾、韩世忠的塑像。建炎四年（1130），程迈曾经与孟、韩并肩作战，平定了建州范汝为叛乱。当他们登上鳌顶峰西北的小华峰时，随从已摆上宴席，“樽酒俎肉”，程迈登高远眺，见山峰森列，碧岫堆云，美景在前，依依不舍！

见程迈兀自愣神，刘峤、徐宇忙上前敬酒，并祝“晋道此行若登仙”。程迈不禁哂然一笑，这让他想起了唐开元四年（716），从京官被贬到地方任汴州刺史的倪若水，在为途经汴州的大理少卿班景倩接风时，对班景倩由地方升任京官羡慕不已，感叹“班公是行若登仙”。后人常以此句赠送像班公一样扶摇直上、升迁要位的人，而宋代官制，亦是重内轻外，用于此时送行，恰如其分。

“怅念艰虞以来，盍簪之乐盖不易得”，人在官场，身不由己，离别在即，程迈只好把种种不舍，都付“樽俎”之中。（林强）

张孝祥起傅岩咏梅

欲识东君去信催，古人止渴意思梅。
根茎虽向春前发，枝叶曾经雪里开。
万木丛中推作首，千花圃内独为魁。
高才应是和羹手，何必须教傅说来。

张安国

起傅岩咏梅诗刻，刻在闽清县云龙乡际上村村口凤凰山崖壁上，为南宋绍兴二十四年（1154）状元张孝祥题写。张孝祥在殿试中被宋高宗赵构定为第一，称赞他“词翰俱美，翠葆销凝，必将名世”。

这段诗刻边上是榜书“起傅岩”三字，楷书，阴刻，笔力苍劲，结构严谨，亦为张孝祥所书。榜书左右侧琢磨成两个圆首碑状：右“碑”凹陷较深，字迹漫漶不清；左“碑”凹处较浅，隐约可见上下各刻着一首诗，下一首即《起傅岩咏梅》，结尾处署名张安国。根据石刻现状和地方史志记载，诗句内容如上。

张孝祥（1132—1170），字安国，鄞县（今浙江宁波）人，南宋著名爱国诗人，历任秘书省正字、起居舍人、中书舍人、平江知府、建康留守、荆湖北路安抚使、显谟阁直学士等职。

此次闽清之行，张孝祥是受同榜进士陈和中的邀请一起来的。际上村，古称漈上，村中有凤凰山，其势如凤凰展翼，山下就是北宋名士陈祥道、陈旸两兄弟故里。陈和中是“二陈”侄儿，此番沿浙闽古驿道从

张孝祥“起傅岩咏梅”题刻

临安回乡省亲。

起傅岩一带为陈祥道、陈旸小时候辟圃种梅、溪畔读书处，现今仍完好地保存着北宋年间石桥梁、石像、古坝等古迹。面对这里的溪山美景，张孝祥无限陶醉，更为先贤才华所动容，当即提笔写下“起傅岩”三个擘窠大字，并赋诗一首。

这首诗历代流传甚广，后人添加诗名《起傅岩咏梅》，作为张孝祥代表作之一，收录在《千家诗》中。这位南宋初期最著名的状元诗人在诗里写道，人们催促着春天（东君）早些光临，可惜它的信使——寒梅还没绽放。古人望梅能止渴，我也只能看着起傅岩的梅树，想象它们盛开的景象。它的根茎在春天前默默生发，它的枝叶经历过凛冬的大雪。世间万木，当列梅为第一；尘寰千花，要算梅为花魁。接着，诗人用梅花的高洁和和羹的才华，赞誉“二陈”气节高洁，才能堪比宰辅。在尾句，诗人宕开一笔，对时人以傅说类比“二陈”的说法，进行反诘。《孟子·告子下》写道：“舜发于畎亩之中，傅说举于版筑之间。”傅说原本只是山西傅岩的一名普通版筑工，武丁大胆启用他为相，从而缔造了历史上有名的“武丁中兴”辉煌盛世。后人常用“傅说拜相”的故事，说明出身底层的人经历一番磨难，也能成就不世伟业。张孝祥则认为，傅说起于傅岩，“二陈”起于漈上，各有各的精彩，不一定要附会古人。

“二陈”一直都是“梅邑”闽清的骄傲。陈祥道（1044—1116），字用之，历官国子监直讲、太学博士，著名理学家，北宋著名政治家王安石弟子，著有《礼书》150卷；陈旸（1068—1128），字晋之，北宋绍圣元年（1094）以布衣之身举贤良方正能直言极谏科进士，官至礼部侍郎，音乐理论家，世称“陈贤良”，所著《乐书》200卷近百万字，是中国历史上第一部音乐百科全书。儒学大家朱熹曾题句赞赏：“棣萼一门双理学，梅溪千古两先生。”（张浩清）

彦琛修倪丞相古道

石铺三万尺，
利便几千年。
要问嵩山路，
抬头上是天。

绍兴壬申三月，漫僧彦琛谨题

这段石刻位于闽侯县白沙镇汶溪村塔山的瑞林院遗址边，绍兴壬申，即宋绍兴二十二年（1152）。

瑞林院，始建年代不详，据宋庆元四年（1198）《瑞林院增开田记》记载，宋绍兴初，德明禅师受侍郎陈公之托，入主瑞林院。他看见“殿堂廊庑，颓圮日久”，乃四处募捐。“平原旷野，荒废丛隰”，他不怕，他相信只要用心，“水泉可导为良田，荆棘可化为善缘”；“空钵”“堂关”，都是暂时。他“日无之暇”，开荒种田，“是秋大获”，田旁种植的53株龙眼，也“岁得遗利，悉充厨供”。终于在几年的努力后，寺院革故鼎新，开始安徒聚众，彦琛就是在这个时候到的瑞林院。

在瑞林院南侧，有一条倪丞相古道。古道为五代时南汉国同平章事（丞相）倪曙中举后所建，故名。倪曙，字孟曦，侯官（今属闽侯）汶溪人。唐乾符四年（877）获京兆府解试等第，中和五年（即光启元年，885）登进士第，历官太学博士，南汉乾亨元年（917），为工部侍郎，进尚书右丞，乾亨五年（921），进封同平章事，不久以疾卒。之后，因乏人养护，古道渐渐荒废。

绍兴二十二年（1152），受德明禅师委托，彦琛开始修复倪丞相古道。这次修复未见史料记载，只能从彦琛写的古道诗及现存的古道残余略窥一斑。

第一句“石铺三万尺”。3万尺约等于20里，按古人写诗的夸张手法及整数逻辑推测，这条古道应该长十几里。

第二句“利便几千年”。不言而喻，希望利在千秋，名垂不朽。

第三、四句“要问嵩山路，抬头上是天”。很巧的是，瑞林院往东，在荷洋方向，就有一座嵩山，如果从汶溪村口翻过倪山，经狮公亭、登仙桥、瑞林院，到达嵩山，全长16里，符合“铺路三万尺”的记载，而且翻越嵩山，的确是“抬头上是天”。

由此可见，彦琛修建的倪丞相古道，以瑞林院为中轴，起自汶溪口，终于嵩山，全长16里。经古道，往东可以经“别仕铺”连接福瓯驿道，往西可以经“丰田铺”连接福延驿道，是福州西门外重要的交通枢纽。（林强）

彦琛题刻

徐鹿卿鼓山祷雨

绍定壬辰夏六月不雨，至于秋七月。遍走群祀，未效。

大帅番阳李公以石鼓闽重镇，其下众水所汇，必然出云为风雨，乃命属吏南昌徐鹿卿致祷。丙申，诣寺斋宿。丁酉黎明，登屴崱，礼毕而雨。是夕大雨。戊戌又大雨，己亥雨止。槁者获，涸者流。刊而识之，侈神之休。

这段石刻位于鼓山屴崱峰北坡、积水池南沿。

徐鹿卿“祷雨记”题刻

在漫长的农耕时代，旱灾给百姓带来巨大的影响。执政者囿于认知水平，唯寄希望于神灵，登高祈雨有验，便欣然撰文纪念，有的还就地铭刻。这也使得古典文献中存留着数量可观的祈雨文。南宋绍定壬辰年（1232），福州六七月一直无雨，夏秋连旱，官民四处拜祭祈雨未见效。这方石刻的主人公、福建安抚使干办徐鹿卿，奉福建安抚使李骏（大帅番阳李公）之命前往鼓山祈雨。徐鹿卿（1170—1249），字德夫，号泉谷，隆兴丰城（今江西省丰城市）人，南宋文学家、藏书家。

鼓山，名胜甲东南，历来是官员请雨之圣地。南宋《三山志》记载，从唐贞元十年（794），观察使王翃在鼓山之北鳝溪旱祷得雨起，官吏们每每来此祈雨。唐大和元年（827），观察使张仲方祈祷回，至圣泉寺，雨就来了。北宋庆历六年六月旱（1046），郡守蔡襄撰写祈雨文。曾巩《题祷雨文后》写道，元丰元年（1078），丁亥夜五鼓，出祷鳝溪。元丰六年（1083），郡守刘瑾率众亦赴鳝溪祈雨，并刻石为记……

从石刻中可知，徐鹿卿是前一天到涌泉寺斋宿，第二天黎明登屴崱峰行礼。屴崱峰海拔998米，为主城区可见的第一高峰。北宋之前，官吏祈雨多在鳝溪，南宋之后则移到了灵源洞或屴崱峰。徐鹿卿请雨后两年，福州知州真德秀也到鼓山祈雨。清代到鼓山祈雨的官员则更多，仅乾隆朝就有福州知府徐景熹、闽浙总督周学健等人。明代诗人陈鸣鹤在《屴崱峰晚眺》一诗中，写到专门来读徐鹿卿《祷雨记》的经历，“浮云不蔽孤峰日，细读徐卿喜雨辞”。

风调雨顺才能五谷丰登。祈雨成了古代官员为民造福的一大作为。他们撰写的祈雨文，涉及宗教、礼制、民俗，为我们了解古代文化、社会生活提供了一面直观的镜子。（张浩清）

赵与滂白云亭题刻

晏国师喝水岩

古砖出唐井，豫谶国师名。
于此坐禅处，喝回流水声。
如何神晏塔，移作李纲茔。
见说山中石，不平空自鸣。

淳祐己酉闰二月清明，闽安镇官
四明赵蔗境与滂题于白云亭石

赵与滂“晏国师喝水岩”题刻

这段石刻位于鼓山喝水岩，刻于淳祐己酉，即宋淳祐九年（1249）。

喝水岩是鼓山涌泉寺东的胜迹。由涌泉寺无尽石门后的“灵源深处”下行，有一条依崖而修的石阶，石阶尽头有一枯涧，上跨石桥，名“蹴鳌桥”，桥栏有“灵源洞”三字，洞壁刻着二丈高的“寿”字，桥上原有亭，名“白云亭”，今无存，桥北三五步

鼓山灵源洞石刻群

处，即喝水岩。据清《鼓山志》记载：“五代时，僧神晏诵经，恶水声喧，叱之遂西流，故名喝水岩。”

僧神晏即诗题中的“晏国师”，他是五代末高僧，大梁人，俗姓李，嗣法于雪峰义存和尚，后梁开平二年（908），闽王王审知到雪峰寺延请神晏禅师来鼓山驻锡，后晋天福四年（939）示寂，谥号“兴圣国师”。

传说在唐“会昌法难（842—846）”时，有村民在灵源洞旁凿井三尺，得一古砖，上书“僧晏兴法”，民皆不明所以，等神晏禅师居此，大兴法教，始恍然大悟，故诗中有“古砖出唐井，豫谶国师名”之句。

赵与滂，字肖范，号蔗境，乃北宋秦王赵德芳九世孙，浙江四明（今宁波）人，宋淳祐八年（1248）到九年（1249）间为闽安镇官，晚年隐迹江湖，好友杜叔高为其作诗一首，中有“君知食蔗逢佳境，不会人间有菲葑”句。

淳祐九年（1249）闰二月，正值清明，赵与滂来到鼓山，寻找自己之前在涌泉亭畔的题刻，因没有题名，石刻又被碧藓所蚀，便想到沧海桑田，时过境迁，连当年神晏禅师在大嘉山的墓塔，现在都成了忠定公李纲的坟茔，自己的石刻找不着了又有什么了不起，于是“心忽悟”，提笔写下“如何神晏塔，移作李纲茔。见说山中石，不平空自鸣”。

（林强）

沙罗巴登乌山

雪岩总统沙罗巴、海岩总统苑吉祥、雪庵宗师李溥光，大德二年四月望同登绝顶。

这段石刻位于乌山的石天景区。清郭柏苍《乌石山志》记载，“石

乌山“石天”景区

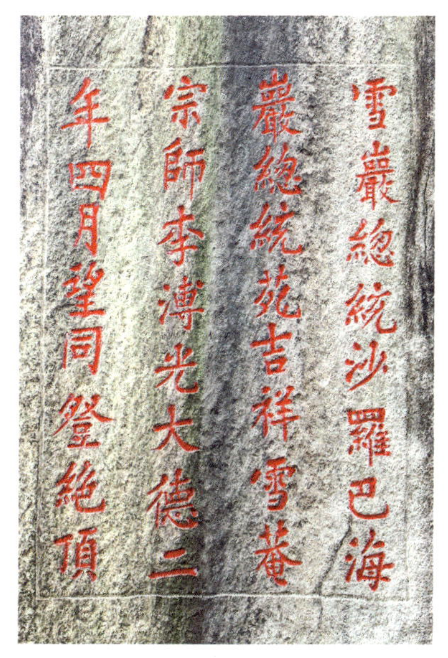

乌山沙罗巴题刻

赵文昌诗刻

天，三十六奇之一，在山之南邻霄台东，三石撑架，外广内狭，中可宴坐数十人”。三块大石叠立，朝东的巨石平整如削，这段摩崖石刻就在上面，记述的是元朝两位“总统”和一位宗师攀登乌石山邻霄台之事。大德二年（1298），系元朝第二位皇帝、成宗铁穆耳执政时期。继“至元盛世”之后，元朝在大德年间再次迎来一段太平盛世，史称“大德之治”。《元史》记载，“世称元之治以至元、大德为首”，又说“成宗承天下混一之后，垂拱而治，可谓善于守成者矣”。

其时，福州商贸繁荣，佛教鼎盛，寺院林立，僧人众多。“雪岩总统”“海岩总统”中的“总统”，指的是元代管理诸路佛教寺院僧尼的僧官，也叫释教都总统，主要负责管理建寺庙、发度牒等佛教事务。

沙罗巴，号雪岩，西夏僧人，担任过江淮福建等处释教总统，精通多种语言且负有盛名。元朝侍御史程钜夫有《送司徒沙罗巴法师归秦州》一诗，赞美沙罗巴：“秦州法师沙罗巴，前身恐是鸠摩罗。读书诵经逾五车，洞识孔释为一家。”苑吉祥，号海岩，事迹难考，大概是一位官方任命的来福建担任僧官的北方僧人。

李溥光则是元代大书法家，字玄晖，大同人，自幼为头陀，号雪庵和尚。深究宗旨，好吟咏，喜与士大夫游，有《雪庵长语》《大字书法》行于世。他的大字曾让书法史上绝世奇才、“元朝第一书人”赵孟頫惊讶不已。据明代李东阳《怀麓堂集》载：尝闻赵松雪（赵孟頫）过酒肆，见其“帘”字，驻视久之，谓：“当世书无我逮者，而此书乃过我！”问知为一僧书，则雪庵李溥光也。因荐之朝，累官昭文馆大学士。

来南方阐扬教事的李溥光，在这一年的四月十五陪同两位高僧一起爬山留刻题名。目前已无法考证此段石刻是否由李溥光手书。李氏大字楷书以颜柳为宗，这段题刻威严、端庄的庙堂气象倒是有几分神似。

史料记载，沙罗巴任职福建事在大德元年（1297）至三年，他在乌石山和鼓山总共留下了三段石刻。从中可以看出，他与以当地官员为主的士人圈相处得非常融洽，其中首要人物是福建闽海道肃政廉访使赵文昌。在这幅石刻的边上就是赵文昌著名的“城绕青山市绕河”诗刻，其落款处有“大德二年立秋日，同雪岩总统饮乌石山之道山亭，济南赵文昌题”。（张浩清）

郑至鼓山诗刻

鼓峰岝崱等昆仑，众壑无如大顶尊。
云出云归山历历，潮生潮落海昏昏。
僧言地峻人稀到，我喜天低手可扪。
留取凤池须着脚，要穷河汉接灵源。

止庵郑至

国师岩

这段石刻位于鼓山灵源洞。元朝时，长乐人郑至在鼓山灵源洞、石门，留有两段楷书摩崖诗刻，皆为七律。其一如上。

查阅清代陈棨仁《闽中金石略》可知，在“止庵郑至”前还有51个字，可能是被旁边的明朝题刻磨去占用。题记全文如下：“至正二十年庚子春二月三日，闽宪副高昌兀奴国器，佥事新安郑潜彦昭，同游鼓山，登天风海涛，憩临沧亭，举觞称寿，留题刻于石，止庵郑至。”

读石刻可知，至正二十年（1360）二月三日，郑至与元朝福建行省两位官员同游鼓山，登高望海，心旷神怡。诗句前四句生动描绘了鼓山最高峰屴崱峰的景致，颔联“云出云归山历历，潮生潮落海昏昏”，对仗工整，音节铿锵。

关于郑至，史志记载颇少，只知他乃南宋宁宗朝副相郑昭先之孙。或许，其时郑至也是福建行省一名官员。

郑昭先(1158—1225)，字景绍，号日湖，福州长乐江左里洋屿人（今航城街道洋屿村）。淳熙十四年（1187）中丙科登王容榜进士，曾受业于理学宗师朱熹。调补浦城主簿，擢知归安县。嘉定七年（1214）除端明殿学士，签书枢密院事兼太子宾客。翌年，除参知政事。嘉定十二年，知枢密院兼参知政事。后以疾求释位，拜资政殿学士、江西西路安抚使；又请辞，升秩一等，提举杭州洞霄宫。辞归，病逝于洋屿旧居，享年68岁，谥文靖，其墓葬位于连江县蓼沿乡溪东村凤凰山麓。

郑至的另一段诗刻在石门南宋丞相赵汝愚诗刻斜下方，呈半斜仰天状。

此诗次韵其祖父郑昭先：

谨用先祖日湖文靖韵

郑至

古木悬崖翠欲流，白云深处甲闽州。

细磨刻石字苔藓，俯视浮沤风马牛。

喝洞泉声何岁月，顶峰天气倏春秋。

扁舟几过名山下，此日方成第一游。

郑昭先在石门的诗刻，现已佚失。清代《闽中金石略》中，有相关文字记载：

鳌顶双峰障海流，天开胜概冠南州。

江流澄澈通河汉，梵宇高寒逼斗牛。

云气吐吞疑欲雨，松荫蒙密不知秋。

此山佳处应须记，已办青鞋约再游。

嘉定甲申闰八月望日，题鼓山灵源洞。东镜公堂头老禅，日湖郑昭先。

从两首诗可以看出，无论是“已办青鞋约再游”的郑昭先，还是“此日方成第一游”的郑至，两人均对鼓山佳处倾心陶醉、迷恋不已。（张浩清）

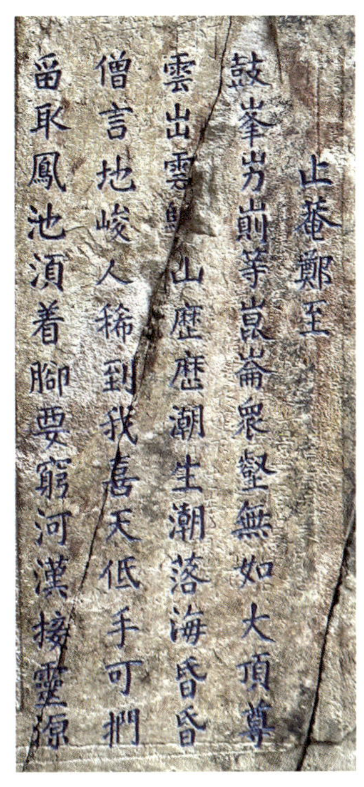

郑至鼓山诗刻

林文大梦山题铭

《萨氏赐茔图铭》，容镌。

大梦之阳，墨池汤汤。

林峦苍郁，烟霭相望。

爰有钜族，于焉卜藏。

联床垒笏，荐锡宠章。

如带如砺，山高水长。

宜尔孙子，寿而永昌。

澹轩林文拜题

这段石刻位于西湖公园的大梦山上。大梦山，旧称“廉山”，因明代后萨家人多造墓于此，至民国时，已达200多座，故也称萨家山。

2010年，福州动物园搬迁，旧址改造成西湖公园“大梦松声”景区，在拆除动物笼舍的过程中，发现原动物园虎园正上方杂草丛生的陡壁上，有一段高大的摩崖石刻，从石刻内容可知，这是明代探花林文在天顺元年（1457）之后为他的同年萨琦所写的墓志铭，但题刻时间应在清康熙十五年（1676）之后，因为石刻开篇有“容镌”二字，这个“容”指的是萨琦的后裔萨容。

林文（1389—1476），字恒简，号澹轩，莆田人，明宣德五年（1430）探花，授翰林院编修，后历任翰林院修撰、左春坊左谕德、左庶子兼侍讲，天顺元年（1457）改尚宝司卿，差祀名山大川于河南，八

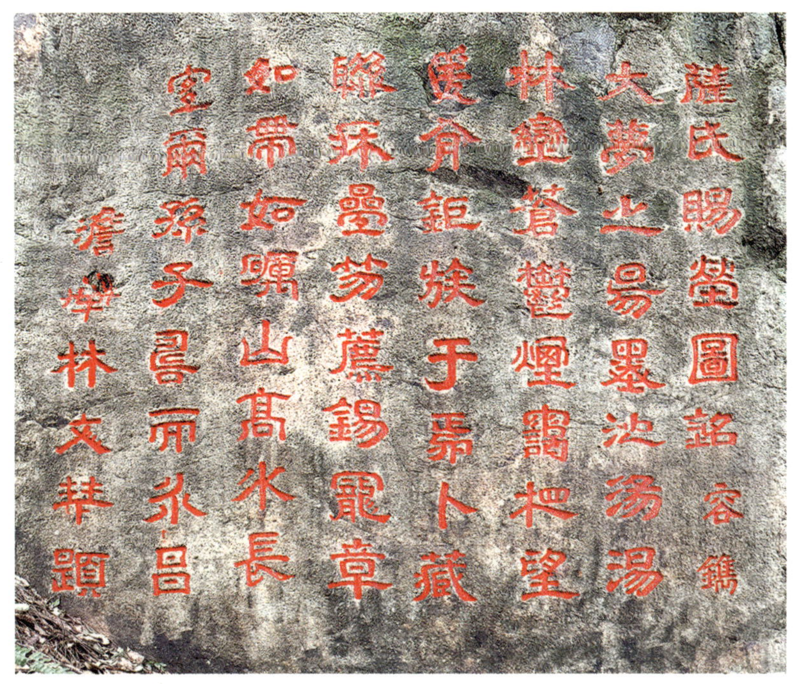

林文“萨氏赐茔图铭”题刻

年，升太常少卿兼翰林院侍读学士，旋致仕还乡，成化十二年（1476）卒于家，赠礼部左侍郎，谥“襄敏”。

萨琦（1394—1457），字廷珪，号钝庵，入闽萨氏第三世。明宣德五年（1430）进士，与林文同科，先授翰林院庶吉士，后转编修，景泰二年（1451），升礼部右侍郎，三年兼詹事府少詹事。曾出资修缮福州清真寺，同时又提倡汉儒礼仪。天顺元年（1457）二月卒，皇上遣官谕祭，并赐葬于今西湖公园内的大梦山。据《闽县乡土志》记载：“（萨琦卒官），天顺元年，赐祭葬，建祠西郊廉山。”

萨琦与林文是同科进士，所以在萨琦去世后，萨家人请林文为其墓题铭，据萨家后人萨本敦介绍，铭文的意思是：在大梦山的南面，墨池的水波荡漾，山上树木葱茏，缭绕着吉霭祥云，于是萨氏这个大家族，将这里作为墓场，他们世代当官，得到皇帝的赏赐和表彰，这里的水像衣带，这里的山像磨盘，萨氏家族的子孙，长寿并且昌盛绵长。

萨家自萨琦赐葬不过数代，就出了不肖子孙，他们盗卖部分祖茔地，致使地归他姓。据明隆庆元年（1567）萨家六世萨钦编修的《雁门萨氏族谱》记载：“嘉靖末年，倭寇猖獗，攻逼城池，附近居民乘机（将大梦山上树木）砍伐殆尽，甚至族中不肖割圮盗鬻，而祖宗山林鞠为寒烟衰草，良可震悼。”

清康熙十五年（1676），萨家九世萨容与父亲萨希亮重修宗祠、族谱，见祖茔地“岁久弗修，族中匪类盗鬻他姓，致使翁仲冠簪半湮没于荒烟蔓草”，于是“倍力赎辖，复为萨氏世业”，并“震痛捐资，鸠工力为修葺，稍复旧观”。为振兴家族，他把林文所写《萨氏赐茔图铭》刻于宗祠后崖，以慰萨氏后人，以期万世垂范。（林强）

林廷玉登金粟台

予致事六载矣，杜门以诗书自娱，正德己卯春，偶出一游佳地，因造万岁寺看塔聊尔寄兴。

塔上云容晃水光，塔前花雨入禅堂。
可人新鸟清还巧，拂面东风暖更香。
酒盏殷勤春正好，炉烟缥缈昼初长。
康强暮景应难得，莫怪山翁特地狂。

蓬莱晓出探金光，步入招提演法堂。
时雨几番湖水漫，春山到处野花香。
丹心老去千秋壮，白发年来万丈长。
却感乾坤还念我，每将风月伴清狂。

烟霞病叟林廷玉书识

这段石刻位于于山金粟台，今福州警备区大院内，站在台畔，可以看到万岁寺的白塔“云容晃水光”，塔前“花雨入禅堂”。

林廷玉（1454—1532），字粹夫，号南涧翁，晚年称“烟霞病叟”，侯官（今属福州）人，明成化十九年（1483）乡试解元，成化二十年进士，历江西佥事、广东提学副使、右通政使、右佥都御史、南京都察院管院事，正德八年（1513）被劾“拗执褊刻”，遂乞归，自此家居20年。

林廷玉“题于山金粟台诗”题刻

正德十四年（1519），是林廷玉“杜门以诗书自娱”的第六年。这一年的春天，他到于山的万岁寺游玩，春光正好，东风拂面，沿途鸟鸣啁啾，花香盈野，刚下过雨，法雨堂前的天井湿漉漉的，定光塔倒映在水中，波光粼粼，野花落处，塔影泛起了涟漪。

由定光塔往北，是曾经“玩奇纳爽，无以异此”的金粟台。金粟台是于山二十奇之一，宋嘉祐七年（1062）福州郡守元绛见定光塔旁有天然巨石，远看像一朵绽开的金粟，且塔中又有闽王时所塑的金粟如来像，乃于石上建台，并刻“金粟台”三字于石。十几年后，其侄元积中也到福州任郡守，见金粟台有刻，却无佛像，乃在台侧建小堂，塑金粟如来像，奉养在小堂之中。从此，金粟台成为达官显宦、文人墨客出行游观的胜地。

可惜，当林廷玉来到台前时，曾经“甲于南闽”的金粟台已经杂草丛生，芜秽难登，只有几段宋人题刻分布在巨石周围，在“暮景”的余晖下，在遍地的落叶中，寂寂近黄昏。

“丹心老去千秋壮，白发年来万丈长”。望着荒台的遗址，林廷玉感慨万千，他已年过花甲，尝尽官场冷暖，在外人眼里，他是三品大员，平日肥马轻裘，诗酒风流，好生快活，殊不知，抱负难伸，壮志未酬，早已消磨去他曾经修齐治平的信念，就如同眼前的金粟台，曾经也光芒四射，如今却“槁叶满阶风乍起”。

幸好还有酒！他把酒低回，吟诗两首：“塔上云容晃水光，塔前花雨入禅堂。可人新鸟清还巧，拂面东风暖更香。酒盏殷勤春正好，炉烟缥缈昼初长。康强暮景应难得，莫怪山翁特地狂。”“蓬莱晓出探金光，步入招提演法堂。时雨几番湖水漫，春山到处野花香。丹心老去千秋壮，白发年来万丈长。却感乾坤还念我，每将风月伴清狂。”让人刻于金粟台边。（林强）

于山金粟台

叶向高青芝山访董应举

孟溪之上为中峰，岩洞奇绝，去廷尉董公所居不数里，鲜有迹者，公芟芜刊阻，渐次开辟，名胜始出，可与吾邑之灵岩、福庐相伯仲。惜公力绌，不能大畅其意，其经营拮据，多公子鸣玮之力，余与吴君需，游而乐之，爰赋二章，兼为公劝驾。

菡萏峰高俯碧流，孟溪环绕近沧洲。
天开灵境留仙住，海涌神山壮客游。
古洞云深藏蝙蝠，悬岩石出象猕猴。
千年胜迹今方辟，好对青尊共拍浮。

丹梯百丈接岩扉，古寺青芝隐翠微。
山馆夜深闻虎啸，海天秋晚见鸿飞。
闲随樵伴时看弈，静掩禅关自息机。
我已投林君早出，沧江未许恋渔矶。

万历丙辰秋八月，福清叶向高书

这段石刻位于连江县琯头镇青芝山的观仙洞石壁上。万历丙辰，即明万历四十四年（1616），叶向高与太学生吴需游青芝山，赋诗两首，劝董应举出仕。

叶向高（1559—1627），字进卿，号台山，又号福庐山人，福清人。万历十一年进士，万历三十六年、天启元年（1621）两任内阁首

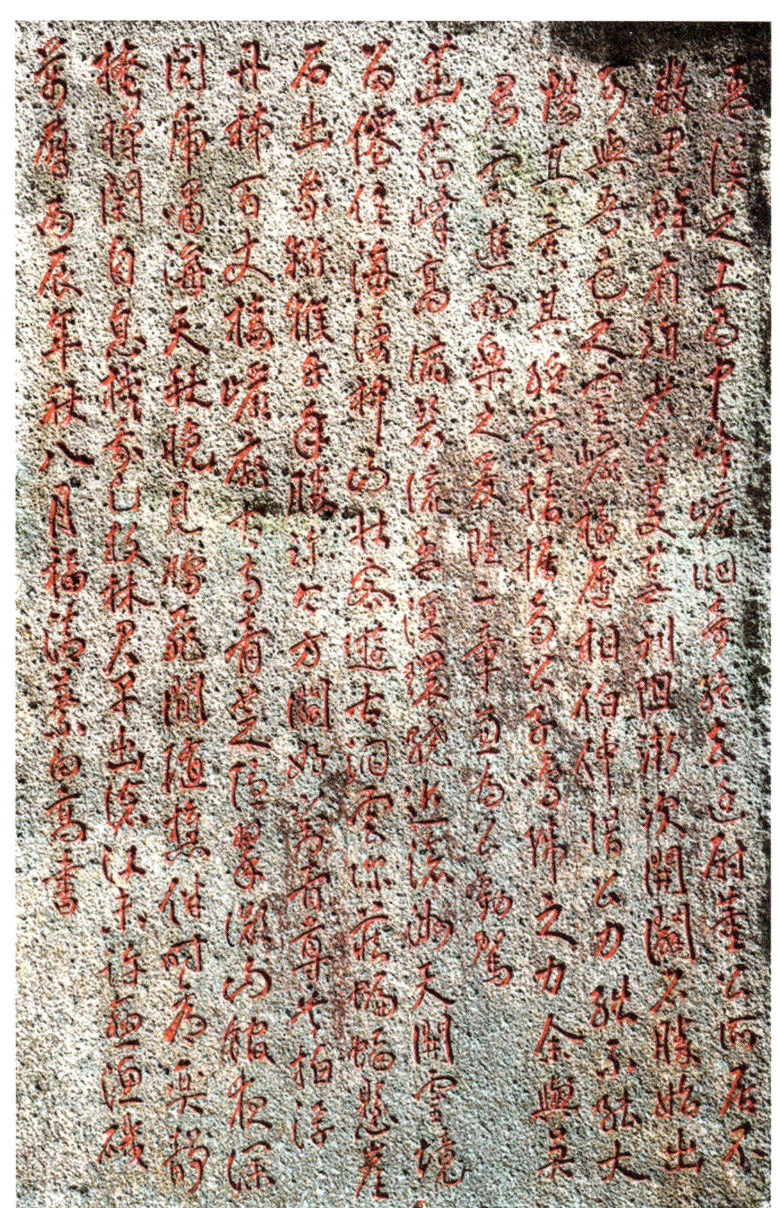

叶向高“题青芝山”诗刻

辅，官至太子太保，崇祯年间进为光禄大夫、左柱国、华录殿学士。他文学造诣深厚，诗文并茂，被誉为“闽中文章伯”。

董应举（1557—1639），字见龙，号崇相，连江人。万历二十六年（1598）进士，授广州府教授，后升南京国子监博士，擢吏部文选郎中，历南京大理寺丞、太常少卿、太仆卿，官终工部右侍郎。他好学善文，在官慷慨敢任事，居家疏水利、修学校、置社仓义田、议官籴，有德于乡。他开拓的青芝山，更是让武夷道人谢活水发出“恨生武夷，而不知此也”的感叹。

万历四十三年（1615）六月，董应举回到家乡，虽然他已接到南京大理寺丞（即廷尉）的任命，但尚未赴任，想着要为家乡做点实事，于是与嗣子董鸣玮一道，登上离家仅三里的青芝山，倾其家产，芟除荆莽，刊山修路，迁建青芝寺，开辟自八仙岩、宛宛门、翠帘洞、星窝、悬石洞、猿公岩、石室、狮子岩、蝙蝠洞、虎馆至虎穴的百余洞窟，使青芝山“众奇始出”，成为一方名胜。他在八仙岩筑室以居，并写信邀请陈第、韩仲雍、曹学佺、叶向高等好友前来观赏。

万历四十四年秋八月，刚辞去相位两年的叶向高在连江太学生吴需的陪同下到青芝山拜访董应举，可惜董应举去了长乐，访友不遇，于是登山览胜。他站在青芝山最高的莲花峰上，俯瞰山下玉带环村的孟溪，雁阵从天边飞过，丹梯在青翠的山林间若隐若现。新开辟的胜迹，洞壑清幽，宛如仙都。青芝寺下的蝙蝠洞，洞穴相通，连环相续，奇不可言。悬石洞两岩夹一石，由洞下过，仰视此石，岌岌欲坠，有鬼斧神工之趣。五曲洞口的岩石看上去像只猕猴，董应举在壁上题了一首诗：“昔为榛莽林，今作青芝洞，洞里一声猿，惊破游仙梦。”青芝山哪有猿呀，这分明是董应举深夜里听到的虎啸，误以为猿公在呼喊。

天开灵境，海涌神山，这奇妙的胜迹，让叶向高情不自禁，生出“若入桃源，宁可舍之”的感叹，但作为修齐治平的读书人，他又希望

连江青芝山一隅

董应举能早日出山，以国为家，为民谋福，因为此时的国家正处于内忧外困之中，神宗皇帝长期不理朝政，部院大臣岗位久缺不补，诸臣无心用事，天灾频频发生，努尔哈赤在赫图阿拉建国“大金”，蒙古俺答屡犯边境，像董应举这样忠君爱国的人才，不能再留恋江边钓鱼的石矶，隐在山中看樵夫对弈，而是要振作起来，在朝堂上为国分忧。于是，叶向高写下这两首诗，镌于石上，“兼为公劝驾”。（林强）

南居益登石竹山

早春登石竺山

悬空楼阁翠微头，槛外沧溟莽不流。
地尽东南饶胜概，天开海岳巩神州。
藤萝挂壁方春绿，石峡披云白日幽。
九鲤仙人从此去，千年猿鹤为谁留。

天启甲子春日，关中南居益书

这段石刻位于福清市宏路街道石竹山的九仙阁下，诗题作者为南居益，时间是天启甲子，即明天启四年（1624）。

南居益，字思受，关中渭南人，南京吏部尚书南企仲族侄，方志学家南师仲从侄，万历二十九年（1601）进士，授刑部主事，三迁广平知府，擢山西提学副使、雁门参政，历山西按察使、左右布政使，天启二年（1622）入为太仆卿，次年擢右副都御史，巡抚福建。在福建任内，他对骚扰广东、福建的和兰（今荷兰）国红毛夷和海寇李旦，坚决予以打击，并收复澎湖岛。天启五年（1625）升任工部右侍郎，总督河道，后削籍归里。崇祯十六年（1643），李自成攻下渭南，杀南企仲，十七年，又抓走南居益及南企仲之子南居业，施以炮烙之刑，二人始终不屈，绝食七天而死。

南居益是天启四年早春登的石竹山。石竹山位于福清市区西郊十公里处，是戴云山脉余脉西山山脉南段，素有“雅胜鼓山”之誉。其因石

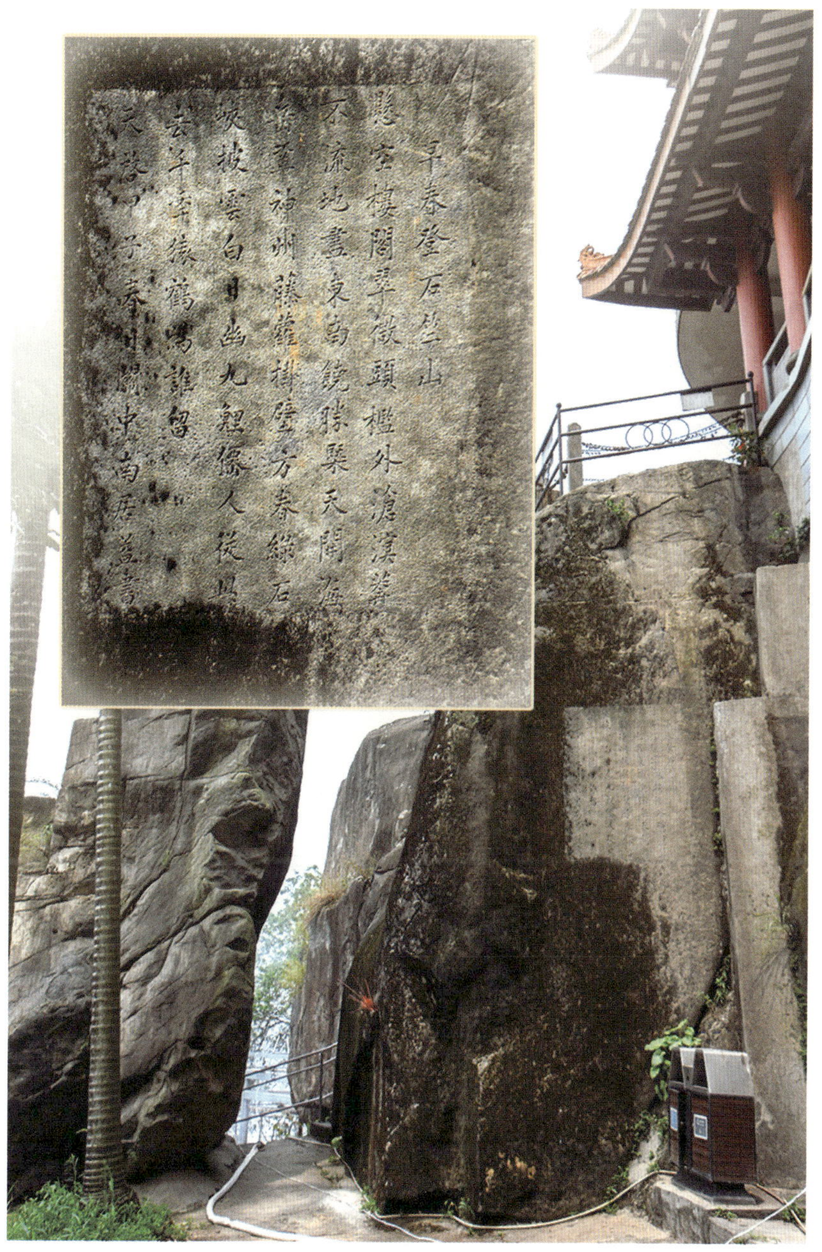

南居益“早春登石竹山”诗刻

奇竹秀而得名，更以祈梦圣地而驰名。相传在汉武帝时，有何氏兄弟九人在此得道成仙，后人建“九仙阁”以祀。到了明代，渐成祈梦之所，据明《闽都记》记载：“汉何氏九仙所游之地，祈梦辄应”；明代旅行家徐霞客第二次入闽时，亦曾游石竹山，并在日记里写道：“闽宏路驿西十里，有石竹山，岩石最胜，亦为九仙祈梦所，闽有‘春游石竹，秋游九鲤’语，虽未合其时，然不可失之交臂也，乘胜遂行。”

南居益应该看过徐霞客的日记，他没有选在“未合其时”的六月，而是在早春登上了石竹山。他站在悬空而建的“九仙阁”上，看到的是满目的青翠，那陡峭的石磴道两旁，苍松耸秀，修竹蔽日，绿意铺满了眼帘，那屏风般壁立的巉岩上，春雨湿了青萝，藤花绿了碧苔，焕发着勃勃的生机。远眺龙江浩渺无际，莽莽滔滔向东奔流，峡谷笼罩在轻岚之中，那朵朵白云，在风中变幻着形态，一会儿像驾着鲤鱼在天际遨游的何氏九仙，一会儿又像骑着飞虎炼丹济众的林晃真人，他们默默地庇护着治下的生灵，通过托梦，为世人消灾赐福，通过施药，保世人身体安康。

“九鲤仙人从此去，千年猿鹤为谁留。”南居益看着眼前这座“地尽东南饶胜概”的闽省道教名山，内心跌宕起伏，建虏、党争、阉祸、民变、小冰川，加上他去年打击的红毛夷，看似鲜花着锦的大明王朝实则已是内忧外患，真想辞官不仕，隐逸此山，可若是山河不在，仙人离去，即便一时遁匿，最终又该何去何从呢。（林强）

李率泰访喝水岩

登鼓山喝水岩并引

余莅闽十载，每怀鼓山之游，盖以鳄波吹浪，山魈伏戎，载驱载驰，王事靡盬。是岁康熙乙巳，当春熙委蛇之余，直登兹山之巅。一望茫如，止见天清气朗，海不扬波，欣睹升平有象。再过喝水岩，石势壁立，水返西流，斯胜幽绝。偶拈一律以志其游云：

十年拥节驻三山，欲访名岩未一闲。
沧海息波方命屐，招提有意为开关。
定中贝叶今犹在，喝后泉声去不还。
四顾升平欣满目，春光何负此跻攀。

三韩李率泰题

这段石刻位于鼓山的灵源洞东侧，面西。

李率泰（1608—1666），字寿畴，辽宁铁岭人，《清史稿》有其列传。他出身辽东豪门，属汉军正蓝旗，祖父李成梁是明辽东总兵，父亲李永芳是清王朝奠基人努尔哈赤的女婿。李率泰初名延龄，年十二入侍努尔哈赤，得赐名“率泰”。16岁，爱新觉罗家族“以宗室女妻之”，深得中枢倚重。

鼓山喝水岩

李率泰一生南征北讨、骁勇善战。弱冠即跟随太宗皇太极征战察哈尔、朝鲜、锦州，又从贝勒阿巴泰征山东，都有战功。清顺治元年（1644），从睿亲王多尔衮入关，破李自成；又率兵徇山东、河南，斩李自成将赵应元，降其众万人。二年，从豫亲王多铎破李自成兵于潼关。三年，从端重亲王博洛平浙江、福建。1653 年，因大学士洪承畴力荐，李率泰被任命为两广总督。

1656 年，清廷调任李率泰为闽浙总督，且一任就是 10 年直至去世。1658 年，闽浙总督一分为二：以都统赵国祚督浙江，驻温州；而以李率泰专督福建，驻福州。1661 年，李率泰把总督府（督署）从东街搬到今“省府路一号”，从此，这里成了清代管辖福建全省的最高行政机构。

《清史稿》记载，李率泰“有方略，善用兵，与士卒同甘苦”，对南明郑成功发动了数次大规模战役，历经艰辛，攻克舟山群岛、厦门和金门。他还带建宁、延平、邵武三路士卒，剿灭了山贼。“鳄波吹浪，山魈伏戎，载驱载驰，王事靡盬”，石刻上诗前小记中的这几句话，讲的就是这段戎马生涯峥嵘岁月。李率泰登鼓山在康熙乙巳年春天，即康熙四年（1665）。当时，李总督身体已大不如前，前一年就以病累疏乞休，但清廷没有同意，“诏辄慰留”。从留刻的这首七律可以看出，李总督当时心情不错，沧海息波、四顾升平，且鼓山春色满眼、春风和煦，一派繁华太平景象。他诗兴大发，在名山名岩（喝水岩）寻古探幽，想起了五代僧神晏“喝退泉水”的传说。

意外的是，次年，李率泰就积劳病死任上，享年 59 岁。临终前，他上疏提醒清廷：“红毛夹板船虽已回国，然往来频仍，异时恐生衅。至数年以来，令沿海居民迁移内地，失其故业。宜略宽界限，俾获耕渔，庶甦残喘。”李率泰逝世后，康熙帝优诏褒恤，赠兵部尚书，谥忠襄。（张浩清）

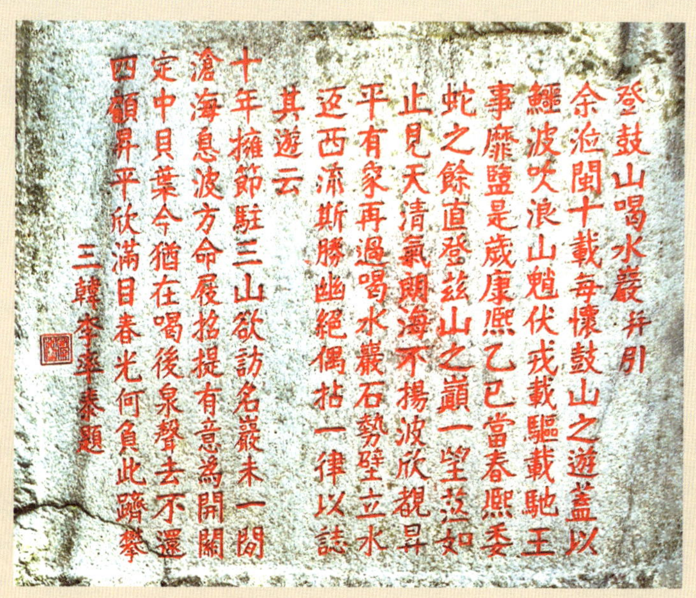

李率泰“登鼓山喝水岩并引”题刻

喝水岩摩崖石刻群

萧震题乌山百字碑

百字碑

邻霄亭圮垂百年，客夏，震合力经营道山废迹，以次修举。维时靖南王耿殿下、督抚二刘公，奉皇帝命，休息吾民，比岁大稔，山海无事。亭成，闽人乐之，爰纪厥事，磨文于石，颂皇帝德，传之后人，其永无斁。

康熙十有一年壬子春，内升前侍御史郡人萧震题

萧震乌山“百字碑”题刻

这段石刻位于乌山的石天景区，为清康熙十一年（1672）萧震所题，因全文共 100 字，故称“百字碑”。

萧震，字长源，号蛰庵，侯官（今属福州）人，顺治九年（1652）进士，历官顺德推官、湖广道监察御史、掌登闻鼓院、山西道监察御史等职。

康熙十一年（1672），萧震因父亲过世，居家守制，他见乌山邻霄之上，原来有亭可望新罗诸岛，今基址久废，复有游僧筑墙屋其中，又营兵、胥隶之属，常入山，伐松柏，或索饭食，少不应，辄瞋目诟厉，不胜感慨，为“遂闽人之安全”，决定重建邻霄亭。

邻霄亭原为乌山三十六奇之一的不危亭，初创时，“四面木瓦土垩皆秤而后用，约曰损则勿修，修必坏”。后人盲目乱修，“每修辄坏”。明正德八年（1513）改建，名“清虚亭”。之后亭又圮，至萧震准备重建时，已“垂百年”。

时福建归“三藩”之一靖南王耿精忠驻防，其下有浙闽总督刘兆麒、福建巡抚刘秉政，二人奉皇帝命，实行“休息吾民”政策，给福州带来了短暂的太平，还获得了难得一见的大丰收。

萧震重建的邻霄亭，位于绝顶的一块危岩上，登临其上，可“西望延、建，北瞻邵、汀、漳、泉，迤逦于东南，接连厦门”，放眼“荔柑满树，稻蔗盈畴”。看着“扩旧址而大之”的新亭，萧震不禁吟出“但望桑麻成乐土，不妨诗酒上邻霄”的诗句，他多希望后来的贤者“思高远望”，能如范仲淹般“忧民之忧，而乐其乐”。他写了一首《邻霄亭初成》的诗：“不是邻霄客，重来见道山。百年犹废迹，廿载始知还。可惜虚名累，空余此地间。草亭初载酒，喜有老人攀。”

能让“闽人乐之”，可能就是萧震建亭的初衷。两年后，耿精忠叛乱，萧震密谋倒耿，事泄后被耿精忠缢死于南关之下。（林强）

魏杰金鸡山地藏寺题诗

金鸡洞壑白云间，
围住真山当假山。
五岳匡庐常到眼，
免携杖履远跻攀。

同治甲子年季春，鹤山樵者拙夫题

魏杰“金鸡山”题刻

金鸡山地藏寺一隅

这段石刻位于岳峰镇地藏寺大殿后的一块天然岩石上。

摩崖石刻以山崖石壁作纸，其书写往往随山就势，不乏字体丰硕、篇章宏大的作品，给人带来强烈的视觉冲击。同时，也有一些摩崖石刻通过对小范围空间的利用，将自身融入园林小品之中，成为造景中画龙点睛的妙笔。魏杰金鸡山题诗便是此类福州摩崖石刻的代表。该诗收录在魏杰的《逸园诗钞》中，题为《题金鸡山馆假山》。在刻诗的这一年，即同治三年甲子（1864），以魏杰为首的众乡绅在此地募资重建了古老的地藏寺，金鸡山馆也成为寺院的一部分。

魏杰（1796—1876），字从岩，号拙夫，又号松筠，晚号鹤山樵者。他出身农家，资性聪慧，虽“少抛儒业”，然勤俭持家，产业渐丰，成为道光、咸丰间著名盐商。魏杰发达之后在东门塔头街一带广置田舍，民间用“魏半街”来形容魏杰家族在当时的辉煌。同时他也是一位活跃的布衣诗人，终其一生怡然自乐于山水之间，访道寻僧，以隐逸之士自居。魏杰将自己的宅第命名为“鹤山草庐”，金鸡山题诗中所署的“鹤山樵者”即得名于此。

魏杰诗风简淡，经常能自得其乐地去发现极其平凡的自然美，金鸡山题诗便是如此。在重建地藏寺时，这位耽于山水的诗人已年近古稀，不复年轻时的足力。他在诗中借一块极不起眼的天然岩石营造出“假山”景观，并将其与“五岳匡庐”相提并论，赋予特殊的意义。对此时的魏杰而言，名山大川早已熟于胸中，即使无法再度远游也无碍山水之乐，展现出这位老者豁达释然的心境。

2002 年，魏杰故居“鹤山草庐”由塔头街迁建于金鸡山异地保护，魏杰题诗所在地藏寺正位于连接塔头街与金鸡山的琯尾街上。在魏杰等人募资重建之后，地藏寺又经历了一系列的变革。清代末年，“戊戌六君子”之一的林旭在北京就义，棺材运回福州后一度停于寺中。民国时期，地藏寺倡导移风易俗，在寺中创建火化窑，成为福州最早的火化场所。时至今日，地藏寺已经是享誉全国的著名尼众清修道场。昔日魏杰题诗之处，古樟参天，花木环绕，成为其中最别致且富有禅趣的景观。

（孙源智）

龚易图双骖园勒铭

奥旷之区，是谓神谷，不廓而容，不凿而朴，敷草木以华，曰：其书可读，其人无所长，而能不凝滞于物，醉与醒，清与浊，乐其同，忘吾独。

丁丑之冬，闽县龚易图偕其戚刘忻、季弟彝图卜筑既成，勒铭于石

这段石刻位于乌山西麓原气象局大门左后侧的巨石上，2022 年乌山历史风貌区二期改造完成后，这里成为乌山西南侧的主入口。

龚易图（1835—1894），清官员、藏书家，字蔼仁，号含晶，闽县（今属福州）人。咸丰九年（1859）进士，历任云南知县、济南知府、登莱青兵备道、江苏按察使、广东按察使、广东布政使、湖南布政使等职，光绪十四年（1888）辞官归隐，回到福州。他在福州广建宅第，其中就有位于乌山的“双骖园”。

双骖园，又名“西庄”。其大门就在原气象局大门位置，园前设山门，额书“双骖园”，园内荔荫密布，假山嶙峋，沿门左石阶上山，建有啖荔坪。陈衍在《石遗室诗话》中说：“双骖园，以山与荔支胜”，而龚易图亦规定，“所有修书及雇履工晒书之费”，亦在“园中荔支各果出产”中开支。园中有“在山泉”，深可尺许，水由岩下出，汩汩有声，清澈不涸；又有乌石山房、五万卷藏书楹、梅花书屋、袖海楼、浴翠渠、俱有亭、陵虚台、注契洞天、福地廊、净名庵、南社诗龛等建筑。

奧曠之區是謂神谷不廓而
容不鑿而樸敷草木以華日
其書可讀其人無所長而能
不凝滯於物醉與醒清與濁
樂其同忘吾獨
丁丑之冬閩縣
龔易圖偕其戚
劉忻季弟彝圖
卜築既成泐銘
于石

龚易图“双骖园记”题刻

双骖园的创建时间，是“丁丑之冬”，即光绪三年的冬天。

时龚易图从登莱青兵备道任上乞假南归。离乡 20 年，曾经“弱冠功名入梦时，双持戈印许驱驰”的少年，经历了开封的勤王、山东的剿捻，见惯了“兵燹之余灰，沧桑之变境”，早已成长为“不梦浮云梦故乡”的大叔，他在入乡的那一刻，发出了“登科释褐，其入梦乎？兹南辕将返，出梦何时”的深省。

回到家，恰逢福州水灾，他积极投入赈务。在前往西门外考察三公祠修复时，恰于“乌石山得一地”，于是偕四弟龚彝图、表弟刘忻拓地建园，取《诗经》“两骖如舞，两骖雁行，两骖如手”句，命名为“双骖园”。他在门前勒石为记，中有“醉与醒，清与浊，乐其同，忘吾独”数语，恰恰道出了他对“出梦何时”的领悟。

龚易图修园的初衷是读书、藏书，他希望以书为友，以书会友，这一愿景也被他郑重地刻在门前的巨石上。（林强）

张国正鼓山祷雨

光绪九年癸未，余权知福州府事。六月祷雨于鼓山佛阁，有应。越日，诣谢。闽令德化罗大佑、侯官令罗山张德迪与偕，适武进余昌宇观察，以电线事来闽，兴县康奉蔼太守转饷至，与峨眉张星锷大令着屐咸集寻山麓，憩涌泉寺，复历石磴至喝水岩，登紫阳顶，遍揽诸胜。天风海涛动荡左右，阴晴变灭，顷刻万状，令人有遗世出尘之想。簿书鞅掌，倥偬鲜暇，令荷神惠畀甘澍，以成田功。俯瞰原湿黄云，弥望蔚然，获有烁之观。俾余数人得以官役从方外乐，良为盛游。爰纪其颠末于石，以志鸿雪。

铁岭张国正记

这段石刻位于鼓山的龙头泉边，是一块与祈雨有关的摩崖石刻。

张国正（1850—1898），辽宁铁岭人，隶镶蓝旗汉军张廷彦佐领。清光绪元年（1875）袭三等爵，光绪四年（1878）七月接替冯誉骢任延平府知府一职，七年重建延平书院，任期至光绪八年十二月止，九年刻《杨龟山先生集》，同年权福州府知府，大计保荐卓异，十一年七月，兼署盐法道，十二月调补福州府知府，十二年五月，奉旨补授福建督粮道。后官至山东布政使，卒于任上。

光绪九年（1883）六月，正是“三天无雨一小旱，五天无雨一大旱”的季节，新上任的福州知府张国正听说鼓山是历代官员首选的祈雨处，遂率众来到鼓山，于佛阁祈雨。当天甘霖普降，雨润禾苗。第二

张国正“鼓山题记”石刻

“曲径通幽处”石刻

天，他忙带着闽县知县罗大佑、侯官知县张德迪等前往鼓山谢神，在涌泉寺稍作休憩后，游喝水岩，登屴崱峰，看着天风海涛阴晴变灭，想到自己每天对着署中的文书簿册、契书账本，忙于公务，劳于案牍，虽有“十旬休暇”，却鲜少有养息之功，今天因为谢神的缘故，才有空登临绝顶，俯瞰闲云，怎不令人生出“出尘之想”？望着眼前白云朗洁、天风飒然而至的壮丽景观，真恨不得“得以官役，从方外乐”，可惜国家正在越南抗击法虏，前线连连失利，还不到休息的时候，只能“纪其颠末于石，以志鸿雪”。（林强）

朱宗炳贺船坞

云屏

余于癸巳秋奉公，船坞大工告成，见峭壁当窗，翠屏列坐，时有云气往来，爰弁数言以志鸿爪云尔。

光绪十九年仲冬，琴川朱宗炳题

这段石刻位于马尾区罗星塔公园内国际海员俱乐部边的岩石上。

朱宗炳，江苏常熟人，由监生报捐同知，清光绪十八年（1892）保荐为福建补用知府，至马尾船政协助建设一号船坞。光绪十九年，他在船坞内推窗望江，见“峭壁当窗，翠屏列坐，时有云气往来”，于石壁上题写“云屏”二字。

一号船坞位于马尾青洲的罗星塔下，又名“青洲石坞”或“罗星塔船坞”，它的兴建，是为了马尾船厂制造中等铁甲舰的需要。

俗话说，“造船在厂，修船在坞”。而马尾船厂原来没有船坞，只有木质船槽。拖船勘底时，船槽载重仅有1500吨左右，修150匹马力的船只尚可，遇到2000多吨的巡洋舰和铁甲舰，就难以胜任。若在港、沪、旅顺等处借修，不但花费巨大，如遇冬冻，还常常延搁。所以自光绪九年（1883）起，历任船政大臣就呼吁在船厂附近筑造大型船坞，除自给自足外，还可以供“南洋、浙洋、粤洋、台湾各兵船就近勘修”，甚至在“北洋铁舰每冬避冻南下”时，也可以“备不时之需”。光绪十二年，署理船政大臣裴荫森上奏，请在青洲的罗星塔东侧下修建大

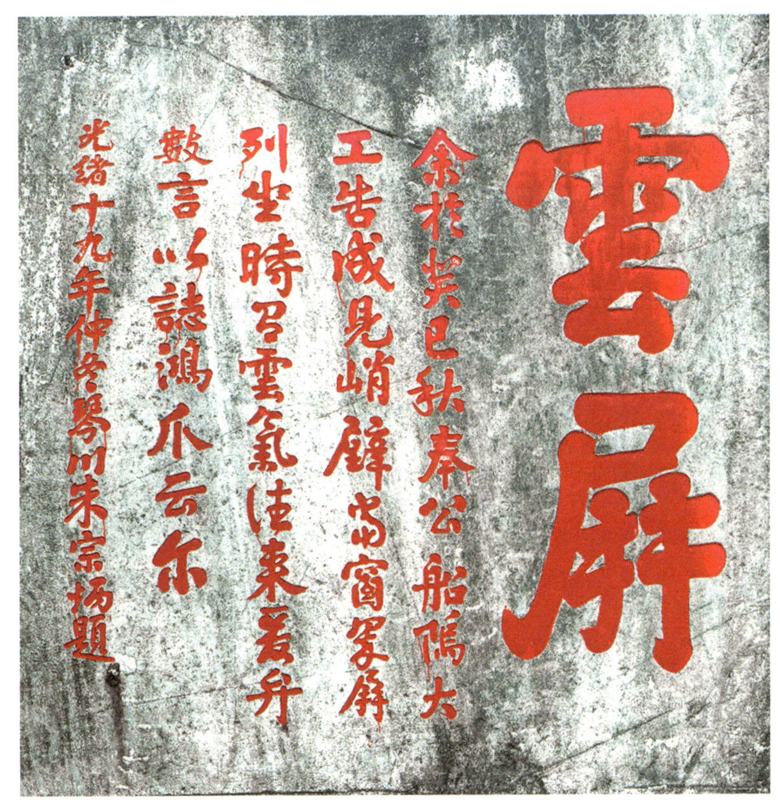

朱宗炳“云屏”题刻

型石船坞，理由有三，一是坞靠近山体，石料可就近开采，作为坞底石料；二是坞与马尾船厂只有三里之遥，来往方便；三是坞口江岸可泊轮船百艘，不必另建泊船码头。惜总理海军事务大臣奕譞以“经费竭蹶”，留置不批。光绪十三年十一月，裴荫森等不及批复，先斩后奏，令吴德章等在君竹港上修筑木桥，连通船坞与马尾船厂，取名“通济桥”，并就地备料，开挖花岗石。光绪十四年三月，裴荫森再度上奏修筑船坞的重要性，终获批准。可是，船坞没建多久，就因经费困难，于光绪十五年九月暂行停办。后从海关六成项下原拨给船政的经费中挪出 6 万两，作为筹办经费，船坞才得以在次年（1890）二月复工。

光绪十九年七月，船坞正式完工，长 120 米，宽 20 米，深 8 米，可修理 5000 吨船只，是当时中国乃至远东最大的船坞，《中华报》称："石坞之名，大著于欧洲矣。"船坞建成后，除替福建水师维修船只外，还开展对外修船业务，北洋舰队所属的"海筹""海琛""海容"三舰都进坞修过船底，还修复过因台风损坏的美国西能达大夹船、法国兵船及蔼和商船。因坞口与潮平齐，各国兵、商轮船也喜欢在此萃泊。北洋大臣李鸿章将其与广州的黄浦相提并论，称它为"天然船坞形势"。

有趣的是，船坞虽大功告成，但真正"告厥成功"，是在三年之后，据沈觐宸《船政编年史》记载："光绪二十二年丙申（1896）……青洲船坞告成，用款不过四十九万。适'元凯'轮船来自浙洋，于十月二十日首先试坞。""元凯"轮成为第一艘入坞的船只，测试结果，"尚称快捷"。

时光荏苒，转眼百年，船坞经历了毁而复建的过程，如今，已成为马尾船政建筑群的一处景点。推开国际海员俱乐部的窗，东海舰队退役的猎潜艇静静地停泊在船坞内，与坞前崖壁上红色醒目的"云屏"二字，一起见证了马尾船政的兴衰，也目睹了马尾经济技术开发区的崛起。（林强）

刘蘅灵源洞题诗

民国十四年重九后十日，明随夫子，偕娣姒游石鼓山，率成二绝一律，以志盛游，工拙不暇计也。

危峰一望枕天腰，古寺云深极目遥。
笑语音传空谷和，尘心猛向净中消。

谁谓佛门不易攀，慈航稳渡入禅关。
上方钟磬剖清耳，新旧闲愁一例删。

结伴同游石鼓山，个中胜境别尘寰。
碑留苔篆浑难辨，僧喝泉声去不还。
峰顶上窥天纬逼，洞门时偕暮云关。
禅宫花草皆参佛，阅尽沧桑未改颜。

吴女士秀明题

这段石刻位于鼓山灵源洞蹴鳌桥下的石壁上，1925 年农历九月廿九，民国“福州八才女”之一的刘蘅在石壁上用隶书题了三首诗，含题记及二绝一律。

这段长幅摩崖石刻，藏得有些隐蔽，只有站在蹴鳌桥上才能远眺诗句。想要看清，则要在灵源洞底历经一番跋涉。它的斜对面正是署名晦翁的擘窠大字“寿”。灵源洞一带古木参天，溪涧干枯，怪石嶙峋，森

刘蘅游鼓山诗刻

森然一派清幽之色，两面山崖刻满宋元明清名家题刻。刘蘅的诗刻在灵源洞左侧隐秘角落，她在诗刻题记中谦卑坦言“工拙不暇计”。

刘蘅（1895—1998），字蕙愔，号秀明，福州人。幼失双亲，由兄刘元栋抚养成人。1911 年 4 月，刘元栋参加广州起义，额中弹牺牲，为黄花岗七十二烈士“福建十杰”之一。次年，刘蘅嫁与螺洲人吴承淇，后远走他乡，寓居北平。因夫家吴姓，故这幅诗刻结尾自称“吴女士秀明”。

刘蘅夙慧，性静好学，从兄长读书识字，并学诗画。旅居北平期间，她与何振岱、陈宝琛、陈衍等福州籍前辈过从甚密，得到这几位“同光体”闽派代表诗人指点，诗词精进不少。回榕后，刘蘅仍随何振岱学诗，与同门王真、王德愔、何曦、薛念娟、张苏铮、施秉庄、叶可羲（即当时著名的“福州八才女”），结成寿香诗社。在动荡的岁

灵源洞

月里，她们互相扶持、互相勉励，或吟诵，或联句，或游玩于名胜古迹，或雅聚于阁楼庭院，几乎每月一集，长达数十年，用诗情温暖彼此世界。

吴承淇与刘蘅夫妇在仓山聚和路南端的西式住宅淇园，是她们经常聚会的场所之一。她们常在此吟诗填词、鼓琴作画，时光在她们身上焕发着美丽的光芒。1942 年，“福州八才女”合出了一本词集，名《寿香社词钞》，集中刘蘅词收录最多，计 93 首。词中记录了她们的共同岁月和姐妹真情。“福州八才女”，另有一说“八才女十姐妹”，这是加上了外地回榕、同样拜何振岱为师的王闲和洪璞。“十姐妹”中，刘蘅最长寿，以 103 岁辞世。

刘蘅在一首名叫《瑞鹤仙・石鼓怀旧》的词作中，呼应了这次“随夫子，偕娣姒”举家秋游鼓山之事，“看低迴山鸟，衔来秋籁，疑与新愁暗。认前游，石上镌文，墨香未冷”。

“同光体”重视炼篇、炼章、炼句、炼字，讲究“诗要避俗，更要避熟”。刘蘅师从“同光体”闽派两位代表诗人，十分重视字句锤炼，擅长使用新颖而表现力强的清新词语。陈宝琛曾为刘蘅诗集作序，赞曰“开卷一片清光，写景言情，皆能出以蕴藉”“有山水之音，无脂粉之味”。游鼓山的这 3 首诗有景有情，清苍幽峭，意境悠远，独有英姿飒爽之韵味，不愧时人给刘蘅的“闺帏之杰”之誉。（张浩清）

曾汀蕃海天一览亭记

海天一览亭记

门人林秉周旅长登屴崱峰，慨天风海涛亭久圮，而地复未胜也。乃属曾君汀蕃别建石亭于峰前，糜银钱千有奇。成，要余洎陈梅峰、张秀渊、徐鲤九落之。俯视百里云海，平铺四山，无一露其顶者，则兹峰兹亭之冠绝可知已。愿秉周治军亦如兹峰兹亭也。

壬申五月陈衍，徐征祥书

这段石刻位于鼓山的大顶峰，题刻时间为壬申年，即民国 21 年（1932）。

大顶峰状若覆釜，山顶旧有茅亭，宋绍熙二年（1191）之后，因亭畔有朱熹摘自赵汝愚“江月不随流水去，天风直送海涛来”的“天风海涛”石刻，更名“天风海涛亭”。宋端平二年（1235），进士林希逸有《题天风海涛亭》诗：“亭后千寻屴崱峰，亭前万里见晴空。山藏落照生新月，海涨轻涛带晚风。世事浮云变今古，客游□石遍西东。近檐溜雨霜皮栢，却是渠曾识晦翁。”明代时亭已毁。成化二年（1466），福建督学佥事游明登屴崱峰，有“顶上旧有望州亭（亭名有误），废已久。惟石上刻‘天风海涛’四字，乃晦翁遗墨”的记载。

民国 21 年，国民党海军陆战队第二旅旅长林秉周在曾尊彝、徐征祥、陈元璋等陪同下登上屴崱峰，见天风蓬蓬，四顾无际，东则大海茫茫，岛屿点点，西则州城百雉，烟火万家，南则双江如带，脉络分明，

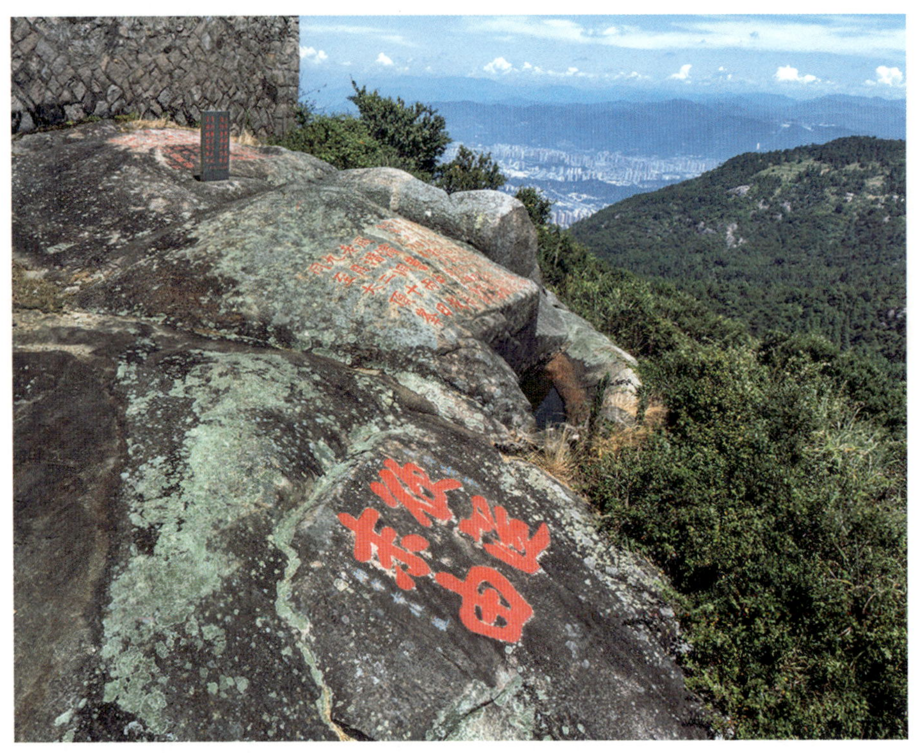

海天一览亭旧址

北则万山重叠，蜿蜒起伏，望之如出尘世，这么好的一处景致，却因为少了“天风海涛亭”，而无复胜迹，遂叮嘱曾尊彝“别建石亭于峰前”，名“海天一览”，亭落成，共“糜银钱千有奇”。事后，陈衍作《海天一览亭记》，以“兹峰兹亭之冠绝”，寄望林秉周“治军亦如兹峰兹亭”，该记由徐征祥“刻石落之”。

林秉周（1895—1968），字本礼，仙游安贤里菜坑（今社硎乡）人，民国 7 年（1918）投靠仙游民军，历任海军陆战队第二旅旅长、中华革命军第一方面军海军陆战队副司令、国防部参谋等职，海军少将，1968 年 7 月病逝于台湾。林秉周好为诗，为福州说诗社、湘西五溪社成员，陈衍以其为“门人”，在《石遗室诗话续篇》记其“除在行间作战外，无日不写诗，岁常数百首”。

陈衍（1856—1937），字叔伊，号石遗，侯官（今属福州）人，光绪八年（1882）举人，官报局总编纂、学部主事，后任京师大学堂、厦门大学教授，民国9年（1920），组织成立福州说诗社，并亲自主持坛坫，林秉周等入社称弟子者数十人。

曾尊彝，号汀蕃，长乐人，建筑工程师。

张葆达，字秀渊，光绪二十八年（1902）举人，福州说诗社诗人。

陈元璋（1885—1959），字翼才，号梅峰，莆田人，后迁居福州。光绪秀才，民国时期历任古田县县长、长泰县知事，福建省地方行政人员养成所、省行政干部训练团讲师，福建省财政厅总务科长、税务局长等职。1953年5月受聘为福建省文史研究馆馆员。

徐征祥，字鲤九，莆田仙游人，清末秀才，民国16年（1927）任宁德县县长，翌年调福清县县长，为福州说诗社、宁德留云社、鹤场咏社成员，陈衍称他“涉笔多可喜，思有余，才亦足供驱使也”。著有《九鲤湖志》。（林强）

郭沫若冒雨游鼓山

节届重阳日，我来访涌泉。
清风鸣地籁，微雨湿山川。
浮岭多松柏，依崖有杜鹃。
考亭遗址在，人迹却萧然。
一九六二年十一月八日访涌泉寺，郭沫若

这段石刻位于鼓山观音阁东侧的石门岩上，为郭沫若1962年游鼓山时所作之诗。

郭沫若（1892—1978），文学家、历史学家、社会活动家。1962年10月中旬，偕夫人于立群由北京，经上海、舟山、普陀山、宁波、绍兴、杭州，于11月1日到达福建武夷山，之后经南平抵榕，8日登鼓山，12日前往莆田，在福州一共待了一周多。其间，他写的与福州有关的诗有14首，其中《游鼓山》两首，本石刻为其中一首。

1962年11月8日，郭沫若与于立群等冒雨登上鼓山。重阳节已过了一个多月，山上的杜鹃仍开得灿烂，清新的山风吹过，山谷里传来呜呜的响声，好像有风穿过孔窍，自带音效，细雨滋润的青山显得生机勃勃，松柏经过雨的洗礼，更加青翠。

循石门岩而上，郭沫若夫妻来到了朱子祠，据《鼓山艺文志》记载："朱子祠，即水云亭，又名凤尾亭。"该亭初由宋嘉祐间郡守元绛所建，淳熙间，僧元嗣为赵汝愚又建，因亭下常年云遮雾罩，水天一

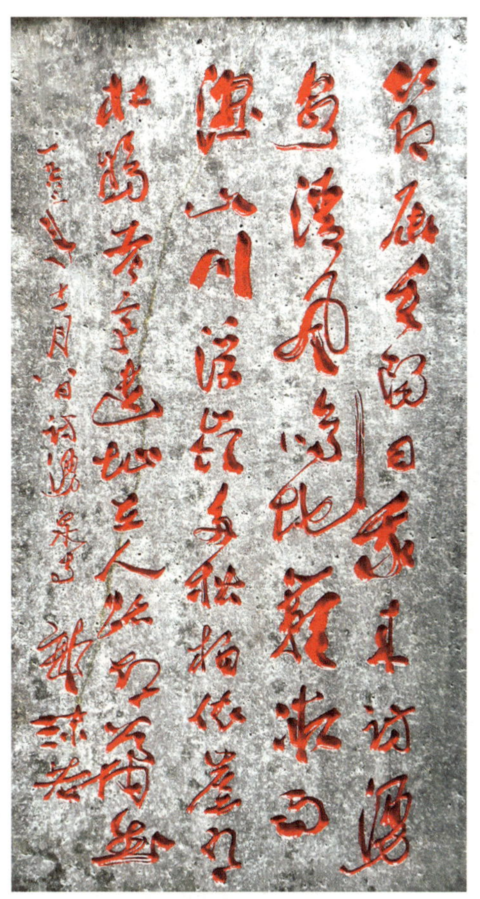

郭沫若“游鼓山”题刻

色，故取名“水云亭”。元元统间，僧如山重建，以朱子“天风海涛”饰亭楣，其后经明、清两代，又多次重建。如今水云亭遗址尚存，斯人却已乘风归去，留下一幅朱子对镜自画像，供人瞻礼。

郭沫若回到涌泉寺后，诗兴大发，在明月楼挥毫写下这首《游鼓山》，赠送给涌泉寺。12 月 6 日，当《福建日报》要发表这首诗时，郭沫若为了更严谨，将诗中“节届重阳日”的“届”改成了“过”，“微雨湿山川”的“川”改成了“巅”，可惜他错写的“考亭”因没人提醒，保留了下来，在 1977 年出版《郭沫若闽游诗集》时，才由编辑加上注解：“指鼓山水云亭，宋朱熹讲学之处。”

1979 年，郭沫若去世的第二年，涌泉寺与鼓山管委会经当时的福州市革委会同意，决定将这首诗刻在石门西向的摩崖上，并由时任福州雕刻厂团委书记的篆刻家陈石镌刻。（林强）

鼓山石门景区

第三章　爱国御侮

爱国是人们对国家富强、人民幸福所展现出来的理想追求和深情大爱，是对自己国家的高度认同感、归属感、责任感和使命感；史上御侮事迹体现了历史人物保卫祖国和为御敌卫民而献身的情怀与精神。本章所选题刻，既有能臣循吏对家园、民众的关爱，也有普通民众对先贤与对英烈的景仰，还有军政官吏、志士能人、社会贤达面临敌寇入侵时，保家卫国的爱国情操。这些历史与故事振奋人心，足以感染后人。

柯述乌山《社坛铭》

或问社奚铭？予谓祭主敬，不敬如不祭。社稷岁再祭，所以为民祈报，而政莫先焉。予守兹土，视其坛地污且隘，不足以行礼，乃广而新之。坛壝器宇，靡不周备，敢不以告于后之人。于是勒铭于坛之东南乌石山之顶，前为亭曰“致养”，以其当州之坤焉。

柯述仲常

大宋福州社坛铭：后牧民，天乃食。维社稷，作稼穑。风雨雷，赞生殖。协时日，祭有秩。岁庚午，夏率职。即坤维，视坛域。地污隘，制匪式。爰广新，古是则。辛未春，工告毕。斋有斤，器有室。旸若雨，事咸饬。后之人，敬毋斁。

元祐六年三月，温陵柯述撰，王裕民书

这两段石刻位于乌山的邻霄台石壁上，作者为柯述，时间是宋元祐六年（1091）。该石刻内容体现了对祭祀礼仪的敬重态度，又彰显出作者柯述的高尚品格和勤政爱民的精神风貌。

柯述，字仲常，福建南安人，曾任福州太守，他在元祐五年至六年（1090—1091）间对福州社稷坛进行了重修和扩建，以此表达对土地神祇的崇敬，并通过举行庄严的祭祀仪式，强调农业生产和自然环境对于国家社稷的重要意义。

石刻主体内容蕴含深厚的人文关怀和强烈的农本意识，强调“后牧

柯述“大宋福州社坛铭”其一

民，天乃食。维社稷，作稼穑。风雨雷，赞生殖”。柯述深知百姓生活依赖于土地与气候条件，他倡导尊崇天地、顺应时节、合理耕种，祈愿风调雨顺、五谷丰登，体现了一位封建时代的地方官以民为本、重视农业生产的执政理念。同时，他提出“为民祈报，政莫先焉”，认为施政应以民众福祉为根本出发点，体现其“执政为民”的坚定信念。

面对当时社稷坛地域狭小且破败不堪的情况，柯述遵循古制进行改造扩建，使得社坛建筑设施完备，足以容纳庄重的祭祀活动。这一举措不仅是对传统礼制文化的恢复与弘扬，更是对当地民众心理需求和社会秩序维护的有力回应。此外，他还积极赈济遭受闽江洪水危害的灾民，展现了他在应对突发事件时的果敢与仁慈。

柯述在任职期间深受百姓爱戴，事迹流传甚广，其中不乏奇异之事。如在他离任之时，曾有异鹊栖于其居所，表现出了对他离去的依恋

柯述“大宋福州社坛铭”其二

不舍，侧面反映出柯述在民间的良好声望与深入人心的影响力。

《大宋福州社坛铭》作为留给福州的历史文化遗产，是柯述本人勤勉政事、立志为民的生动见证。这块摩崖石刻，屹立于乌石山顶，历经千年风雨，诉说着一位古代官员如何通过虔诚祭祀、务实改革与普及教化，践行儒家“以德为政”的理想的故事，也为我们提供了深刻理解古代社会治理模式和官德修养的重要窗口。（林丽钦）

李鼎德成岩题记

唐咸通初，林先辈慎思，字虔中，置读书堂于此，至十年以宏词登科。考之《长乐图经》，至县北四十里群山之间，峰峦叠秀，中有草堂，正此岩也。至宋元祐，朝散大夫尚书祠部郎陆仲，再广其基，遂为浮图之居。岁月浸久，颓圮荒芜，盖八十余年矣。绍熙辛亥七月庚申，莆碕蒋逸，芟芜披奥，再辟其地，重建屋宇，立先生祠堂于其东，开凿新岩十有四所。可以宴坐，巧状呈露，湖光海渤，一览无遗。前山居士李鼎来访蒋逸，乃徜徉数日，赞叹无已，故作是语。

庆元丙辰仲春澣日，宣教郎新知漳州龙溪县主管劝农公事李鼎述

这段石刻位于长乐区潭头镇溪上村后的筹峰山德成岩石室之西。筹峰，旧作筹岩，又做稠岩、伸蒙岩，后称德成岩，为筹峰山三十六洞天之首，奇峭幽绝，峰峦稠叠。

石刻原名《伸蒙岩石刻记》，书法明丽清秀，历经800多年，仍字迹清晰，保存完整。

庆元丙辰（1196），宣教郎李鼎应好友蒋逸之邀到筹峰山。李鼎，字文瑞，长乐前山（今金峰镇仙高村）人，淳熙五年（1178）进士，时任龙溪知县。蒋逸，长乐莆崎（今潭头浮岐村）人。《伸蒙岩石刻记》记载了唐代先贤林慎思（字虔中，号伸蒙子）咸通二年（861）在此筑室，刻苦攻读，开福州地区最早的岩宇修学之先河，擢登高科的史话。

《八闽通志》载：“唐林慎思尝读书于山之石室。”石室纵深约

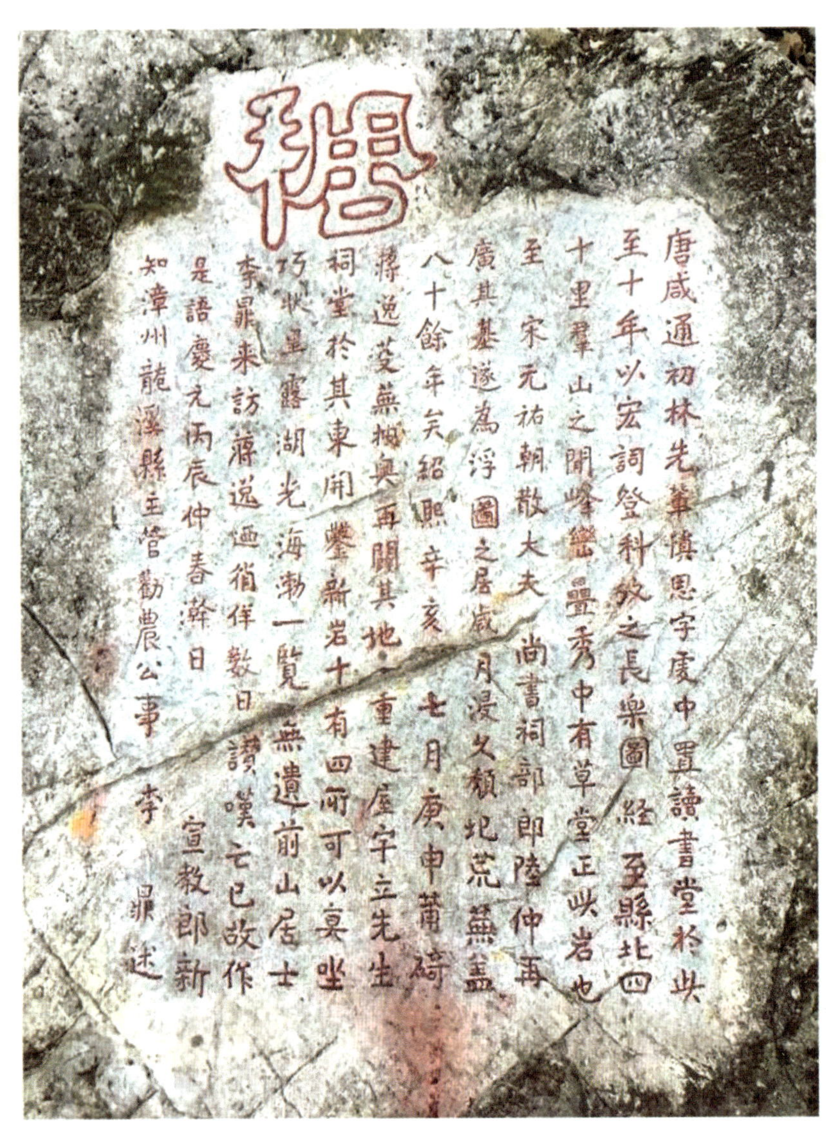
唐咸通初林先輩慎思字虔中置讀書堂於此
至十年以宏詞登科攷之長樂圖經至縣北四
十里羣山之間峰巒疊秀中有草堂正此岩也
至宋元祐朝散大夫尚書祠部郎陸仲再
廣其基遂為浮圖之居歲月浸久頹圮荒蕪蓋
八十餘年矣紹熙辛亥七月庚申莆碕
釋逸芟蕪捆輿再闢其地重建屋宇立先生
祠堂於其東開鑿新岩十有四所可以宴坐
巧狀呈露湖光海瀨一覽無遺前山居士
李鼎來訪蔣逵迺徜徉數日讀嘆亡已故作
是語慶元丙辰仲春澣日 宣教郎新
知漳州龍溪縣主管勸農公事 李鼎述

李鼎“德成岩记”题刻

长乐德成岩寺

4 米 ×6 米，宽敞透亮，冬暖夏凉。一眼清泉，名曰“源泉”，清澈甘甜，千年不涸。实为清静幽雅之地。林慎思《伸蒙子》《续孟子》均作于登科前，创作思维应是在此形成。优雅的环境，激发了先贤的灵感，造就了一代大师的儒学丰碑。长乐《明教堂序》载，宋代姚能举、黄邦达、林密、陈杞都来此读书而登科成名。《闽书》载，此为南宋“刘砥、刘砺读书之所。晦翁南游，二刘从学，留斯岩最久”。朱熹敬仰慎思的儒学成就，题曰：“德成以慎思，德成于此也。”并题“德成岩”刻于巨石之上。从此，德成岩声名日隆。

林氏先祖东晋时入闽，第十一世一支始居长乐。慎思父林升为第十六世，生进思、景思、勤思、普思、慎思。兄弟五人俱登进士，时称“五桂联芳”，为福建第一兄弟五进士。唐懿宗赐“兰桂同芳”，并敕居所“崇贤乡钦平里”改为“芳桂乡大宏里”。五兄弟中，以慎思成就最高。咸通十年（869）进士，次年复中宏词拔萃科第一。初授秘书省校书郎，兴平县尉，迁水部郎中。乾符中，社会动荡，慎思以国事为重，屡次上书谏君劝政，触犯权贵贬为京兆万年令。广明元年（880）十二月，黄巢攻长安，慎思带兵迎战，力尽被执，不屈而死。著《伸蒙子》三卷、《续孟子》两卷，为福建历史上第一位思想家。唐天子旌其门曰“儒英忠义”，诏立忠贤祠祀于筹峰山读书处。

筹峰山位于闽江口南岸，登高远望，看海、览江、观山，一览无遗，美不胜收。石室方圆数百米间，有宋代石刻“拾得”“石门”“海潮观”“文殊”“普贤”“壶天秀野”“东隐”“云梯”“寒山”“谷春”“柱峰”“蓬瀛”“涤非”“钟吕洞”“西祖岩”等多处，与山中怪石、幽洞、古树、老茶、翠竹、青藤珠辉玉映，浑然一体；与近旁的德成书院、德成岩寺、忠贤祠，及山下坑湖草堂形成人文和自然景观完美结合的修学之地。（庄勇）

方棫敛石山祷雨

淳祐辛亥三月十八日，知县事方棫祷雨至此。

住山慈榕立

方棫敛石山题刻

这段石刻位于福清市镜洋镇下施村石子磊自然村西北的敛石山。齐云山是镜洋和一都的界山，共有海拔800米以上的五座大山，敛石山为其中之一。乾隆版《福清县志》载：“敛石山，在方兴里。下有龙潭，又有归云关、将军峰、玉女峰、一线天、猿头崖、五音石诸胜。”这里，奇峰峻岭、云雾缥缈，石壁千寻，悬瀑百尺，苍藤古木，长夏如秋。如注山泉，澎湃而下，轰鸣之声，不绝于耳。笔者在石子磊村偶遇该摩崖石刻

齐云山一角

的发现报告人吴明全，在他的热心带领和帮助下，完成了田野考察夙愿，收获良多。

石刻位于敛石山龙潭左侧的悬崖峭壁上，为宋淳祐十一年（1251）知县方棫所题，整体书法古朴厚实，遒劲有力。

方棫（1198—1257），字景楫，兴化军莆阳城内后塘巷人，端平二年（1235）进士。出身于名家，曾叔祖父方渐、祖父方于宝，父亲方阜鸣均为官，颇有政声，家中建有藏书阁，被称为“富文方氏”。正德《福州府志》（卷之十六）《官政志·名宦》载：“方棫，兴化人，宰福清。爱人下士，新庙宇，造祭器，文章政事有足称者。”淳祐十一年（1251），福清大旱，方棫特来敛石山祷雨。敛石寺住持慈榕感其所为，勒石于敛石山龙潭，记述了这位好官在福清的足迹，也为后人留下了福清最早的祈雨习俗史料。

在方棫“敛石山祷雨记”石刻旁，还发现有明代叶向高的祷雨石刻，文曰：“天启五年三月二十九日，邑人、少师、大学士叶向高同太学生吴需、静安二人来此，祈雨有应。”还有叶向高于万历四十六年（1618）《同举孝廉应相游敛石观龙潭》四首七绝诗刻。此外，还有一处摩崖石刻年久风化，离地面较高，字迹模糊，难以完整辨认。

敛石山之名源于敛石寺。寺在山脚下，始建于唐大中四年（850），蜚声海外。南宋理学家林希逸被收入“四库全书”的《竹溪鬳斋十一稿续集》，有《重建敛石寺记》一文。记载该寺是由唐代僧人知嵩所建。僖宗朝（873—888）敛石寺“废矣”，“一殿仅存”。到宋嘉泰初期（1201—1204），莆田云顶岩寺和尚弥清“以其贤”，被请来重建。经过 24 年的“辛勤经画”，敛石寺营造一新。接下来，敛石寺建设由“慈榕继之”，他“用力甚苦”，前后又花费 20 多年时间，将寺院前后地面全部铺上石板，重修殿堂佛像，新建堂、庑。敛石寺、敛石山声名日隆，成为祈雨圣地。王应山《闽都记》记载，敛石寺于明隆庆中（1567—1572）重建。现存敛石寺的基柱、石槽等构件使用的多为唐代遗物。

（庄勇）

林瀚九曲山感稼穑艰难

大明正德十三年戊寅三月初八日丁未，本里致仕尚书林瀚率诸子：云南参政庭㭿，福州指挥庭楷，长孙、礼部主事炫，拜扫樟山祖茔。暮归，停车于此，同看农家老稚力田插秧，叹曰：稼穑艰难，有如此哉，尔曹不可不知！谨识以示来裔。

这段石刻原位于林浦村的九曲山东麓，1996年，因高速公路建设，迁到林浦村狮山东南山腰林瀚墓左侧。

林瀚（1434—1519），字亨大，号泉山，明景泰四年（1453）举人，成化二年（1466）进士，选翰林院庶吉士，授编修，升修撰，谕德，国子监祭酒，礼部右侍郎，吏部右侍郎、左侍郎。弘治十三年（1500）任南京吏部尚书。正德元年（1506）兼南京兵部尚书。正德十四年卒，享年86岁，钦赐祭葬，赠太子太保，谥号“文安”。他与父亲林镠，子林庭㭿、林庭机，侄林庭壆，孙林炫、林燫、林烃合称“七科八进士”；与子林庭㭿（工部尚书）、林庭机（礼部尚书），孙林燫（礼部尚书）、林烃（工部尚书）合称“三代五尚书”。

正德十三年三月初八，林瀚率次子林庭㭿、三子林庭楷、长孙林炫前往樟林山祭扫祖墓。这一年，林瀚85岁，致仕在家多年；次子林庭㭿，47岁，为云南参政，因病在家疗养；三子林庭楷，43岁，任福州左卫指挥佥事；长孙林炫，24岁，为林庭㭿长子，任礼部主事，时年“谒告还籍”，在家奉养生病的父亲。

林瀚“感稼穑艰难”题刻

林浦林氏自十三世时分为“礼、乐、射、御、书、数”六房，林瀚是其中“书房”胡舍派的后裔，其祖父林观、祖母蔡氏、大伯林榕、大伯母杨氏、父林镠、母郑氏都葬在樟林山，每年清明节前后，“书房”胡舍派居家的男丁都会到樟林山春祭，而女子则留在家中扫除、做饭，供男丁回家后聚餐。

扫墓结束，时近黄昏。林瀚一家将车架停在九曲山东麓古道边。山脚下，大人小孩仍在稻田里忙活，有的翻整土地，有的抛秧插秧。谷雨将至，农事已到了紧要关头，他们尽管累得腰酸背痛，也不敢有丝毫懈怠。他们埋头弯腰，足踩泥浆，插下的不仅仅是秧苗，更是一份沉甸甸的希望。面对此情此景，林瀚不禁感叹道：“稼穑艰难，有如此哉，尔曹不可不知！”他希望儿孙为官一任，能够重视农业，体恤民耕，明白一粥一饭“皆来之不易”。（林强）

李拔望耕台为念民劳

望耕台。

乾隆壬午，郡守李拔题

这段石刻位于乌山的望耕台上。

李拔（1713—1775），字清翘，号峨峰，生于四川省乐山市犍为县，系明末义士李杠后代，清乾隆二十五年（1760）知福州。在担任福州知府期间，他以深厚的悯农情怀、亲民作风和显著的政绩受到百姓拥戴，被誉为“一代循吏”。

他曾率僚属登临乌石山，至南麓范承谟祠堂虔诚致祭，后步履攀至祠前巨石清尘岩巅峰，举目远眺福州府城内外，见广阔田畴翠色盎然，农夫辛勤劳作场景历历于前，不禁诗兴勃发，吟咏《题望耕台》诗一首：“为念民劳登此台，公余坐啸且徘徊。平畴万亩青如许，尽载沾涂血汗来。”表达了对农事的关切与敬意。

他命人于乌石山清尘岩巨石上镌刻“望耕台”，并依台而建望耕亭。这块巨石位于乌石山南麓，视野开阔，可俯瞰福州城外的田园风光。

李拔在任上大力发展农业，鼓励种植玉米、棉花等作物，提倡种桑养蚕，促进了当地经济的提升。他深入民间，关注民生，体察民情，慰问农夫，亲身实践劝农政策。而在鼓山、于山、乌山等地的众多摩崖石刻中，他的题刻如“云程发轫”“毋息半途”“欲罢不能”等，也都体

乌山望耕台

现了他刻苦求学、勤勉为政的人生哲学与从政理念。

在福州任内，他还大力兴修水利，挖掘河道，设立书院，兴办义学，实行“薄赋便民”的政策，减轻了百姓负担，提高了教育水平，这些实实在在的德政赢得了一方百姓的口碑，形成了“两郡争守”的佳话。福州百姓对他的敬仰与留恋，正是对其一生清廉公正、励精图治的最佳肯定。

透过这方摩崖石刻，我们再次感受到李拔以民为本、心系农耕的崇高情怀与卓越政绩。（林丽钦）

吴荣光灵源洞为民祈福

道光七年七月七日，南海吴荣光伯荣、长白鄂顺安云浦、海丰王维诚孚远、萧山何煊寅士同来。荣光以手书《金刚经》第二十本施于涌泉寺，为民祈福并记。

这段石刻位于鼓山灵源洞南向的崖石之上，楷书。

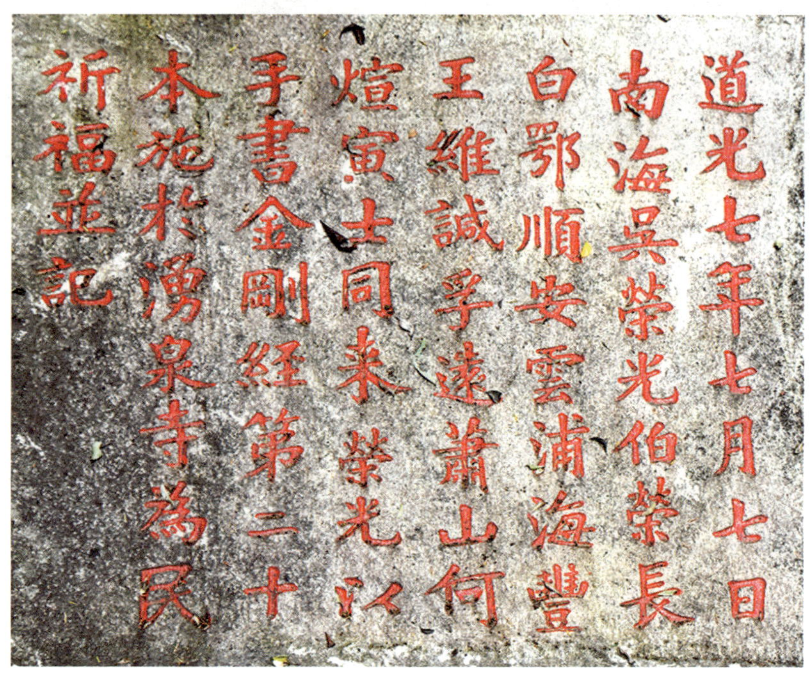

吴荣光“为民祈福”题刻

吴荣光（1773—1843），字伯荣，号荷屋，广东南海人，是深受百姓敬仰的官员和文化学者，曾任湖南巡抚兼湖广总督，后因事降职为福建布政使，仕途生涯多有勤政爱民之表现。除了政务上的卓越贡献，在文化艺术领域同样成就斐然，尤其在书法、绘画、金石学等方面造诣深厚，是清代著名的藏书家、金石学家、书画家，且以弘扬和保护地方文化而知名。

道光七年（1827），时任福建布政使的吴荣光亲笔手书《金刚经》，并赠予鼓山涌泉寺，这一举动旨在为当地百姓祈求福祉，安定民心。《金刚经》，全称《金刚般若波罗蜜经》，是佛教中一部极为重要的经典，属于大乘佛教般若部的经典之一，全文共 5000 多字。“金刚”象征无比锋利和坚不可摧，比喻该经中所阐述的智慧能够像金刚一样斩断一切烦恼和无明，引领修行者达到觉悟的境地。“般若”在梵文中意为“智慧”，特指洞察宇宙人生真相的最高智慧，“波罗蜜”则意味着“到达彼岸”，象征通过修行达到解脱的境地。吴荣光深知文化与信仰的力量，通过书写佛教经典这一富有仪式感的行动，表达了对民生疾苦的深切关注和对民众安康的真诚祈愿，彰显了他作为官员与文化人的双重社会责任感。

吴荣光在福州任职期间，积极参与地方教育和文化设施的建设。例如，他致力于凤池书院的重建与发展，多方筹集资金，改善教学环境，增加图书资源，使其成为培养人才的重要基地；在“佳士轩”之南建立教育机构“树人簃”，亲自参与规划，并且增拓了学舍多间，共捐俸购置了书籍 2000 多卷，给学子们提供更好的学习条件。这一系列举措，反映了吴荣光始终将教育视为造福一方的关键，他的勤勉政事与立心为民的实际行动赢得了广泛赞誉。（林丽钦）

槟城华人朝圣鼓山

犹如天竺。

光绪丁酉年仲秋吉旦，粤籍槟城吴添基敬题

槟城吴添基鼓山题刻

国师岩题刻群

这段石刻位于鼓山喝水岩。

清光绪年间，涌泉寺住持妙莲禅师率鼓山僧人远渡南洋，在槟城（今属马来西亚）创建鹤山极乐寺，作为鼓山在南洋的廨院。极乐寺的创建，标志了华人佛教在东南亚的正式落脚。由此鼓山也成为南洋华人眼中的朝圣之地，激发了不少海外华人登临鼓山的兴致。

鼓山现留存有晚清、民国的槟城人题刻两段。该石刻是其中之一，为吴添基在光绪二十三年（1897）朝礼鼓山时所题。

在吴添基来到鼓山的这一年，槟城极乐寺的大雄宝殿经过多年劝募终于得以落成。早先，妙莲禅师前来南洋募资重修鼓山殿堂，与槟城侨绅结下因缘，便有意弘扬佛法于南洋。从光绪十七年（1891）起，为修建槟城极乐寺，鼓山僧众在南洋各埠间劝募化缘，获得南洋华人的广泛支持，其中五位最有力的支持者都是广东籍华侨。粤籍槟城人吴添基会来到鼓山，很可能与他在极乐寺的见闻有关。

另一段石刻位于更衣亭，为张慈慧偕家人在民国5年（1916）来鼓山进香时所题，文为：

是胜因地。

丙辰季夏，偕女及孙进香来山，松韵鸣幽，梵钟报净，顿悟缘从境有，境逐缘空，空故妙具三千，而胜因斯著矣。呼女志之。期进。南洋槟地五戒弟子张慈慧题

张慈慧与吴添基一样缺乏史料记载，生平事迹不详。此时开创槟城极乐寺的妙莲已圆寂，其高徒本忠禅师继为住持。经过两代人的经营，极乐寺成为享誉东南亚的汉传佛教寺院。本忠禅师对禅学与净土均有心得，南洋华人"皈依者计达千人"。张慈慧自称"五戒弟子"，显然是一位佛教信徒，甚至很可能就是极乐寺的居士。

吴添基与张慈慧的两段题刻相距时间长达20年，但在内容主题上完全一致，都是对鼓山作为佛教圣地的赞美。

鼓山向来不乏文人墨客的题咏，这两位名不见经传的槟城华人则代表了南洋华人这一特殊的群体。从题刻的文字中，我们也很容易感受到海外华人对于祖国文化的仰慕之情。（孙源智）

张铭提倡国货

提倡国货。

民国二十年四月二十六日，驻荷属爪哇总领事张铭题。

民国二十年春，本团同人回国考察商业。至闽，承省政府派杨舒、魏子洞诸先生邀游石鼓寺外名胜，流览颇多。临行，请本团顾问张总领事题字刻石，藉垂纪念。南洋荷属华侨商业考察团陈丙丁、庄西言、李祥敏、陈抚辰、蓝秋金、刘瑞珍、黄永旬、陈仁义、杨纯美、吴温俭、陈厥平、林得意、王炳全、陈文矮、蓝江湖、陈高妙娘、庄李惠娘。

张铭“提倡国货”题刻

这段石刻位于鼓山的眺望台至更衣亭之间，这里集中了大片晚清民国时期的摩崖石刻。其中，由张铭所题的“提倡国货”榜书因其直白的表达颇引游人注意。该题刻是1931年南洋荷属华侨商业考察团归国考察时所题，旁款甚详。

南洋荷属殖民地即后来的印度尼西亚。考察团一行人除顾问张铭外，其余均为印尼华侨。张铭（1889—1977），字鼎丞，泗州盱眙（今属江苏）人，在美国华盛顿大学取得法政硕士学位。张铭早年在日本加入同盟会，参与辛亥革命，担任临时军政府外交部长，代表黎元洪赴美欢迎孙中山归国。1931年，爱国华侨陈丙丁、庄西言等组织南洋荷属华侨商业考察团，请时任驻荷属爪哇总领事的张铭担任考察团的顾问。

考察团团长陈丙丁原籍泉州安溪，副团长庄西言原籍漳州南靖，李祥敏原籍福州闽侯，其余团员及随行人员中除了广东籍的陈抚辰外，都是福建人。由此可见福建华侨在南洋的影响力。20世纪20至30年代，国内掀起一股提倡国货运动的浪潮，南洋华侨也以极大的热情积极参与其中，在南洋地区开展推销国货、抵制日货的活动。南洋荷属华侨商业考察团正是为这一目的来华，欲考察祖国工商业，为华侨回国投资建设作准备。在外患日紧的1931年，考察团一行在鼓山刻下“提倡国货”四字，充分反映了印尼闽籍华人的拳拳爱国之心。

不久，随着日本发动侵华战争，陈丙丁、庄西言等人实业救国的计划只得搁置。二人心忧祖国，先后组织发起“闽侨救乡会”“南侨总会”等组织，领导印尼侨胞的抗日活动，为抗战的最终胜利作出重要贡献。（孙源智）

陈兆锵题“蒋山青处”

蒋山青处。

辛酉秋月陈兆锵题石

陈兆锵“蒋山青处”题刻

这段石刻位于马尾区昭忠祠旁。昭忠祠最初是为纪念马江海战阵亡将士而建立的祠堂，它在当地又被俗称为“阵亡祠”，仅从名字上便能感受到其中的惨烈。马江海战结束后，闽江沿岸军民自发组织打捞福建水师官兵遗体七百余具，分九冢就近掩埋于马限山脚下。民国时期，陈兆锵主持重修昭忠祠，又将原葬于他处的一批烈士遗骸迁入，与原有九坟合为一冢，墓后崖壁上便是陈兆锵所题的“蒋山青处”四字。

陈兆锵（1862—1953），字敬尔，号铿臣，闽县螺洲（今福州仓山区螺洲镇）人。他出生于福州城中的朱紫坊，早年投考福建船政学堂，进入后学堂管轮班第二届学习，毕业后选派到“超勇”号练习，后调至

马江海战烈士埋骨处

北洋海军“定远”号服役，以“定远”号大管轮的身份随舰参与中日甲午战争。陈兆锵先后经历福建水师与北洋水师的覆灭，无数同袍战死海疆，心有戚戚焉。

历经半生之后，陈兆锵在 1915 年出任福州船政局局长，回到他最初成长的地方。1920 年，海军当局及船政校友从京沪等地募资重修昭忠祠及阵亡烈士墓，立碑并建碑亭供奉，陈兆锵亲自主持其事。烈士墓合九圹为一丘，前立石碑谓“光绪十年七月初三日马江诸战士埋骨之处”。陈兆锵还撰写碑文记其事，文中称：“诸先烈不知有国，不知有身，虽捐糜顶踵，在所不恤。浩然正气，如日星河岳，历劫不磨。”

烈士墓修葺一年之后，陈兆锵又在墓后崖壁上题下“蒋山青处”四字，旁款“辛酉秋月陈兆锵题石”。蒋山即南京钟山，传说汉末良吏蒋子文驱逐贼寇，死于钟山脚下，化为土地神保佑一境平安。陈兆锵的题刻，既喻埋葬英烈的马限山如钟山一般青葱如画，英烈报国之志永垂不朽；又将晚清海军英烈比为逐盗而死的蒋子文，愿其神灵永在，为世人所铭记。也正如陈兆锵所期望的那样，原本名不见经传的马限山，如今已因“青山有幸埋忠骨”而为人所知，吸引无数后人前来瞻仰追忆。（孙源智）

陈衍等名士于山集会

民国二十一年五月九日，陈衍、董藻翔、石屏藩、马天翮、施景琛、吴孝惔、黄承潮、沈覲冕、王怀晋、王聘、林道于、欧阳英、郑元鼎同集于此。王琬书。

陈衍等名士“于山集会”题刻

这段石刻位于于山戚公祠边。

民国21年（1932）5月9日，爱国名士陈衍与好友董藻翔（董执谊，字藻翔）、弟子施景琛等各界名人拜谒于山戚公祠，并在戚公祠飨堂前西南侧镌石记录集会之事。石刻内容并没有记述集会的缘由和情形。但是从国家大背景、时间、集会的地点以及陈衍深植于心的爱国品性来判断，应与同年1月28日发生的日军突袭上海闸北的“一·二八”事变以及淞沪战役有关。当时，日军的野蛮行径遭到我方第十九路军等主力军队的英勇抵抗，连连败退，死伤惨重。在欧美各国调停下，中日双方于3月3日宣布停战，并于5月5日签订了《淞沪停战协定》。

此战役以弱胜强，十九路军等主力军队以血肉之躯，展现了不畏强敌，誓死保卫家国的崇高气节，激发了全国民众的抗日热情。十九路军总指挥蒋光鼐说：“淞沪之役，我军得民众莫大之帮助，近者箪食壶浆，远者输财捐助，慰劳奖饰，永不敢忘。此同仇敌忾之心，使吾人感奋欲涕。”年逾古稀的陈衍亦深受感动，生辰之际决定不设寿宴，将亲友馈赠的钱物拿来犒劳十九路军，并赈济闽东遭水灾的灾民，以尽微薄之力。

自日寇侵犯中华，陈衍便表现出强烈的家国情怀，忠肝义胆，与仇敌不共戴天。陈衍和郑孝胥原为至交好友，共同开创“同光体”的诗歌流派，两人常聚在家宅秉烛夜谈，切磋诗艺。但是，郑孝胥贪图名利，出任伪满洲国的国务总理，陈衍愤慨与之绝交，并通知商务印书馆删掉《近代诗钞》收录的郑孝胥诗歌；对于好友陈宝琛，陈衍亦写诗忠告，决不可追随溥仪，卖国求荣。深明大义的陈宝琛向溥仪进谏《十不可》，终未侍伪满洲国。于山戚公祠里的集会，应是陈衍等人对抗日救亡，光复中华殷切希望的又一次具体的表现。虽只有人名罗列，但文字背后的赤血丹心，至今依然令人敬畏。（王春燕）

翁照垣戚公祠题刻

剿倭先进。

翁照垣敬题

这段石刻位于于山戚公祠飨厅前，坐北朝南，摩崖高 69 厘米，宽 123 厘米，字径 25 厘米。

翁照垣（1892—1972），原名翁辉腾，又名翁嘉添，广东惠来人。1912 年投陈炯明麾下陈铭枢部，历任班长、排长、连长、营长、旅长、

戚公祠

支队司令和中将指挥官。1926年冬东渡日本，改名翁照垣。1931年回国后，历任陈铭枢部保安第四团团长，蒋介石警卫师旅长，十九路军七十八师一五六旅旅长、东北军第一一七师中将师长、北平警备司令、六十七军副军长、福建“中华共和国人民革命政府”军委委员兼第六军军长、李宗仁抗日救国军新编第一师师长、第六十师师长、桂军纵队司令、第一战区前敌总指挥及第七战区东江游击司令、广东省第八区民众抗日自卫团统率委员会主任委员、潮普宁惠来抗日自卫队指挥官、汕头救济院董事长。1949年移居香港，直至1972年逝世。

他一生爱国爱民，主张坚决抵抗日本的侵略。

1932年，翁照垣担任十九路军七十八师一五六旅旅长，驻防上海。在日寇发动“一·二八事变”时，他不待军命，奋起抗击，打响淞沪会战第一枪。战斗中，他率本旅3000多名官兵，固守闸北、吴淞一线，并组织敢死队和大刀队，重创日军。五六月间，十九路军奉令调闽“剿共”，翁照垣不愿内战，赴南洋宣传抗日，并为发展中国空军募款。在得知日军入侵热河后，马上回国北上，就任张学良部东北军第一一七师中将师长，在长城一带转战，不久，出任北平警备司令，继而升任六十七军副军长。1933年《塘沽协定》签订后，翁照垣心灰意冷，返回福建，另作抗日救亡之图。当年10月，十九路军陈铭枢、蒋光鼐、蔡廷锴等策划“闽变”，决定改名“中华共和国”，翁照垣为之设计了上红下蓝中嵌五角黄星的新国旗。11月20日，“闽变”揭幕，翁照垣作为广东代表参加“中国全国人民临时代表大会”，当选主席团成员。两天后，中华共和国人民革命政府成立，翁照垣担任军委委员、兴泉警备司令、第六军军长，驻守泉州。“闽变”失败后，翁照垣出国，再未来过福州。

综上可知，翁照垣在于山上的“剿倭先进”石刻，应题于1933年5月至11月之间。（林强）

黄承潮拜谒戚公祠

九仙山石殊嵚奇，左寺右塔戚公祠。
戚公威名震寰宇，位此血食佥曰宜。
乃闻盗卖又图占，奋袂而起责安辞。
祠成且喜台重建，铭功饮至踵者谁。

癸酉秋，平远台成，偕友石屏藩、林道于登眺，二君皆终始祠事者，追昔抚今，感赋书石。永泰黄承潮识。

这段石刻位于于山的平远台下。癸酉秋，即民国22年（1933）秋天，当时戚公祠、平远台重建工程渐次完竣，黄承潮与好友石屏藩、林道于登临览眺，作诗感赋。

戚公祠、平远台是于山上两处纪念“戚武毅（即戚继光）平倭凯旋饮至劳军之地”的建筑，民国时专门成立“于山平远社”，负责料理戚公祠与周边的平远台、蓬莱阁、醉石亭及若干摩崖石刻等胜迹的日常事务，黄承潮就是“平远社”的董事。

黄承潮，永泰人，“十砚老人”黄任后裔，民国17年至19年任永泰县县长，后为省三小学校长。石屏藩，为省三小学的教员，后任淮南铁路管理局车务处代理副站长。林道于，民事诉讼律师，住城里花园路20号。

民国22年（1933）初，日寇侵占热河、窥视平津，华北岌岌可危。福建省主席蒋光鼐、十九路军总指挥兼驻闽绥靖公署主任蔡廷锴决定捐

黄承潮“戚公祠感赋”题刻

建平远台，一来弘扬戚继光抗倭精神，二来表达十九路军抗日救亡的决心，三来鼓舞福建军民保家卫国。

3 月 19 日，戚公祠举办春祭，蒋光鼐率省政府要员一同参加，并由黄承潮引领，参观了戚公祠，据当天的报纸报道：“八时半，开始致祭，由蒋主席行三献爵敬礼，一时钟鼓齐鸣，非常严肃。”蒋光鼐表示，重建平远台“实属不可缓之举”，将择期“妥商赞助办法，藉成壮举”。3 月 26 日，蒋光鼐再次来到戚公祠，在了解平远台重建方案后，当场捐款 600 元，之后，在他的带动下，“平远社”收到了大量捐款。8 月 28 日，平远台竣工，蒋光鼐主持落成揭幕仪式。其间，陈铭枢题写“平远台”三字，省政府委员兼教育厅厅长郑贞文撰写有关平远台的石碑。

9月份，黄承潮偕石屏藩、林道于游览重建后的平远台，感慨万千。戚继光乃平倭伟人，“旗纛南临，为闽造福”，戚公祠为他“名震寰宇”而建，平远台因他“荡平远方”而名，可是修复工程却一拖再拖，不但各机关一毛不拔，甚至还有人对祠产“盗卖又图占”，这让“过斯台者，作如何感慨”？幸好十九路军入闽，掀起福建民众抗日救亡运动的新高潮，也助推了平远台的重建。

追昔抚今，黄承潮感慨万千，希望平远台的重建，能“资民众之观感”，亦能“巩抵抗之决心”。（林强）

丘国珍“国魂”明志

国魂。

丘国珍

丘国珍“国魂”题刻

这段石刻位于于山戚公祠旁。

1933 年 11 月，十九路军爱国将领丘国珍，在戚公祠内陈衍等名士集会题刻旁又刻“国魂”二字。两处题刻融为一体，相得益彰，彰显强烈的抗日救国的决心。1932 年发生的“一・二八”事变及引发的淞沪之役，我方十九路军在抗击日寇中表现出视死如归的气魄。面对日军高强度的驱逐舰、航空母舰及特别陆战队等猛烈攻击，十九路军等主战部队以惨烈的代价击退了日方的数次进攻。在南京政府采取“一面抵抗，一面交涉”的政策，以及欧美各国的转圜之下，中日双方于 5 月 5 日签订了《淞沪停战协定》。

危难之际，国民党内一批要员冯玉祥、孙科、吴铁城、李宗仁、陈铭枢等纷纷催促国民党政府支援十九路军，阎锡山还紧急补给了重迫击炮数门，炮弹 600 发，民众亦自发助战、助力，支持战士们坚持到了最后。十九路军等主战部队伤亡 14000 多人，以血的代价粉碎了日军的野心。每一个逝去的战士都堪称“国魂”，而举国上下在危难中激发出的爱国热忱亦是另一种精神层面的“国魂”。

以“国魂”明志的丘国珍（1894—1979），1918 年从军，历任十九路军七十八师一五六旅参谋主任、安徽保安处处长、第十战区中将主任等职。其弟丘东平由其引荐至十九路军翁照垣旅当文书，兄弟两人亲历淞沪激战，目睹了战友和同胞们以身殉国的悲壮和誓死不屈的精神。石刻于戚公祠内的“国魂”二字，意义深重，寄予无限的缅怀、敬重。丘国珍后去台湾，1949 年移居香港，以开小店谋生。1979 年 10 月 24 日病逝于香港。丘国珍一生对十九路军怀抱深厚的感情，对日寇的残暴行为深恶痛绝，著有《抗日战争回忆》《十九路军兴亡史》等书，抒写了波澜壮阔的抗战史和赤心报国的民族情怀。（王春燕）

林鸿辉题“民族之光”

民族之光。

民国二十二年八月，永定林鸿辉题

这段石刻位于鼓楼区于山戚公祠飨堂前，坐南朝北，民国 22 年（1933）林鸿辉题。

林鸿辉（1886—1975），字亮之，又名开勤，永定湖坑人。永定中

于山戚公祠

学（今永定一中）复办后的校长（1938—1939 代职），任职至次年底。他是蜚声中外的客家土楼“振成楼”楼主林仁山的儿子。20 世纪 20 年代留学日本早稻田大学，获法学博士学位，历任永定、闽侯、惠安、宁化和江苏镇江等县县长，还任京兆财政厅秘书、福建省政府专员等职。晚年退隐家乡，中华人民共和国成立后曾被选为地、县侨联代表，1975 年病逝。其生前在福州有多处题刻，包括鼓山的“曲径通幽”、冶山的“冶山胜迹”。

1932 年 1 月 28 日，日本侵略者以侨民被杀为由，兵分三路突袭上海闸北，攻占天通庵车站和上海火车北站。我沪宁地区卫戍部队十九路军奋起抵抗，多次击退日军进攻，使日军三易主将，数次增兵，最终宣布停战，此即著名的“一・二八事变”。

十九路军经此一役，天下闻名，在上海的歌舞团老板黎锦晖与七弟黎锦光专门编排了一出歌颂十九路军“鲜血筑抵抗城墙”的歌舞剧《民族之光》，并推出同名主题歌，歌中一句“与敌人周旋于沙场上”的歌词，让参加演唱的一位新晋歌手周小红备受关注，并因此改艺名为周璇，成为当时“三大播音歌星”之一。

五、六月间，十九路军调入福建驻防，入闽后受到社会各界的热烈欢迎，人们纷纷表示“盼睹旌旄，如望霓雨”，对十九路军抗战救亡报以极大的期望。

翌年八月，林鸿辉登上于山，在刚刚修复的戚公祠、平远台前，遥想明朝倭寇犯境时，戚继光“率师歼之，闽获以全”的风采，再想十九路军入闽后组织“援热先遣队”北上支援热河，创办《国光日报》宣传抗日，重建平远台掀起福建民众抗日救国运动新高潮，成立闽西善后委员会，实行“计口授田”，希望“耕者有其田”，凡此种种“可与戚武毅（即戚继光）后先辉映”，于是在戚公祠飨堂前慨然写下“民族之光”四字楷书，以示敬仰之情。可惜该石刻已毁于 20 年前。（林强）

童杭时题“誓雪国耻”

誓雪国耻。

中华民国二十五年，古越童杭时

这段石刻位于于山戚公祠醉石亭下，东向。题刻是童杭时于1936年任福建省高等法院院长期间所题。用词精练，笔力遒劲，气势恢宏，足见其深厚的书法功底，又显示出作者坚强的意志品格。

1931年“九一八”事变以后，日寇侵占我国东北地区，妄图征服中华，民族危亡，激发起童杭时的强烈愤慨。为表达誓死保卫国家的坚强决心，他以题明志，表达心声，刻石存史，号召民众觉醒，同仇敌忾，共赴国难，收复失地。

童杭时（1877—1949），字萱甫，号枕溪、愚隐，浙江嵊县下王村人。近代法学家。自幼好学，擅长古文、诗词，弱冠乡试中秀才。后来，他目睹清政府腐败无能，民族危机日益严重，因而摒弃科举仕途，寻求救国真理。1905年在绍兴大通学堂加入光复会。1911年参加光复杭州之役。1912年任浙江法政学校校长。1913年参加讨袁斗争。后来赴日学习法政，获得学士学位。1917年回国，先后任孙中山大元帅府参议、宪法起草委员会委员、中央法治委员会委员、最高法院推事、最高法院民庭庭长等。1935年1月至1938年9月，任福建高等法院院长。

长期在司法界任职，童杭时洁身自好，刚正不阿，秉公执法，办案不畏权势，多次触碰到社会中那些最为敏感的神经。20世纪20年代，

童杭时“誓雪国耻”题刻

“黄慧如和陆根荣主仆恋爱案”就是由他改判的。当时，黄家是封建大家族，认为女儿与陆根荣这样“低贱”的下人谈恋爱是大逆不道，极力反对，并利用关系，借助法律手段进行干涉。一审、二审法院都因顾虑黄家的财势，判处被告陆根荣有期徒刑 4 年。被告不服，上诉到高院。童杭时审阅案卷后认为，男女双方是自由恋爱，不能因为是主仆关系而将一方定罪，决定撤销原判，将陆根荣无罪释放。童杭时的改判，轰动一时。他判处的另一桩案件也颇值得关注。闽侯农民黄三弟，因拒绝福建省建设厅厅长的亲贵霸占祖坟，双方发生争斗。由于双方社会地位悬殊，黄三弟被地、高二级法院判处死刑。案件送到最高法院复审，童杭时不顾原告一再仗势要挟，依法量刑，将黄三弟的死刑改判为有期徒刑，此案在当地传为奇闻。

抗战胜利后，童杭时在重庆参与和重组光复会，任副会长。1949 年病故。（庄勇）

沈桢等于山诗刻

江围大野郁雄图，平远台荒豹气粗。
逋客南来犹净土，将军老去尚威弧。
激山急水风声壮，落照春城塔势孤。
四百年前今日事，高原释甲又提壶。

台榭梯云气自豪，暮分竞病罢弓弢。
劈开重雾仍驯豹，踏遍三山偶驾鳌。
脚底烟轻生野意，寰中风大唱葡萄。
江城落日衔孤塔，一柱雄擎宇宙高。
丙戌春战胜勒石，上海沈桢、丰州吴春晴。

这段石刻位于于山戚公祠边，由两首诗组成，作者分别是民国时期福建《南方日报》社的主笔沈桢与社长吴春晴。沈桢（1898—1993），字铁刘，以字行，上海宝山人，早年毕业于上海中国公学中文系，长期从事报刊的编辑和撰稿工作。吴春晴，字旭初，福建南安人，早年毕业于大夏大学师范专科，后进入国民党系统报社工作。二人所供职的《南方日报》社虽然是国民党系统报纸，但在全民抗战、一致对外的背景下，该报同样以抗战宣传为主题，充满抗战激情。

1946 年春，沈桢、吴春晴来游戚公祠，为庆祝抗日战争的胜利，各作七律一首，勒石于醉石之旁。二人诗歌相和，俱是慷慨激昂，心中

沈桢登于山诗刻

的兴奋奔涌而出。沈诗尾联“四百年前今日事，高原释甲又提壶”，由抗日战争的胜利联想到明代戚继光抗倭的往事，古今辉映，抗击外敌的胜利如同宿命般来临，喜悦之中又夹杂了对国家未来命运的信心。

沈桢为近代诗坛名家，笔力奔放，有“开山五丁手，诗国万人敌”之誉。沈桢又以论词见长，著有《繁霜榭集》《清词菁华》。抗战期间，沈桢从上海避兵入闽，其间作《八闽风土记》，记录闽地山水并风土人情。他还曾创作一组咏七十二抗日名将诗，文字雄迈，流传甚广。

吴春晴也能诗，与沈桢相互间唱和颇多，合著有《沈吴诗合刻》。中华人民共和国成立后，沈桢回到上海，吴春晴去往台湾，二人再难相见。沈桢晚年作诗怀念老友，其中有：“三山昔星聚，双照鳌峰坊。划石平远台，弦诗宛在堂。一别四十载，相惜怜鬓霜。”其中“划石平远台”说的应该就是此诗刻。（孙源智）

郁达夫《满江红》词刻

三百年来，我华夏，威风久歇。有几个，如公成就，丰功伟烈。拔剑光寒倭寇胆，拨云手指天心月。至于今，遗饼纪征东，民怀切。　会稽耻，终当雪；楚三户，教秦灭。愿英灵永保，金瓯无缺。台畔班师酣醉石，亭边思子悲啼血。向长空洒泪酹千杯，蓬莱阙。

调寄满江红。

公元一九三六年郁达夫题，公元一九七八年冬补镌，沈觐寿书

于山郁达夫“满江红”词刻（沈觐寿书）

这段石刻位于于山戚公祠边。

1936 年，著名作家郁达夫应国民政府福建省主席陈仪邀请，赴福州出任福建省参议兼公报室主任。任职期间，郁达夫号召文化界积极开展抗日救亡活动，并创作了慷慨激昂的《满江红》。1937 年，“七七事变”爆发，郁达夫被公推为“福州文化界救亡协会”理事长，并担任《救亡文艺》主编。面对日军的全面侵华和我国土沦丧，郁达夫慷慨誓曰：“我们这一代，应该为抗战而牺牲。”

《满江红》开篇一句“三百年来，我华夏，威风久歇”，便饱含沉郁悲凉之气。自明清以来，倭寇侵扰、鸦片战争、中法战争、甲午海战、八国联军进犯、日军侵华等，战乱频仍，民不聊生，曾经大国的繁荣和威风已湮灭于烟尘里。历史上，鲜有人能如戚继光般有“拔剑光寒倭寇胆，拨云手指天心月”的英雄气概，抵外辱、平战乱，让民众至今怀切。郁达夫因当下战争局势而悲愤难安，却因戚继光又重振信心，一扫消沉和颓废。在讴歌戚继光抗倭的艰辛历程和丰功伟烈时，以“会稽耻，终当雪；楚三户，教秦灭。愿英灵永保，金瓯无缺”慷慨豪迈之句，表达出卧薪尝胆、誓死抗战的决心，看似咏史实则抒怀。

虽然郁达夫对戚继光无比敬仰，但并没有将之塑造成神，而是在《满江红》后阕用人性化的笔法展现了戚继光的矛盾、抉择和凄苦。戚继光为严肃军纪，斩杀亲子。即使班师回朝，内心的思子之情也如杜鹃啼血般难以排遣。“向长空洒泪酹千杯，蓬莱阙”，以此句结尾蕴意悠长，有种直抵心魂的悲壮。这样的戚继光才更为真实，更富血肉，更具力量。

此后，郁达夫再登于山时，又赋《游于山戚公祠》，诗云：“于山岭上戚公祠，浩气仍然溢两仪。但使南疆猛将在，不教倭寇渡江涯。”此诗与《满江红》互为映照，更为直白地表露出期盼能有戚继光般的猛将，阻断敌寇的侵略。当然，郁达夫并未完全沉浸在抱怨和幻想里，而是在战局日渐严峻之际，毅然奔赴南洋，积极呼吁东南亚人民共同对抗企图霸吞亚洲的日本帝国主义，并暗中救助、保护了大量文化界流亡难友、爱国侨领和当地居民。1945 年，郁达夫被日寇宪兵队识破身份，暗杀于苏门答腊。他以自己的实际行动为“金瓯无缺”奉献出最宝贵的生命。（王春燕）

于山醉石亭

第四章　游踪题名

“写碑金石录，题字水松牌”，自古以来文人雅士皆喜题名刻字，尤其在风景秀丽的名山大川。他们乘兴而来，有感于山水之胜，勒石纪其岁月，留下珍贵游踪于题名石刻。或为仰慕先贤，接踵游赏，沐其光泽，依例题名，造就了大量胜游赏心石刻。游踪题名石刻，留下的虽只是“到此一游”类内容，但因与名人先贤有关，一来是书法艺术的展示，二来可为名山生色，三来也为考史者研究名人行迹提供实据。今人通过观赏这些石刻，与时隔百千年的古人同临胜迹，自是一种浪漫的邂逅。

蔡襄等灵源洞题刻

邵去华、苏才翁、郭世济、蔡君谟，庆历丙戌孟秋八日游灵源洞。

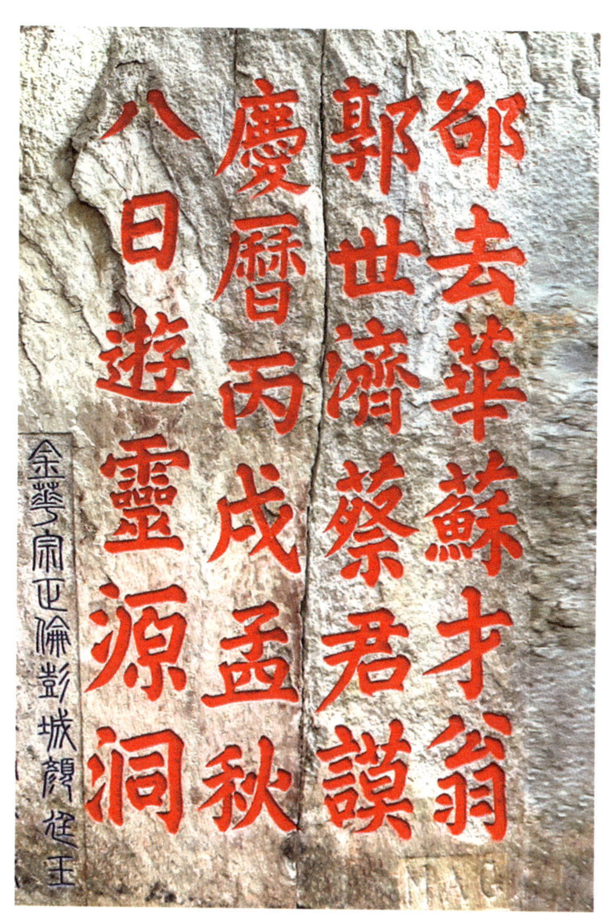

蔡襄等“游灵源洞”题刻

蔡襄等“游灵源洞”题刻

这段石刻位于鼓山灵源洞东壁，是鼓山现存最早的摩崖石刻，由宋庆历六年（1046）蔡襄等题名，记录了福建转运使邵饰、福建提刑苏舜元、福建武臣提刑郭承规、知福州事蔡襄四人同游灵源洞之事。

蔡襄，字君谟，福建仙游人，庆历五年以右正言、直史馆知福州事。他与邵饰等四人同游灵源洞之事，发生在其上任的第二年。在这段石刻附近，还有署名蔡襄的“忘归石”榜书。此外，未署名的“国师岩”榜书一般也被认为是蔡襄所作。蔡襄曾两次出任福州知州，政绩颇丰，这些题刻很可能是不同时间所留。

邵饰，字去华，润州丹阳（今属江苏丹阳市）人，庆历六年任福建转运使。邵饰在福州历史上无甚名气，但留下了一首著名的诗：“玉磬声流夜阒寥，天风吹送海门涛。鹤来松顶云归后，人倚阑干月正高。”该诗旧镌于灵源洞，今已不存。而后，朱熹取“天风海涛”四字镌于鼓山绝顶峰，成就了鼓山又一处名胜。绍熙二年（1191），南宋名臣赵汝愚在鼓山留下诗刻，中有“江月不随流水去，天风直送海涛来”一句，或许便是受到诗刻的启发。

苏舜元，字才翁，梓州铜山（今四川中江）人，庆历六年以太常博士提点福建路刑狱公事。虽然仅任职一年，但苏舜元游踪甚多，时人有“苏老行诸郡，多为洒落游”之说。同时，他也是史料记载中最早在鼓山留下题刻的人，龙头泉的“才翁”榜书比蔡襄等题名摩崖石刻尚早两个月，可惜该刻已佚，不知所踪。

郭世济，字承规，庆历三年以供备库副使同提点福建刑狱。

鼓山灵源洞还曾有庆历六年黄子光、刘仲达、许景山、黄子容、刘汉臣题名，以及庆历八年董渊、吴元卿题名，两刻均已佚，所涉及的人物除时任知长乐县事董渊外，大多也都难寻其迹了。

《鼓山志》称：“鼓山肇自唐季，邃古无闻，非若匡庐、太室有周秦汉晋之遗文经古贤之遐赏也。”但在北宋蔡襄等人题名以后，历代文人雅士接踵而至，于此地题咏不绝，所谓“兹山自宋以来，游躅所至，选石撰刻，遍布岩扃”，终成今日蔚然之大观。（孙源智）

程师孟等乌山题刻

程公辟、陈述古、沈公仪、湛仲谟、刘执中、杜伯通、马损之，熙宁元年冬游。

程师孟等“游乌山”题刻

这段石刻位于乌山华严台东侧，与著名的般若台铭遥遥相望，为宋代名臣程师孟所题。

程师孟虽然在福州只当了两年知州，却给这座城市留下了不可磨灭的影响。他不仅治绩颇多，还修葺整理福州城内外诸多名胜。他尤其喜爱乌山，认为可比道家蓬莱三山，故更名为“道山”，又建道山亭，请大文豪曾巩作《道山亭记》。道山一名虽未被后世所采用，但道山亭屡毁屡建，至今仍是乌山最著名的地标建筑。

程师孟在乌山留下不少题刻，现存“霹雳岩”“天章台”“冲天台”等榜书据说均是程师孟所题，而熙宁元年（1068）程师孟等游乌山题名，则是乌山现存唯一刻有程师孟名字的摩崖石刻。

在于山鳌顶峰上，也有程师孟等七人题名，与此刻同一时间，但内容更为详备，达 102 字之多：

乌山先薯亭

光禄卿、直昭文馆、知军州程师孟公辟，同刑部郎中、充秘阁校理陈襄述古，提点刑狱、都官郎中沈绅公仪，转运判官、屯田郎中湛俞仲谟，新湖北转运判官、都官员外郎刘彝执中，同提点刑狱、内殿承制杜该伯通，通判军州、都官员外郎马益损之游，熙宁元年冬题。

程师孟，字公辟，苏州吴县人，熙宁元年九月以光禄卿、直昭文馆，知福州事。程师孟与陈襄等七人同游乌山、于山之事，就发生在他刚刚上任之初。据《福建通志》记载，七人还同游城北卧龙山，也留下了一通题名，内容与于山题名相同，惜已佚失。程师孟、陈襄等七人游此三山，应是同一时间之事，可见七人兴致之佳。

陈襄，字述古，福州侯官人。刘彝，字执中，福州怀安人。二人均是北宋福州名儒。陈襄与同邑陈烈、周希孟、郑穆为友，相与倡道于海滨，世称“海滨四先生”。刘彝师承大儒胡瑗，传学于闽中，与四先生以学问定交。五人继承与发扬了自唐五代以来闽中儒学的发展脉络，门人弟子众多，闽中士林风气为之一变，后来的闽学便从中酝酿而出。闽人将五人合祀于庙学，称为“五先生”。

湛俞，字仲谟，福州闽县人。湛俞早年出仕，官至福建转运判官、屯田郎中，后辞官归隐乌山宿猿洞，“三召不起”。古人对隐士人格颇为崇敬，即使是陈襄那样的理学家，有时也会生发超脱之思。大抵是不逢明主，怀才不遇，或出于“性本爱丘山”心理，在乌山上留下了很多类似的印记。湛俞与乌山宿猿洞轶事，可以算一个典型。

沈绅、杜该、马益均为福州在任官员。沈绅、杜该为福建监司官，当时分别出任福建文臣提刑、武臣提刑。马益时任福州通判，是知州程师孟的副手。三人中，杜该、马益所留的事迹不多，沈绅则相对活跃，不仅与湛俞、程师孟唱和颇多，还曾与丁竦、陈烈同游鼓山屴崱峰，留下著名的《鼓山铭》。（孙源智）

吕惠卿等汤院题刻

温陵吕惠卿吉甫，熙宁四年辛亥十二月初八日过此。弟和卿、谅卿偕行，僧元欲令留名，乃书于石。

汤院古驿道

吕惠卿等“过汤院”题刻

这段石刻位于闽侯县白沙镇汤院山南麓的汤院遗址上。该石刻从左至右书写，这与古人习惯不同，极为少见。

汤院是福州雪峰寺的一座廨院，也是宋代的官汤所在，从庆历二年（1042）起被指定为官员沐浴场所。宋僧可遵诗云：“直待众生尘垢尽，我方清冷混常流。”苏轼和云：“若信众生本无垢，此泉何处觅寒温。”两人的唱和，传为佳话。后来曾巩、程师孟、蒋之奇、李纲等人俱有留题，现已不存。

吕惠卿，字吉甫，泉州人，是北宋中后期重要政治人物。熙宁二年（1069），宋神宗任王安石为参知政事，开始了著名的“王安石变法”。吕惠卿是王安石最坚定的支持者之一，在王安石的举荐下被迅速提拔，成为变法初期的二号人物。据《东都事略》记载：“方是时，建青苗、助役、水利、均输之政，置提举官，行其法于天下，谓之新法，一时奏请，皆惠卿发之。”熙宁三年秋，吕惠卿的父亲去世，王安石为撰墓志铭。按照当时的规矩，吕惠卿回乡丁忧守制，其汤院之行正是在丁忧期间发生。

官员丁忧期间不得有娱乐和社交活动，与吕惠卿同行的是他的弟弟吕和卿、吕谅卿。吕和卿受章惇举荐入仕，曾建议吕惠卿颁布“手实法”，为此受到苏辙等旧党官员的强烈攻讦。吕谅卿则与兄长们不同，对新法颇有非议，为此又被新党列为“元祐党人”。吕惠卿又有弟吕升卿、吕温卿，俱活跃于当时政坛。升卿以进士及第，受王安石举荐，入为侍讲。温卿以补奏入官，迁秦凤路提点刑狱、权知秦州，颇留心边事。

吕惠卿兄弟一生卷入新旧党争。由于旧时史家多贬低王安石变法，而同情旧党，吕氏兄弟因此被视为奸邪小人，在史书中评价不高，甚至还有不少诬陷中伤之词。直到近代王安石变法被历史研究者平反，人们才开始试图洗清积压了近千年的历史尘垢，尝试用客观的眼光看待吕氏兄弟的历史地位。（孙源智）

刘瑾等鳝溪祈雨刻

守刘瑾，倅张知古、令叶宗古、法掾雷尧，元丰六年癸亥季春十六日，祈雨至此灵渊。

这段石刻位于鼓山镇的鳝溪风景区内，前临鳝鱼潭，下为射鳝台。鳝溪，又名善溪，相传汉闽越王郢季子“白马三郎”为民除害，射

刘瑾等“游鳝溪”题刻

鳝溪“射鳝潭”

鳝于此，故名。溪畔有白马王庙，供奉“白马三郎”。据宋《三山志》记载：“善溪冲济广应灵显孚祐王庙，在鼓山之北，大乘之南，山峡间有二潭：下潭广六丈，深不可计，距上潭五里。昔闽粤王郢第三子有勇力，射中大鳝于此潭，其长三丈。土人因为立庙，号白马三郎。唐贞元十年（794），观察使王翃旱祷得雨，崇饰庙貌。”此后，每逢大旱，福建观察使、团练使、福州知州、闽县知县等地方官就会躬祷于此，祈求天降甘霖，利泽万民，其中就有宋元丰四年（1081）任福州知州的刘瑾。

刘瑾（1023—1086），江西吉州永新人，仁宗朝参知政事刘沆长子，字元忠。皇祐五年（1053）中进士，为馆阁校勘，历睦州通判、淮南转运副使、河北东路转运使等，累拜天章阁待制、知瀛州、广州、虔州、江州。元丰四年（1081）正月知福州，兼福建路兵马钤辖，后移秦凤路经略安抚使，元丰七年改知成德军，元祐元年（1086）闰二月卒于任所，享年64岁。

刘瑾出身宰相之家，关心民间疾苦，每到一处任职，就建桥铺路，祈雨禳灾，兴修水利，《宋史》评价他“素有操尚，所至以能称”。

刘瑾刚到福州，就遇上巡检康诜叛乱，“蹈海而南，闽广震恐”。他马上令押队程建前往追击，并叮嘱程建：“首乱者诜也，所部虽众，类以胁从，若倚道兼行，及其未一而攻之，则众溃而诜擒。”果然，程建“如公策”，生擒康诜，平定了叛乱。

他“平生笃于风义”，乐善好施，“故四方士人之穷困失职者，多往归之”。在福州，有屯田员外郎傅天翼死于任上，因无殡殓之资，家人欲卖女葬父，他闻讯，“出钱二十万，嫁之为士人妻”，免去傅女被卖之苦。

元丰六年（1083）三月十六日，刘瑾已接到移知秦州的任命，见福州大旱，田畴缺雨，马上带着通判张知古、闽县知县叶宗古、司法参军雷尧等僚属到鳝溪祈雨。闽人皆感其德，在鳝鱼潭上方巨石刻字以记。（林强）

黄裳等鼓山题刻

延平黄冕仲、鄱阳齐亨仲、武夷黄安仁，政和甲午九月二十五日同游。

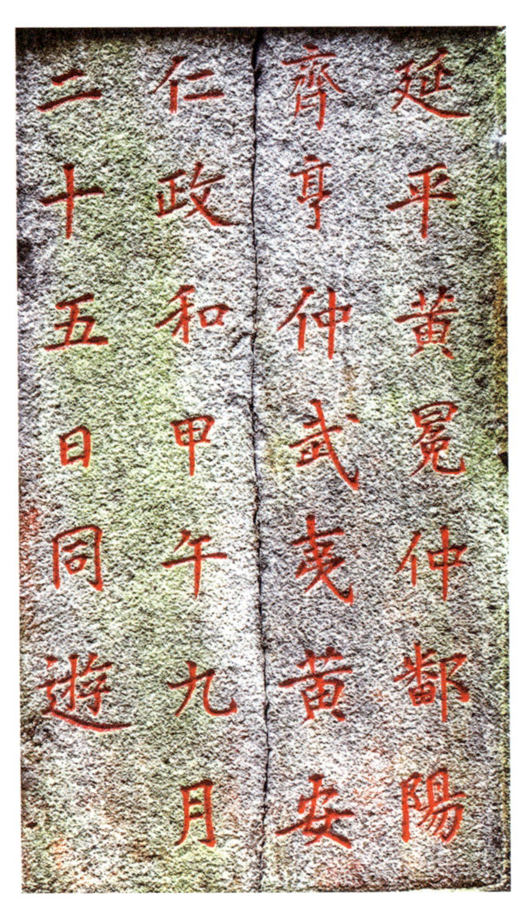

黄裳等“游鼓山”题刻

这段石刻位于鼓山灵源洞的将军石上。

宋政和四年（1114）九月二十五日，福州知州黄裳、监察御史齐之礼、福建市舶司提举黄静同游鼓山，清《闽中金石略》有记。

黄裳（1044—1130），字冕仲，号紫玄翁，南剑州剑浦（今福建南平）人。幼有大志，博学多才，精于礼经。宋元丰五年（1082），考中状元。历任越州签判、太学博士、秘书省校书郎、大宗正丞、尚书考功员外郎、太常少卿。徽宗时外放颍昌知府。政和三年（1113），出知福州，任上整肃户政，严明户税，修治街衢，倡植榕樟，政声颇著。宣和七年（1125），任端明殿学士、礼部侍郎，后晋礼部尚书。建炎四年（1130）卒，赠少傅。著有《演山先生文集》《演山词》，是北宋著名的文学家、词人，其词语言明艳，如春水碧玉，令人心醉。

齐之礼，字亨仲，江西鄱阳人，元符三年（1100）进士，官至朝散郎、监察御史，据《钦定四库全书·万姓统谱》记载："齐之礼，天性仁厚，与人交久而愈笃，本于忠厚廉介而用以和裕，盖天性云。"

黄静（约1045—1120），字安仁，福建浦城人，元丰五年（1082）进士。政和年间任福建提举，值农业歉收，他尽力赈济。次年又遇大旱，浦城百丈山毛竹结籽，饥民赖以填肚，他把此景绘画成图上奏皇帝，诏交史馆。不久，他在仙阳镇建立浦城第一个义仓"永利义仓"，并带头捐几千缗钱籴谷，赈济饥民。此后，便定下制度，夏发以贷，冬敛以藏，本乡本里之民无复凶年之虑。而他自己虽为官多年，却家徒四壁，清贫一生，仅留几亩薄田传家。他死后，数以千众为之送葬。淳熙年间（1174—1189），理学家朱熹为重修"永利义仓"作题记，对黄静当年义举倍加赞赏。

值得一提的是，三人游鼓山的这一年，黄裳奉宋徽宗之旨，开始在天宁万寿观役工镂板，监雕天下道书，这是一项规模浩大的雕造道教大藏的文化工程，集天下道家遗书于一匮。全套书共540函、5481卷，因雕于政和四年（1114）至八年（1118）之间，故称《政和万寿道藏》。这是我国历史上第一部有刊板的道书总集，名闻中外。惜该书于靖康（1126—1127）之乱中散佚，今已不存。（林强）

张元幹名山室题刻

南阳张元幹来□东西二室大士□□观飞瀑如□□空，想见补陀岩。建炎戊申春吉旦。

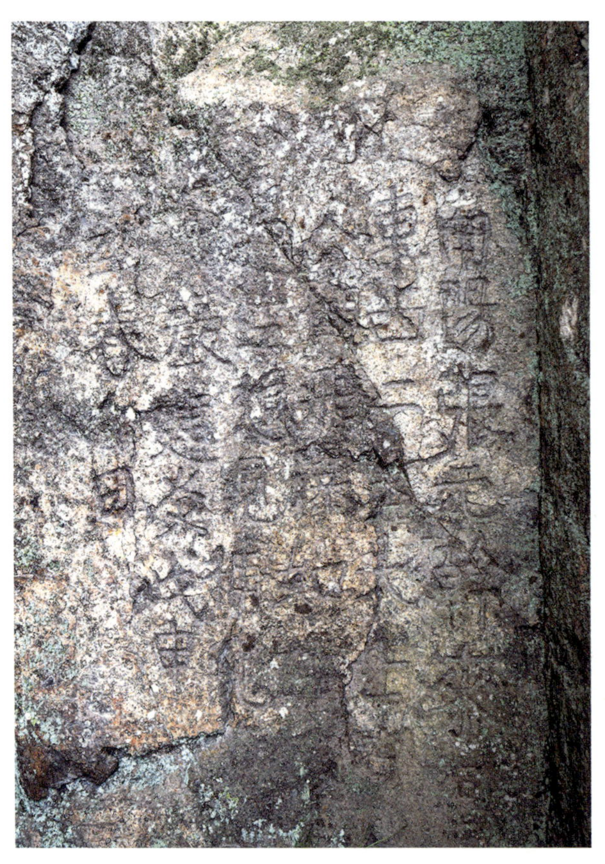

张元幹“游名山室”题刻

这段石刻位于永泰县大洋镇棋杆村名山室西室的血盆洞前。由于石刻未处于主干道上，而是位于祖师殿的石阶旁边，孤零零缩在一角，很不起眼。加上早年石前覆以消防栓，故长久未为人知，各种方志和金石录均未见收录，因年代较久，加上风化严重，刻上已有数字模糊不清。

根据字的残影，补上差可辨识的残字后，全文为："南阳张元幹来谒东西二室、大士窟。□观飞瀑如□□空，想见补陀岩。建炎戊申春吉旦。"

名山室是全真派道观，2006 年列入全国重点文物保护单位。名山室所处的高盖山，长年紫云如盖，闽国时被封为"西岳"，和宁德的霍童山并尊为东西二岳。传说早在东汉末年，邑人徐登就在山上修炼，丹成飞升，山上有飞升台。徐登在北宋被册封为"净惠真人"。

名山室东室"祖师殿"

名山室文物众多，其中以全国仅存的白莲菜“莲社七祖”造像和宋元时期的男身观音造像最为珍贵。名山室还有修建于元丰年间的宋代古道。古道上有刻于北宋政和年间的许将和陈旸题诗。许将是福州第一个状元，陈旸著有《乐书》，考中“贤良方正能直言极谏科”，官居礼部侍郎。二人考前均来名山室拜谒，考中后名山室声名大噪。名山室分东西二室，两室皆有很多摩崖石刻，宋刻尤多。

张元幹（1091—1161），字仲宗，号真隐山人、芦川居士，永福（今永泰）人。早岁随父宦游，尝从徐俯学诗。张元幹是积极的主战派，追随李纲。钦宗靖康元年（1126），李纲担任东京留守兼亲征行营使不久即被罢免，张元幹连带遭贬，金兵陷汴，避难吴越间。

张元幹是著名的豪放派词人，时人把他与张孝祥并称“二张”。张元幹有《芦川居士词》二卷，又有《芦川归来集》15 卷。其词豪放，以情绪激烈而著称，传诵至今的《贺新郎·梦绕神州路》，作于绍兴十二年（1142），胡铨上书乞斩秦桧，贬新州编管，张元幹作词以壮其行。绍兴三十一年，张元幹去世，年 71 岁。

张元幹石刻作于建炎二年（1128）。此前一年，李纲被任命宰相，仅 75 天就遭罢免，南宋朝廷拟放弃北方国土南迁。正是在此背景下，张元幹于次年回到家乡，到名山室拜谒，可惜此行没有留下诗词。“南阳”一词可能是张氏祖籍河南南阳，也可能是表达其政治立场。北宋曾拟开国南阳。张元幹《紫岩九章章八句上寿张丞相》有“开国南阳，厥绪光大”。（李剑）

李纲福州题刻

参知政事孟庾宣抚闽部，按视城守回，邀嗣濮王仲湜、资政殿大学士李纲、龙图阁直学士许份、显谟阁待制王仲嶷、监察御史福建抚谕胡世将、集英殿修撰知福州事程迈、前右正言邓肃、参议官尚书屯田员外郎李易、机宜朝散郎胡纺、干办公事直秘阁马咸、承议郎郑士彦，会于乌石山之长乐台瑞云庵。

绍兴壬子正月二十一日

这段石刻位于乌石山的霹雳岩上，书法圆润秀劲。题名者李纲，字伯纪，号梁溪先生，南宋初抗金名臣，官至尚书右仆射兼中书侍郎（右相）。他是主战派，却深受主和派诬陷排挤和宋高宗忌惮而被罢相。绍兴元年（1131）至绍兴十年，他一生最后十年，除了两度出任荆湖广南

李纲等乌山题名刻

路宣抚使和江西安抚使虚职外，大部分时间寓居福州。李纲才华横溢，能诗善赋，交游甚广，写下许多诗文，留有诸多遗迹，为后人所铭记。

绍兴二年（1132）正月，李纲受邀参加了一场“会于乌石山”的聚会。聚会的发起人是参知政事孟庾，时任福建、江西、荆湖宣抚使。聚会内容与平定范汝为之乱有关。范汝为，建州（今建瓯）人，原系盐贩，建炎四年（1130）七月率众起事，八月攻入建阳县城，十二月接受招安，但无解散部众。绍兴元年（1131）九月，监察御史胡世将任福建路抚谕，他向朝廷呈报：“汝为怀反侧，犹肆剽掠。”高宗下诏悬赏擒杀之。十月，范汝为再次起兵，入据建州城，部众多至十余万人，战火蔓延至江西（后被岳飞所部扑灭），朝野震惊。时知福州事兼福建安抚使程迈连续上书，要求派重兵平乱。十一月，高宗命参知政事孟庾为福建、江西、荆湖宣抚使，从抗金前线调回名将、神武左军都统制韩世忠为宣抚副使，率军三万入闽“征剿”。韩世忠从台州航海至福州，尔后北取建州。绍兴二年正月初四，韩世忠部围建州城，旬日之间，建州城破，范汝为逃跑中自杀身亡。乱军余部很快被韩世忠部剿灭。乌石山的这次聚会发生在绍兴二年正月二十一日，恰是范汝为之乱平定之时。孟庾邀约在榕重要官员和人士，有通报战况和庆功、慰问之意。

而此时的李纲心中还牵挂着建州百姓，作《以旧赐战袍等赠韩少师二首并序》赠韩世忠。韩世忠曾为李纲属下，深得李纲赏识，嘉其有“忠勇迈往之气”。韩世忠平定建州范汝为之乱后，怀疑城内居民帮助乱军，本想将他们处死。他先到福州拜会李纲，李纲将当年皇帝赐予他的紧丝战袍、镂装松文剑、镀金银缠笴枪、金花团牌赠与韩世忠，助其“折冲御侮，讨叛敌忾”再“立大勋”，并劝其“建州百姓无辜”，不要开此杀戒。韩世忠接受了李纲的劝阻，使建州城中百姓逃过一劫。韩世忠回师时，城中父老相送，韩世忠告诉他们：“让你们活命的，是李相公。”

李纲墓前石牌坊

绍兴十年（1140）正月十五日，李纲病逝于福州。同年十二月十四日，葬于怀安县桐口大嘉山之原（今闽侯县荆溪镇光明村大嘉山南麓），赠少师、陇西郡开国公，谥“忠定”。

李纲生前曾手书《近被诏书碑》：“纲再拜，近被御笔诏书，以向条具边防利害，特加见谕。上恩隆厚，何以克当，孤危之际，去国十年，闲关险阻，无所不至。拳拳孤忠，今乃见察，第深感泣。今录诏书，并谢表札子去，恐不知也。纲衰病日加，不复堪为世用。然静而谋之，则有暇矣。近于所寓僧舍之侧，葺小圃，莳花种药，为经行游息之所。戏作《上梁文》及《圃中十二咏》，辄以拜呈。如得妙句，为林下之光。幸甚！幸甚！纲再拜。”行书运笔自然洒脱，格韵生动明快。此时的李纲已“去国十年”，几度罢免，“拳拳孤忠”，报国无门，对朝廷极度失望，只能以“衰病日加，不复堪为世用”相辞。从中也窥见他淡泊名利、宁静自身的泰然心态。（庄勇）

陈休斋题刻

陈休斋曾来。淳熙丙申秋

陈休斋曾来。淳熙丙申中秋

陈休斋曾来。淳熙丁酉中秋

此三处摩崖石刻，均为隶书，分别位于鼓楼区的乌山天章台侧、于山平远台侧及晋安区的鼓山灵源洞。

陈休斋（？—1184），福建永春人，南宋理学家，名知柔，字体仁，自号休斋居士。宋高宗绍兴十二年（1142），陈知柔中进士，与权相秦桧之子秦熺同榜，但他不肯阿附秦氏以求宦达。曾担任台州判官，建州、漳州教授，督理学政，循州、贺州知州，福建安抚司参议官。后辞官隐居家乡永春蓬壶显应庙附近讲学授徒，一生著述颇丰，有《易本旨》《易大传》《易图》《春秋义例》《诗声谱》《论语后传》《诗话》《梅青传》等。曾撰联明志：山水怡情，耻与权奸为伍；淡泊明志，欣同寒士作朋。

淳熙，是南宋孝宗的年号。淳熙丙申、丁酉年，为公元1176年与1177年。据石刻可知，他先是登临于山、乌山，次年中秋又到鼓山游玩。

朱熹任同安主簿时，两度前往永春拜访陈知柔。两人结为忘年交，昼则携游名胜，夜则对榻论文唱酬。知柔病卒，朱熹亲写祭文，极表痛惜。

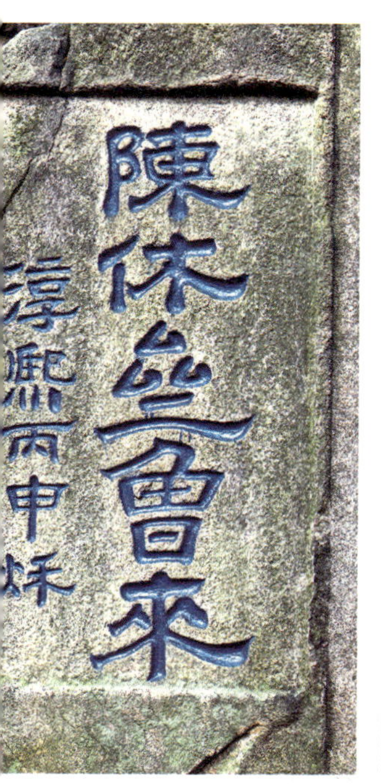

乌山“陈休斋曾来”题刻

于山“陈休斋曾来”题刻

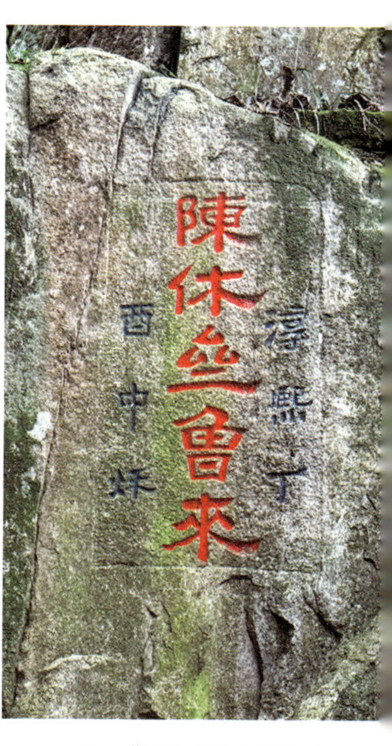

鼓山“陈休斋曾来”题刻

南宋状元王十朋曾写诗称赞陈知柔：“儒先贺州守，正气超等伦。胸中包古今，笔下真有神。唾手取巍科，齿发方青春。声名满天下，文字惊缙绅。”

陈休斋与南宋晋江籍状元丞相梁克家也交情甚笃。在南安九日山名胜廓然亭附近山岩上，刻有陈休斋送别梁克家的诗与梁克家应和之诗。

明代理学名家林希元则夸陈知柔“如云鸿野鹤飞翔于千仞九霄之表”，认为其才华学问凌驾一方。从这些都不难看出陈知柔在南宋儒界的崇高地位。

另据黄荣春《福州摩崖石刻》（增订本）记载，在福州卧龙山笺经台，也曾有“陈休斋曾来”题刻，《福建金石志》记载，此题刻时间是“淳熙三年”，惜石刻已佚失。（张浩清）

梁克家等乌山题刻

清源梁叔子会同年于道山亭，长乐黄云翼、林季谦、商元质、林行父、高子云、阮梦得、杨似之、鲍明之、高平叔、林正父，永嘉陈清伯、李致尧，浚水赵希尹，淳熙庚子中春六日。

梁克家等“游乌山”题刻

乌山霹雳岩

这段石刻位于乌山的霹雳岩下，为我们呈现了800多年前的一场“同学会”。

题刻中的“同年”是同榜及第进士相互间的称呼，在科举时代是读书人最重要的人际关系之一。梁克家等14位参会者都是绍兴三十年（1160）的进士，此次集会距他们金榜题名刚好过了20年，当初的状元梁克家此时正担任福州知州，理所当然地成为召集人。

梁克家（1128—1187），字叔子，泉州晋江人。其一生功名顺遂，33岁考中状元，历中书舍人、给事中等机要之职，入仕仅十年便位列宰执，曾两度拜相，先后受封仪国公、郑国公，卒赠少师，谥号文靖，生前身后都备受荣宠，是辅佐宋孝宗缔造“乾淳之治”的重要功臣之一。梁克家组织编纂的《三山志》是福州存世最早、最完整的地方志书，成为后人了解福州早期历史面貌的最重要典籍。

相比于梁克家的显贵，其他人留下的记载极为有限。福州长溪人林湜（字正父）、连江人林扔（字季谦）是其中相对知名的两位。林湜与朱熹、吕祖俭等往来，晚居温州平阳讲学，是当时著名的学者。林扔的诗作在当时也非常流行，“名山胜景题咏殆遍”，至今仍有不少传世诗作。此外，福州长溪人杨兴宗（字似之）、高昙（字子云）及温州永嘉人李唐卿（字致尧）也是当时著名的学者，均曾入馆阁供职。其余人则多担任低级文官，或许也有教化一方、造福百姓的举措，但因他们官阶不高，史书方志均不能详载。

宋代福州辖境大致相当于今福州、宁德两地，14 位参会的同榜进士中有 10 人都来自福州，反映出福州士子在科举上取得的辉煌成就。据统计，绍兴三十年梁克家榜一共录取正奏名进士 412 人，其中福州中榜者至少有 50 人。南宋辖有超过 150 个州府，该榜福州进士数量竟接近全国总数的八分之一，可见当时福州人文之盛。（孙源智）

郑性之等三鼎甲题刻

嘉定改元，上既更化，郑自诚、孙德舆、黄桂联冠进士第，于是同年陈道卿、曾梦传、林少从、邓复、叶棠、赵汝诚、郑斯立、黄顺卿、徐范、赵汝宠、周霖、陈子是、陈有声、许应龙、黄夔、陈时举、赵必兴、杨公衍、陈震、赵繇夫、高子升、赵彦伆、郑阆珍、朱伯旻、赵缜夫、茅延夫，赵崇萃、任一震、陈元震、赵彦傜以中冬戊戌会之于道山，刻石邻霄以志吾闽之盛，开封郑损以乡进士预焉。

合沙刻石陈全

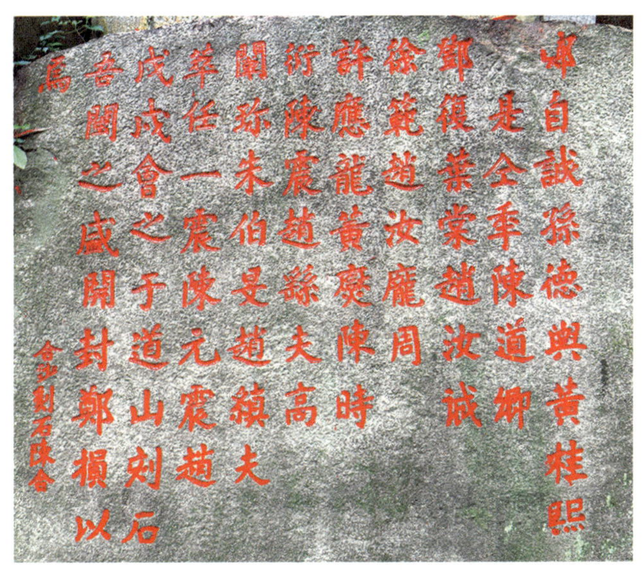

南宋“三鼎甲”题刻（残刻）

“三鼎甲”题刻周边环境

这段石刻位于乌山的石天景区。

福州历来科举兴盛，佳话连连，800 多年前福州人包揽科举三鼎甲，历史上仅此一次。这段摩崖石刻真实记录了这一盛事，尤为珍贵。

这段石刻曾“失踪”数十年，被一些书籍列入佚刻。2024 年 1 月，文史爱好者在石天景区的台阶下方重新发现。现存石刻属残刻，仅余 83 字。其中，郑自诚、孙德舆、黄桂等人名清晰可见。

历史上曾出现过三次由闽籍学子包揽科举进士榜状元、榜眼、探花的盛况。南宋嘉定元年（1208），福州更是出现“一榜三鼎甲”。福州人包揽前三名，一时轰动朝野。石刻中的“郑自诚、孙德舆、黄桂联冠进士第”说的便是此事。明万历《福州府志》记载：“嘉定元年戊辰郑自诚榜，是科及第三人郑自诚、孙德舆、黄桂皆福州人，缙绅传以为盛世。”

据南宋梁克家《三山志》记载：“郑自诚状元，字信之，后改名性之，闽清人。”明黄仲昭在《八闽通志》中将郑性之记作侯官人。此外，亦有说法称其为长乐人。郑自诚师从朱熹，考上状元后历任秘书郎、左谏议大夫、参知政事、观文殿学士等。其中，参知政事相当于副宰相。

榜眼孙德舆，字行之，福清人，官至江西提刑。

探花黄桂，字云卿，侯官人。《三山志》记载其“始赐壬戌武举出身，官至太常少卿”，说明黄桂原本为武举人，在嘉定元年又考上了文进士，且为探花，可见其文才武略。

关于郑性之，民间留下了许多故事。传说在他考取功名前，因家境贫寒，曾遭三坊七巷一名屠夫羞辱。后来当他考取状元回乡时，当年羞辱过他的屠夫只得“急避”。这条巷子后取谐音为“吉庇巷”。

这段摩崖石刻记载的这次聚会中，还有不少名门之后，甚至是皇室宗亲。题刻中的赵汝诚、赵汝宠均为汉王元佐八世孙。此外，赵必兴、赵繇夫、赵缜夫、茅（赵）延夫、赵崇萃、赵彦仞、赵彦傜等人也均为皇室宗亲。除了文末提到的一位开封籍乡进士，也就是郑损，其余 33 人均为闽籍，所以在文末才会出现“刻石邻霄以志吾闽之盛”的说法，足见当年闽地文风之兴盛。（张浩清、刘露）

赵师恕龙潭题刻

岩溪翁赵师恕，邀清溪郑性之、中山李遇、三溪林元晋同游。时淳祐丁未初秋上澣。

赵师恕“游龙潭”题刻

这段石刻位于新店镇赤桥村的岩溪畔，今福州国家森林公园的龙潭边。

淳祐丁未初秋上浣，即宋淳祐七年（1247）七月上旬，致仕在家的赵师恕邀请好友郑性之、李遇、林元晋到家中雅集，从他自号“岩溪翁”可知，他当时就住在岩溪之畔。

赵师恕，生卒年不详，他是宋太祖赵匡胤的九世孙、燕懿王赵德昭的八世孙，字季仁，号岩溪翁。历任广东潮阳尉、浙江余杭令、江西袁州知州、广西经略安抚使兼知静江、湖南安抚使、朝请大夫直徽猷阁知南外宗正司事。年轻时，他曾从学于朱子，后入黄榦门下，为“黄门四子”之一。淳祐三年（1243），赵师恕辞官归里，与孙子赵与骏、孙媳黄昇一同居住在岩溪。

黄昇是状元黄朴的小女儿，时年 17 岁，与赵与骏成婚不足一年，赵师恕还盼着二人“共甘苦，同生死”，却不料他刚归里不久，黄昇突然离世，“昨日之喜变为今日之伤”。他为孙子失去这么优秀的佳偶而

森林公园龙潭

感到悲伤，倾尽所能为孙媳举办了一场盛大的葬礼，随葬的物品让今天的人看了都叹为观止。1975 年 10 月，福州七中在扩建操场时，意外挖到了赵与骏与黄昇的合葬墓，墓中出土的 436 件文物中，有 354 件服饰、丝织品，种类齐全，保存完好，堪称“一座宋代的丝绸宝库”。

郑性之（1171—1255），字信之，初名自诚，号毅斋，嘉定元年（1208）状元，官至参知政事兼枢密院使。淳祐七年（1247），他已经致仕十年，闲居于省城耆德魁辅坊（今吉庇巷）。他与赵师恕一样，曾从学于朱熹门下，之后成为程朱理学的骨干。

李遇（1178—1248），字用之，号洞斋，与刘克庄同受业于真德秀门下。他是嘉定七年（1214）的进士，历任绩溪知县、监察御史、秘书少监、潮州知州、广东转运判官、湖南提刑。他很擅长写奏疏，每每“引经据史，议论精当”，以至于刘克庄在莆田家居时，一看到“议论精确、贯穿经史”的奏疏，就确定“此洞斋笔也”。

林元晋，生卒年不详，字德父，长乐三溪人。绍定五年（1232）进士，据《长乐县志》记载：“绍定五年壬辰徐元杰榜，林元晋，字德父，贯兴化军，武学博士。”武学博士由文官中懂军事的人充任，教导学生“掌以兵马、弓马、武艺”，可见林元晋文武双全。

赵师恕邀请郑性之等三人到岩溪游览，是在他失去孙媳黄昇四年之后。四人中，以郑性之年岁最长，已经 76 岁了。八年后，郑性之去世，据说在其去世前三年，还登上闽清四都的甲高岭，在隔亭前写下“甲高岭”三字。赵师恕估计比郑性之要年轻五六岁，他也很长寿。据明《八闽通志》记载，鳌峰之麓的勉斋先生黄榦宅就是由他改为精舍，100 多年后，拓成“勉斋书院”。（林强）

郑枃乌山石刻

赵州孟诚伯真、京口蒋天则元用来游闽中之乌石山，莆田郑枃子经书石，广信章容元度勒字。

石刻位于乌山山顶，“石天”景观的北部。石天为三块巨岩天然支撑而成，形成岩洞，洞内可容数十人。经过石天，缘石阶而上，于左侧

郑枃乌山石天景区石刻

高处的岩壁上能看见石刻，石刻旁树木苍翠，有些许枝叶荫蔽。该石刻记录郑杓与友人同游乌山之事。

郑杓（又作郑杓），字子经，出生于莆田，南宋宝章阁学士郑寅曾孙。郑寅之父郑侨为宋乾道五年（1169）状元，郑侨从叔郑樵为南宋著名史学家，想来其家庭必定有着深厚的家学传统。史籍未详细记载其生卒年，元泰定年间，官南安县教谕，相当于现在的县教育局局长，精于书学、字学。著有《衍极》，全书分为五篇，另有《衍极记载》三篇，内容涵盖书学源流、书体、书家、碑帖真伪、笔法等方面，为书法史上重要的理论著作。郑杓亦善书法，陶宗仪《书史会要》称其“能大字，兼工八分，盖究心斯艺，故能析其源流如是也”，但所存书迹极少，这块题刻对于我们了解郑杓的书法面貌尤为珍贵。

题刻中赵州孟诚伯真，史书上也未曾详细记载。元代诗人黄镇成有《宪掾孟伯真》诗：“杜老题诗不到闽，千年风物迹犹陈。即今海内传新句，直待邯郸孟伯真。”黄镇成为邵武人，在田园山水诗上颇有建树，从此诗可以看出对孟伯真的诗名赞誉甚高。同时代的晋江诗人廖大圭亦有两首对他的赠诗，题为《赠孟伯真宪郎别因谢墨竹》，其二云：“墙阴数丛玉，笔底有清风。留赠非无意，相期迥与同。岁寒犹特立，心事一玲珑。何以酬知己，猗猗在眼中。”诗中称孟伯真为“知己”，并以竹之清雅来与之相比，可见二人交往感情至深。

由此可推孟伯真同闽文人多有交往。郑杓与其交游，也从侧面反映出郑杓的书名与文名，在当时就已经得到许多文人的认可。与孟伯真和郑杓游乌石山的蒋天则、章元度已无从考证。这块石刻，书写和刻石之人名字皆上石，在福州的摩崖石刻中亦不多见，说明刻石者章元度为当时名手。石刻书、刻俱佳，真实反映出郑杓的隶书方正朴茂、法度严谨的特征。

同观郑杓另一块石刻，位于乌山“先薯亭”的左侧。根据介绍，先薯亭为纪念明代引种番薯入闽的华侨陈振龙而建，落成时间应晚于此块石刻。

至正三年癸未重九，福唐刘顺老偕子德生、懋生、愿生、恩生、志生，为大祖拂尘。莆田郑杓、永阳梁说同拜。

记载郑杓同刘顺老等人到乌山朝拜之事。由于刻工原因，郑杓的书法水平就没有很好呈现出来。郑杓的书法理论对后世的影响不言而喻，乌山上留下两块郑杓的书迹尤为难得，对我们研究郑杓的书法创作和元代的隶书风貌是十分珍贵的书法资料。（柯冰悦）

郑杓乌山先薯亭石刻

陈高等罗源莲花山题刻

不系舟渔者陈高子上游。仲温、用文、子玄、仲絅重至，侍行钟子初。

这段石刻位于罗源县凤山镇莲花山的眠鹤石上，隶书，元至正二十六年（1366），陈高立石。

陈高（1315—1367），字子上，号“不系舟渔者”，浙江平阳人。元至正十四年（1354）进士，以亲老便养，在离家近的宁波任庆元路录

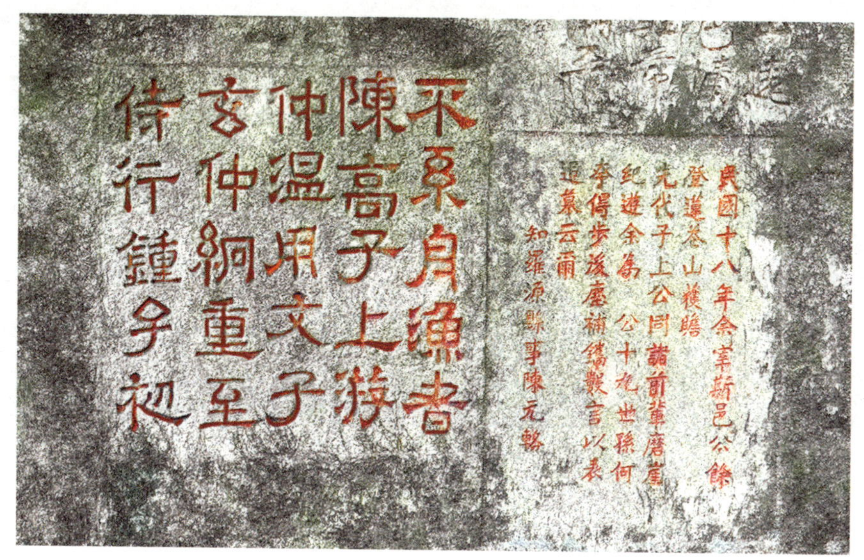

陈高等“游莲花山”题刻

莲花山题刻群

事。后见时不可为，辞官归里。再授慈溪县尹，不就。方国珍起兵海上后，欲招致之，亦不从。后弃妻子入闽，游罗源等地。他忠心元室，见朱元璋攻占浙东，乃浮海北上，到山东谒“河南王，俾总天下兵”的王保保，论江南之虚实，陈天下之安危。王保保对他赞赏有加，欲授其官，可惜未就而卒。陈高的社会地位颇高，翰林学士承旨张翥有诗赞之：“本来无系亦无舟，随意江湖可漫游。纵遣西风吹水外，不妨明月烂沙头。”枢密副使李士瞻亦有诗赠：“舟惟不系任浮游，之子衷心适与侔。一身不近龙蛇穴，万虑无如烟水谋。”

至正二十六年（1366）二月，陈高途经罗源，在彭城人葛良（字仲温）、灵武人王翰（字用文）、东莱人太史元（字子玄）、沛郡人朱希文（字仲絅）、罗源县教谕钟元（字子初）等陪同下登上莲花山。时王翰为福建行省理问官，他与陈高一样，都是元朝的忠臣。

王翰（1333—1378），仕名那木罕或那木翰，字用文，号时斋，先祖为汉人，五代时迁宁夏灵武，元时徙居安徽庐州，至其父已历三世。其祖辈均尚武，幼年父母双亡，赖庶母抚育，16岁袭父职，领千户，守庐州，后擢升庐州路治中。至正二十二年（1362）起历任福州路治中、同知、理问官、综理永福和罗源两县、福建行省郎中等职。至正二十六年十一月，出任潮州路总管兼督循、梅、惠三州，朝列大夫。至正二十九年升福建路参知政事，代领州事。元亡明兴后，居永福观猎山中，黄冠野服，号“友石山人”，明太祖闻其贤，强行征辟，不从，刎颈而亡。

莲花山离县治不过一里，原本“地皆蓁莽芜没，寺皆圮坏”，后经葛良、王翰清除杂草，修寺营亭，遂成旅游胜地。这寺，就是罗源第一名刹“圣水寺”，寺中有鉴池，泉自石龙嘴中喷注池内，声泠泠然，出寺约二十步，到眠鹤亭，亦葛良、王翰所建。亭下有石室，十八罗汉列坐其内，门额上“栖云”二字，乃太史元所题。再往上，又有金钟礋、壶春亭、补陀峰、龙虎岩、玉壶井、笔砚峰诸胜，皆一年前葛良、王翰所辟。

当陈高在葛良、王翰等人的陪同下，登上莲花山巅时，望着泉石幽雅的景致，不禁感叹葛、王二人的开辟之功：“不然，乌有今日之游耶！”（林强）

尚春等于山题刻

皇明正德己卯夏四月望日，督舶太监尚公春邀云省参政林庭棉、右府都事林庭杓同登平远台，联句二首。

平远登台尘不侵，（尚）鹤巢松老碧苔深。（棉）

江山满目无穷趣，（杓）一榻清风醉后吟。（尚）

于山吸翠亭

远山分翠绕平台，（棉）江海涛声浪自催。（尚）

醉倚楼阑频北望，（杓）五云遥护六龙回。（棉）

又明日，方伯席公书、华公昶、廉宪卢公宅仁、大参陈公策、少参陈公炫、佥宪秦公礼、都阃张公奎、刘公镇、王公辅同观刻石，庭棉书。

在于山还有三段关于尚春的题刻：

一

大明正德己卯夏，督舶太监尚春建吸翠亭，邀按闽御史周鹓、周震，督赋主事李阶同，致仕尚书八十六翁林瀚落之，翁二子参政庭棉、右府都事庭杓暨孙主事炫，俱以谒告归省，侍翁杖屦，命炫纪于石。

二

大明正德己卯中秋日，致仕兵部尚书林瀚，工部尚书林廷选，都御史林廷玉，苑马寺卿林璿，布政司参政何显、王士昭，参议倪珏、姚昊，按察司副使高文达，佥事谢廷桂，知府郑炤、黄澍，同登督舶太监尚公春鼎建鳌峰胜观亭，题名于石。

三

饮鳌峰亭联句。正德己卯八月：

杰构翚飞耸翠空，（林璿）

状元遗墨法云东。（尚春）

烟霞深锁鳌峰石，（高文达）

文物重开凤阁风。（姚昊）

千古芳名垂竹帛，（林庭棉）

三秋佳景霭崆峒。（林庭杓）

主宾已尽东南美，（璿）

醉后豪吟兴不穷。（春）

尚春等“游于山”题刻

在中国传统叙事中，宦官群体往往被塑造成非常负面的形象。而在历史上，宦官作为皇帝的心腹，在国家与地方政治生活中时常扮演着重要角色。明中叶来到福州的宦官尚春，便在这座城市留下了不少足迹。

尚春，字景元，号达斋，保定易州（今河北易县）人。童年选入内书堂读书，正德五年（1510）受任提督福建市舶太监，十四年升任福建镇守太监，至嘉靖四年（1525）卒于任上，在福州为官长达 15 载。

尚春雅好诗文，常与福建的文人雅士唱和。在鼓山和于山都存留有与尚春相关的摩崖石刻，其中位于鼓山的一段被《鼓山志》收录，而于山的五段或因其宦官的身份不被方志收录。除提及“总镇尚达斋”的一段题刻已经漫漶难辨外，其余四段题刻全文如上，均发生在正德十四年（1519）。

正德十四年，尚春建吸翠亭于平远台，建胜观亭于鳌峰顶，广邀福州当地官员宴集吟诗。当时福州士人中最德高望重者有“四林”，四人陆续登科，同居高位，即“东林”兵部尚书林瀚、“西林”户部尚书林泮、“南林”工部尚书林廷选、“北林”佥都御史林廷玉。除林泮在前一年去世外，其余三人均应邀到于山集会，尚春与福州文人集团的关系密切可见一斑。

尚春早年于内书堂读书时，曾经是林瀚的学生，林瀚“爱其器宇不凡”，两人关系非同一般。林瀚是福州闽县濂浦人，其家族是当时著名的高官名门、科甲世族。林瀚及其父元美，子庭㭿、庭机，从子庭壂、孙炫、燫、烃均进士及第，其中有五人都做到尚书这样的高官，因此世称“三代五尚书，七科八进士”。

尚春来福州为官不久，林瀚便致仕回到福州，其家族与尚春始终保持着良好的关系。尚春在于山的三首联句诗中，就有林瀚之子林庭㭿、林庭杓的身影。尚春建成鳌峰胜观亭后，86 岁的林瀚亲往赴会，还欣然撰写了《鳌峰胜观亭记》一文。此时距林瀚离世仅 40 多天，可见二人交谊之深。

尚春于嘉靖四年（1525）卒于福州，闽人为其肖像立祠，时人作《祭尚总镇》以歌其德，称：“闽人德公，生欲留，死欲祀，又冀夫继者肖公声音笑貌然哉！”（孙源智）

龚用卿乌山题刻

龚用卿曾游。

这段石刻位于乌山的南坡，西向，石刻旁有三友榕、天香台及神光寺遗址。

龚用卿（1501—1563），字鸣治，号云冈，通贤龚氏第七世，怀安县东门（今福州市晋安区东门村）人，“幼慧，长善属文，诵习经史，过目不遗”。嘉靖元年（1522）举人，嘉靖五年丙戌科状元，授翰林院

乌山天香台“龚用卿曾游”题刻

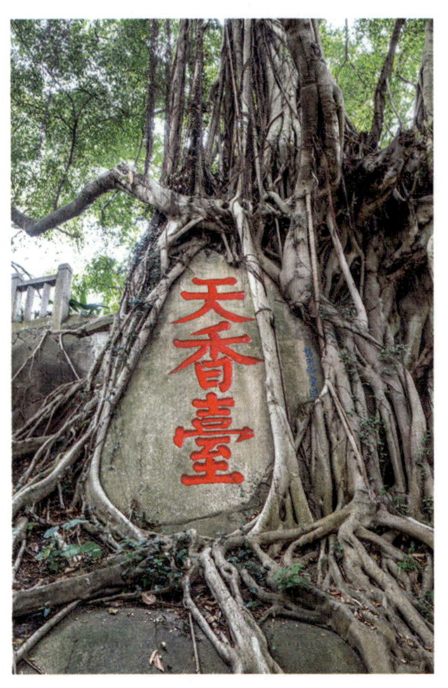

乌山“天香台”题刻

修撰。嘉靖十五年十一月，以二皇子朱载壑生，为正使颁诏于朝鲜国，嘉靖十六年六月回国，途中完成《使朝鲜录》，后擢左春坊左谕德。嘉靖十七年，兼翰林院侍读，值经筵，参修《明伦大典》《大明会典》。嘉靖十九年，任南京乡试主考官。嘉靖二十年，擢南京国子监祭酒。嘉靖二十五年，以朝政不可为，称病乞休，隐居家乡，嘉靖四十二年病逝，享年63岁，葬南门外吉祥山。

龚用卿曾游乌山新庵。新庵位于神光寺、天香台旁，始建于嘉靖年间。站在庵前，南瞰台江如带，西望横山盘踞，游人络绎不绝，乃休闲胜地，龚用卿有一首《晚步新庵》的诗：“盛夏草木长，元游惬予意。良朋夙招寻，清谈怀古谊。高楼与山齐，薰风倏然至，好鸟鸣前楹，山光会予趣。遵径陟石麓，披榛入古寺。层林出幽渺，悬崖转空翠。对此不觉暝，偶然成一醉。”诗中的“古寺”即指神光寺。

万历年间，神光寺已破败不堪，附近居民纷纷占地争产，游人至此，只能在新庵驻足。

今新庵亦无存，仅有庵旁的“龚用卿曾游”石刻，供我们遥想龚用卿当年的状元风采。（林强）

徐熥等方广岩题刻

方广洞天。万历壬辰秋，侯官林应宪与徐熥、陈鸣鹤、王崑仲、徐𤊹、陈价夫、荐夫、应起弟同游书此。

这段石刻位于永泰县葛岭镇方广岩玉泉洞旁边的侧身门后。

方广岩有“闽中第一山”之称，山上摩崖石刻众多，上起南宋，下至民国。旁边紧邻的是清代赵在田等人的满汉石刻，正对的是陈景亮“闽山福地”题刻。

徐熥等“游方广岩”题刻

徐熥（1561—1599），字惟和，别字调侯，祖籍侯官人（今闽侯县荆溪镇徐家村）。徐熥为人豪放，学识渊博，尤擅诗歌，曾多次在福州组织诗会，是万历闽中诗坛的领袖人物。徐熥于万历十六年（1588）中举。同年，与谢肇淛北上春官，但科场失利。后来再上公车，又无果。徐熥去世较早，万历二十七年去世时，仅39岁。诗文集有《幔亭集》，并编有《晋安风雅》12卷。

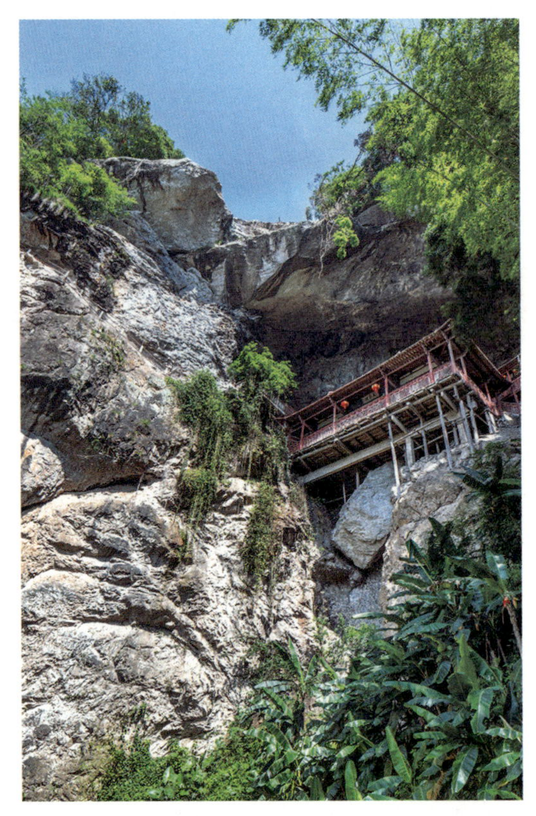

永泰方广岩寺

徐熥于万历二十年（1592）登方广岩。方广岩始建于宋代。元末明初，由于战乱，加上寺田被占，山深粮绝，僧徒他徙，岩中平台崩塌，人去楼空。万历五年，僧德远到岩中拆木材，运到山下建方广廨院。万历十八年，新安僧真潮同侯官林应起、陈鸣鹤、陈价夫等人，来游方广岩，见佛像剥落，题咏蒙尘，遂发心重建。重建资金主要由林应起提供，重建工程由真潮负责。第二年，工程竣工，请林应起的侄子林如楚给主楼天泉阁题额。

徐熥一行是万历方广岩重建后的首批游客。这批人都有诗文之好，平常来往频繁。既是好友，又是亲戚。其中，林应宪、林应起是兄弟，陈价夫、陈荐夫是兄弟，林应宪兄弟和陈价夫兄弟又互为表亲；徐熥、徐㶿是兄弟，而徐熥和林应起为儿女亲家。

徐熥对方广岩印象深刻，不算在南屿停留期间的诗，光方广岩诗作就有十多首，包括《濑下晚泊》《登岸》《山行》《放船》《赠潮上人》《赠波上人》《方广岩》《宿华岩阁》《逢雪宿华严寺》《岩中晓望》《游方广岩登绝顶二十四韵》《别方广岩》。第二年春天，徐熥完成《游方广岩记》，并把方广岩诗文汇编成集。

值得一提的是，石刻上徐㶿在列，但实际上徐㶿并不参与众人之游。徐㶿在当年三月先行游过方广岩，本次没有参加。（李剑）

方广岩寺

谢肇淛姬岩题刻

古鸡岩。

谢肇淛

这段石刻位于永泰县白云乡白云村的姬岩。山上有五块岩石，状似五鸡，相传东汉徐登在此炼丹，丹成召五鸡守之，故名“鸡岩”。后谐音而为“姬岩”，并被附会成闽王葬姬处。姬岩地处永泰、闽侯、闽清

永泰姬岩寺

三县交界，风景优美，历代福州名人到此众多，如曹学佺、谢肇淛、黄任、王仁堪、林纾等。

谢肇淛（1567—1624），福建长乐人。因出生在杭州，故字在杭，号武林，又号小草斋主人。其诗清朗圆润，为明代闽派诗人代表。万历二十年（1592）谢肇淛考中进士。历任湖州、东昌推官，南京刑部主事、兵部郎中、工部屯田司员外郎，后任广西右布政使。谢肇淛好登览，历游川陕、两湖、两广、江浙各地，所至皆有吟咏。天启四年（1624），卒于萍乡官邸，归葬长乐下洋大象山麓。清咸丰年间，鼓山建五贤祠，把谢肇淛与曹学佺、徐熥、徐𤊹、林弘衍并祀。后世习惯把他和徐熥并称“徐谢”，如陈宝琛《游方广岩》诗有“淳熙布施一尘在，更遣徐谢穷追摹”。著有《小草斋集》《五杂俎》等。

谢肇淛和永泰渊源颇深。他应知县唐学仁之邀，编纂了永泰第一本县志《万历县志》，并编写《方广岩志》。他一生到过永泰两次，第一次是万历辛亥（1611），第二次是万历丙辰（1616）。谢肇淛第一次游永泰，只到方广岩；第二次环游半个永泰，游经重光寺、草堂寺、凤凰寺、名山室、方壶岩、姬岩，最后又到方广岩。两次在永泰皆有题刻。

谢肇淛在姬岩有两个题刻，一是“古鸡岩”，立于古道旁。他力斥“姬岩”之非，“岩故二真人修炼之所。鸡为守丹，故名鸡岩，俗谓姬岩，误矣”。另一个题刻是，“万历丙辰八月九日，三山谢肇淛同陈鸣鹤、王昆仲、徐𤊹登鸡岩，寻龙洞而归”。龙洞是姬岩一个景点，谢肇淛在其游记中写道：“龙洞者，石壁对夹，龙蟠其上，口吐寒泉，凿洼承之，非侧身不得入，非然炬不得见也。时方闵雨，远村田叟焚香请水，夜分金鼓喧阗，呼声震山谷，云如是龙始出。比明，而四山雾合，雨蒙蒙下矣。”谢肇淛对姬岩评价很高，“此故是闽中第一山，不独永阳也”。（李剑）

谢肇淛等“游姬岩”题刻

曹学佺等桑溪题刻

万历癸卯上巳，郡人赵世显、王昆仲、陈仲溱、陈价夫、马歘、王毓德、徐𤊹、袁敬烈、王宇、曹学佺、王继皋、郑登明、高景、林光宇、康彦扬、黄应恩觞咏于此。

这段石刻位于桑溪上流、登云路之下，因刻于万历癸卯（1603），故称“癸卯石刻”。

从汉闽越王无诸起，福州就有“上巳禊饮”的传统，据宋《三山志》记载：“桑溪，在闽县东，乃越王无诸于此为流杯宴集之地。国朝（指宋朝）以来，太守禊饮之地有三：一曰南湖禊游亭，二曰东禅秉兰堂，三曰圣泉曲水亭。”

可惜到了后世，这个“流杯宴集之地”却被人遗忘，直到明万历二十七年（1599），举人徐熥通过考查《郡志》，才确定了“桑溪为汉闽王无诸禊饮之所”，此后，闽中的文人们每到暮春三月的祓除之日，就会到桑溪流觞、禊饮，“春风载柔，遵彼长林。我有旨酒，与子同斟”。

万历三十一年（1603）三月初三，即万历癸卯上巳，时赵世显的“芝社”刚成立不久，他约了曹学佺、陈价夫、徐𤊹等社员到桑溪禊饮。

赵世显（1542—1610），字仁甫，侯官（今福州）人，居芝园。万历十一年（1583）进士，官梁山知县、池州推官。万历三十年冬，他

登云路

在芝园嵩宾堂结“芝社”，之后多次集会，仅万历三十一年三月，就有桑溪禊饮、东禅寺宴集、西湖修禊、陈文成草堂社集、塔影园送春等，而其中，又以桑溪禊饮人数最多，共16人，个个都是明末闽中诗坛举足轻重的人物。其中曹学佺（1574—1646），字能始，又字尊生，号雁泽、石仓居士、西峰居士，侯官（今福州）洪江里人，万历二十三年（1595）进士，唐王即位闽中，授礼部尚书，清兵入闽后，自缢于西峰草堂。

徐𤊹（1570—1642），字惟起，又字兴公，闽县（今属福州）人，著名藏书家、文学家、目录学家。陈价夫（1557—1614），名邦藩，又名伯孺，号湾溪，闽县（今闽侯）大义人，万历廪生。马歘，字季声，怀安（今属福州）人，户部尚书马森子，万历间乡贡，任潮州判官，善书。袁敬烈，字无竞，闽县（今属福州）人，太守袁表子，万历时庠生，有诗名，工书画。

桑溪禊饮中，赵世显作《上巳同友人桑溪禊饮》诗："阳春耀晴景，选胜偕朋俦。嘉木周回溪，碧草弥汀州。羽觞泛绿水，引酌激浮沤。班荆藉蒲席，兴寄清且幽。远驾洛滨会，讵羡兰亭游。日昃未言返，新诗欣唱酬。相期镂石壁，一旦重千秋。只此惬襟愫，焉用寻丹邱。"

曹学佺亦"分得四言"一首："条风扇暖，临彼清流。韶光易迈，逝川悠悠。良朋式讌，芳体载浮。灌木繁荫，鸟鸣相求。歌以永日，乐而消忧。乘时对景，美哉斯游。"（林强）

林则徐等升山寺题刻

道光庚戌夏，邑人林则徐、郭柏苍同蜀李惺游升山寺。

林则徐等“游升山寺”题刻

这段石刻位于新店镇升山的升山寺后。升山寺始建于南朝陈天嘉三年（562）。升山，原名飞山、飞来峰，相传越王勾践时一夜从会稽飞来。升山寺后山有一巨石平整如台，传说唐代僧人任敦在此“飞升”，因此台名任公台。这段摩崖位于与任公台相邻的岩壁，是民族英雄林则徐在福州现存少有的摩崖石刻之一。

升山寺作为福州最古老的寺庙之一，历代不少文人墨客都来此朝拜，并吟诗作赋。在林则徐之前，唐朝周朴，宋代曾巩、陈襄、李纲，明代陈亮等都曾游玩此寺。

清道光三十年（1850）3月，林则徐辞去云贵总督之职，回福州疗养。这一年夏天，65岁的林则徐在忘年交郭柏苍陪同下，与四川来的好友李惺一起，同游升山，留下他临终前最后一段行迹记录。同年11月，林则徐担任钦差大臣赴广西镇压起义，病逝于广东普宁，次年归葬福州金狮山南坡。金狮山在升山对面，这个墓圹是林则徐在1826年为父母与自己选择的终寝地。

据传林则徐与升山有很深的渊源。乾隆年间，村中有富户聂圣言在家中开设私塾。一日，他到城中办事，路过林家，见年幼的林则徐天资聪慧，但家境清寒，便找到其父林宾日，表明对林则徐的期望之心，并提出带到家中边读书边帮工。于是，林则徐就到离家约六公里外的升山村，在聂氏祠堂读书，还上升山放牛，暇时，入升山寺观赏古迹，度过了一段难忘的童年时光。林则徐中举后，还特地到升山村拜聂氏祠堂。

同游升山寺时，郭柏苍才35岁，正是年富力强的年纪。他在《郭氏丛刻·送李伯子游武夷山序》中透露了此行由来：道光庚戌挟一僧人、一羽人从西粤游武夷山，适林俟村宫保退处林下，苍乃引二老上旗鼓，过马鞍墓林，宿玄沙寺，登升山，先生于金狮山、任公台皆镌石纪游焉。

由此可知，三人此行走了不少地方，金狮山马鞍墓林也留下题刻，

升山寺后山石刻

升山寺

皆是李惺（字伯子）所书。犹存。

郭柏苍在陪二老游玩之时，也为升山石刻赋诗曰：

宇内神仙窟宅多，断崖绝壁不胜磨。
携僧渡海聊遗世，采药还山且养疴。
暑雨初过凉白发，江云暂敛露青螺。
书生未有忧时策，独上高台一放歌。

李惺（1787—1864），字伯子，号西沤，四川垫江人。嘉庆二十二年（1817）进士，选翰林院庶吉士，散馆，授检讨，旋迁国子监司业，调詹事府左春坊赞善。以亲老乞休归养，主教成都锦江书院近 20 年。学问渊博，著述宏富。著有《西沤全集》《西沤外集》《老学究》等书，为蜀中名家。

值得一提的是，郭柏苍对此次游玩念念不忘。金狮山林则徐墓往上是郭柏苍家族墓。墓前侧岩石上，有一段郭柏苍纪念林则徐、李惺登金狮山而作的摩崖石刻：

山木恐不珍，奇树求琐琐。
磨岩恐不精，大书凿颗颗。
坏土殚心力，吾意在受果。
彭殇同一丘，逝者如星火。
有生无不化，千岁亦虚左。
自古有斯山，埋骨想已夥。
当年坟中人，智虑皆如我。
青天照白头，默默垄头坐。

道光庚戌夏，李惺、林则徐登；同治戊辰仲秋，郭柏苍书题福州金狮山墓下。

（张浩清）

郭拾珠鼓山题刻

同治癸酉冬，侯官女士严蕙怀携女陈媄宜、叶问琴、陈拾珠，女侄郑仲年，侄妇何镜蓉、陈令姮游鼓山，三婿陈懋侯，侄郭调昌、绩昌侍。拾珠篆。

郭拾珠题刻

这段石刻位于鼓山登山道上的更衣亭东侧一块黑褐色岩石的下部，字迹工整秀雅，静卧林下。

这段题刻，记载的是清同治癸酉年（1873）侯官女士严蕙怀带着三个女儿、一个侄女、两个侄媳妇，以及一个女婿和两个侄子冬游鼓山之事。这也是福州摩崖石刻中唯一出现的群体女性。

严蕙怀是清末福州博物学家、藏书家、刻书家、诗人郭柏苍的夫人。郭氏一族乃晚清声名显赫望族。侯官人郭阶三中举后，曾任连城教谕，他的5个儿子郭柏心（举人）、郭柏荫（进士）、郭柏蔚（举人）、郭柏苍（举人）、郭柏芗（举人）皆登科第，“五子登科”在坊间传为美谈。其中，二儿子郭柏荫官运亨通，担任过广西巡抚、湖北巡抚、江苏巡抚、湖广总督等要职。四子郭柏苍则潜心方志，编著有《闽产录

鼓山万松亭

异》《乌石山志》《竹间十日话》等书籍。

题刻中，严蕙怀的3个女儿陈媄宜、叶问琴、陈拾珠，均各从夫家姓。郭拾珠嫁给闽县陈懋侯，夫妻二人此次均陪同游玩。陈懋侯，螺洲人，曾官至翰林院编修、四川学政，补授江南道监察御史。工篆书的陈拾珠负责此次出行记录的篆书书写。题刻字体润若珠玉、圆转流畅。有书家指出，其“笔画浑劲、骨气丰匀、结构端严，显得静穆温婉。通观全篇纵横有序，布白均衡，表现出安稳劲重、井井有条的审美特征”。

有意思的是，严蕙怀和两个侄媳妇都未随夫姓郭——也就是说，郭家遵习俗，嫁出去的女儿从夫姓；但是对于娶进来的媳妇，则尊重她们，让她们保留本姓。

1884年，郭拾珠在三坊七巷闽山光禄吟台前大碑上，写下另一幅篆书。这段篆刻现已佚失，好在她父亲郭柏苍纂辑的《乌石山志》第六卷结尾部分，对此作了记载：

绕闽山梅花十五树，光绪甲申人日，闽县郭媄宜，妹问琴、拾珠、问琴媳陈闺瑛，拾珠女陈闺瑜、闺琬、闺琛，犹女王珪如，侯官郭凤楣、妹凤楹，沁园主人叶叔艳，冒冻历览，围炉谈诗于柳湄小榭，夜分而罢。拾珠识之。

围炉谈诗的郭家女眷，诗文唱和，夜分而罢，可见其精彩。郭柏荫长女郭仲年，郭柏苍三个女儿郭媄宜、郭问琴、郭拾珠，个个能文工诗、才华拔萃。郭柏荫在湖北巡抚任上曾为爱女刻印《继声楼诗集》两卷，并作序称：“女（指仲年）始从予读书于鳌峰书院中，偶学近体诗。”正是家族深厚的文化底蕴与浓厚的书香氛围，造就了郭家一代代才女。（张浩清）

谢章铤等鼓山题刻

同治甲戌中秋，谢枚如、林欧斋、杨雪沧、林子石同游。

这段石刻位于鼓山的灵源洞。同治甲戌，即清同治十三年（1874），谢章铤、林寿图、杨浚、林子石同游鼓山。

谢章铤（1820—1903），字枚如，号药阶退叟，长乐江田人，世居福

谢章铤“游鼓山”题刻

鼓山灵源洞石刻群

威音王佛
同治甲戌中秋謝枚如林歐齋楊雪滄林子石同遊
因果之驗
禪林幽趣
官方子容觀察推官趙
川節度推官趙詻節度推
通判錢昉權簽判宋球東
聰靈源洞知福州燕度題
同賓僚遊鼓山登大頂峯
嘉祐辛丑歲七月十八日
宛陵施元長陽夏李宗孟
嘉祐五年十月三日同遊

州。其“三岁失恃，三十丧父”，11岁才接受启蒙教育，勤奋力学，博览群书，但科举上有点坎坷，“二十秀才，三十副贡，五十举人”，光绪三年（1877），以58岁高龄考中进士，授内阁中书，旋离京南归，致力于学术、教育，先后主讲丰登书院、关西书院、丹霞书院、芝山书院、龙岩书院、白鹿洞书院、致用书院。光绪二十九年（1903），卒于致用书院，葬福州城西文林山，郡人恩其教泽，附祀于福建学政沈源深祠。

林寿图（1809—1885），字恭三，号欧斋，闽县（今属福州）人，道光二十五年（1845）进士，官工部主事、山东道监察御史、礼部给事中兼署兵部给事中、顺天府尹、陕西布政使、福建团练大臣。曾主讲钟山书院、鳌峰书院、致用书院。

杨浚（1830—1890），字雪沧，号健公，侯官（今属福州）人。咸丰二年（1852）举人，同治四年（1865）任内阁中书，充国史、方略两馆校对官，未几告归。同治五年，为闽浙总督左宗棠器重，历办正谊书局、桑棉局及南台团练局务。晚年致力讲学，曾任教于漳州丹霞书院、霞文书院、厦门紫阳书院、金门浯江书院。

谢章铤与林寿图、杨浚是多年好友。他和杨浚同是“聚红榭”词社的成员，从咸丰六年（1856）起，就常常在光禄坊刘家参加修禊雅集。同治七年（1868）入陕西后，又与林寿图结交，评诗题画，唱和甚众，他主讲同州丰登书院，就是林寿图所荐，二人还同游华山，酬唱无虚。同治十年，福建巡抚王凯泰创致用堂（即致用书院前身），林寿图为第一任山长，光绪十三年（1887），谢章铤亦为山长，并培养了专习经史、古文方面的不少优秀人才。

谢章铤特别注重台湾防务，一直呼吁提高台湾的战略地位。同治八年（1869），他致信林寿图，纵论台海防务，并对台湾政局提出多条建议。同治十三年，日本借口琉球难民被台湾生番杀害，派兵船驶往台湾，在东海岸登陆，攻打生番，沈葆桢率船政新舰赴台备战。林寿图丁母忧在家，即将服满，受命暂缓北行，以稽查船政为名，坐镇后方，察看海口情形，节制在防兵勇及闽安、连江各营将。他在马尾船厂设帐，邀谢章铤、陈孝臧等为幕僚。

谢章铤入幕后，协助林寿图在马鞍山筑西式炮台、在长门寨筑三合土炮台，并加强南北龟、南北岸驻守，又代林寿图致信户部左侍郎袁保恒，论台湾防务，彼时，杨浚有诗相赠。

八月十五中秋，林寿图、谢章铤、杨浚、林子石前往鼓山赏月。日兵侵台已历半年，虽朝廷在内防、外交方面皆尽全力，但日本兵船仍在台湾龟山等处与清军对峙。战事未了，局势紧张，抬头仰望皓月，良夜清秋，月已圆，却不知台事何时能圆！（林强）

郭柏苍旗山溪源宫题刻

光绪庚辰人日，邑人郭柏苍重游旗山，宿溪源宫。

长乐梁亿年书石

这段石刻位于闽侯县上街镇溪源宫。光绪庚辰，即光绪六年（1880），郭柏苍重游旗山，夜宿溪源宫。

郭柏苍（1815—1890），又名弥苞，字蒹秋、青郎，侯官县（今

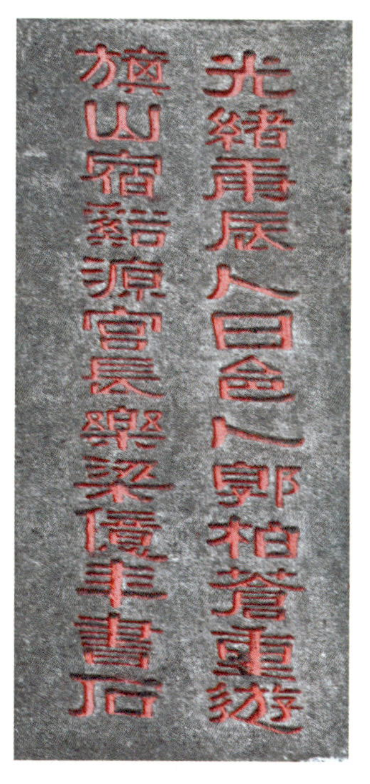

郭柏苍“宿溪源宫”题刻

溪源宫摩崖石刻群

属福州）人。道光二十年（1840）举人，曾任县学训导，捐资为内阁中书，长期里居，承揽盐税。他家资富有，热心公益，在福州乌石山修建学校，在西湖兴修李纲祠堂，在东关外建造普济堂。道光二十四年旅经杭州时，倡建义山、义祠，让闽籍客死他乡者安葬或停棺。咸丰七年（1857），因办福州团练得力，授主事，赏员外郎衔。同治五年（1866），主持修建福州南城，疏浚城濠，浚通三元沟、七星沟。光绪三年（1877）福州水灾，为减轻省城水患，他亲自带人疏浚怀安、洪塘、濂浦诸河。他是著名的学者，著有《乌石山志》《海错百一录》《闽产录异》《竹间十日话》等。

光绪六年（1880）正月初七，郭柏苍在光绪二年（1876）进士、长乐人梁亿年陪同下来到旗山，从“重游”二字可知，这不是他第一次登临旗山。

旗山是福州镇山之一的“右弼”，与号称“左辅”的鼓山遥相呼应，郭璞《迁州记》有“右旗左鼓，全闽二绝”之说。山的主脉起于上街溪源里，止于南屿水西林，两麓溪涧纵横，著名的有可溪、锦溪、蓬莱溪。

在可溪的龙潭山麓，有创自宋政和四年（1114）的溪源宫，清《榕城考古略》载：“龙潭山在十一都，一名西山……旁有屋数楹，祀张真人，俗称溪源宫。”明《闽都记》录有“人瑞翁”林春泽的《夜宿溪源宫》诗：“雪花飞泻访其源，溪畔仙风醒客魂。怪石倚云临截鏁，哀泉渡壑弄潺湲。蛟龙洞口如相会，虎豹庭前不敢喧。高阁夜深闻謦咳，青鸾随月到宫门。”

旧时，登旗山有两条路，或从南屿，或从上街。郭柏苍在《竹间十日话》中写自己“屡游南屿”，他听说“人瑞翁”林春泽出生时，“适旗山石裂”，知道是“山神入世”，到了上街，又听说周旋、商辂两状元皆出自当地有“神童”之称的进士林文秩、林文秸之门，不禁感叹旗山的地灵人杰，写下“门外状元双立雪，庭中翰苑两垂髫”的对联，认为“秩兄弟与林春泽皆旗山神降生”。

光绪六年（1880），当郭柏苍重游旗山后，并没有急着回家，而是留宿在可溪畔的溪源宫。此时他已65岁高龄，悲晨曦之易夕，感人生之长勤，写下了一首题为《雨后登旗山看南屿》的诗：“又到白云深处游，团团烟树出沧洲。春回海国风先暖，潮上江天雨乍收。倚杖哦诗堪送老，看山携酒更何求。村钟一动群鸦散，顿觉人间有暮愁。”其中“白云深处”写旗山的高，诗人站在山顶眺望，看到春回大地，海上雨歇，虽年事已高，仍然倚杖登高，携酒吟诗，一股壮怀之气油然而生，直到溪源宫的一声钟响，才唤醒了他的暮年之叹。（林强）

林森等泉山题刻

民国二十一年十月十三日，敬邀国府主席林森饭于禊游堂，甘联璈、王怀晋、甘云、陈联芬、陈耽怡陪，施景琛率男秉章、秉望，女秉端、秉庄、秉雅，女婿陈寿丹侍，摄影勒石纪念。

这段石刻位于鼓楼区冶山南麓“八曲”石刻的左侧，施景琛题，石刻朝南。

林森等“游泉山”题刻

冶山“八曲”

“闽之有城，自冶城始。”冶山历史悠久，人文兴盛，因山顶有泉水流出又称泉山。然而经历了频繁的人事变迁和城市建设，山势逐渐减弱，许多历史遗迹已消失或被侵占。1928 年，施景琛协助业师陈衍成立闽侯县名胜古迹古物保存会，邀闽侯县县长欧阳英及地方名士参与成立保存会董事会，施景琛任常务委员负责全盘筹划。因施景琛久居泉山之麓贡院里，便从泉山入手，自汉迄清，对古迹、古树、景点等进行保护

修复和改造重建，重浚欧冶池，在冶山左侧建成过街桥楼，通往剑池，修复欧冶亭、凌云台、喜雨堂、剑池院等古迹。1932 年完工，冶山面积突增数倍，仿佛小型公园。1932 年 10 月，施景琛宴请时任国民政府主席林森于禊游堂，餐后留影并刻石留念。施景琛等人在保护、修复冶山古迹过程中常遇到土地权属纠纷的问题，需要政府相关部门支持协调。1935 年 1 月，施景琛向南京国民政府呈请饬令福建省政府依法保护泉山古迹后，闽侯县政府制刻了"禁止任何机关占借泉山，民国廿四年立"的通告石碑。林森对冶山的保护也是高度重视并积极参与，民国丙子（1936）仲春，建泉山山门，门之上下嵌古代石刻 21 种；胡文虎重建佚老庵，林森题额，冶山观海亭石刻前现存一对水泥方柱，林森题识记下当时重建的盛事："玩琴台、观海亭据全山之胜。唐刺史裴次元廿九景遗迹。丙子（1936 年）春，永定胡文虎先生捐资重建，林森识。"

《三山志》载："嘉祐八年癸卯，建威武军门，又建远南门、宜兴门、使院、作院、公使七库；作会稽亭、流觞亭、佚老庵、爽心阁……元公《流觞亭》诗：'春风流水出岩扉，载酒轻舟飏彩旗。把得玉杯还自笑，老翁真个似童儿。'旧有流觞木槽。"宋时冶山山巅有岩泉，山南建有禊游堂，已是文人雅集，上巳禊饮之地。《闽都记》云："禊游堂在将军山下，巅有九曲池，岁上巳日郡人修禊于此。"《泉山全集》载："禊游堂（民国）二十年重修，沈觐冕题额，王若恒题柱云：'桑溪流觞此地亦为左海胜迹，兰亭作序吾家犹守右军遗风。’”冶山自唐以来就是官僚文士聚会胜地，保存会新镌“九曲池”和“一曲”至“九曲”石刻，重修禊游堂，重现泉山上巳风雅，施景琛选择禊游堂作为宴请场地，此次宴请亦是家宴，可谓用心。施景琛不仅在闽省古迹保护方面贡献卓著，更积极投身教育，创办泉山学校，任教福建高等学堂，任公立苍霞中学堂（后改名为福建官立中等工业学堂，现为福建理工大学）监督。其子女皆饱读诗书，长子施秉章，字述涵；次子施秉望，字继涵；长女施秉端，字聆秋；次女施秉庄，字浣秋；三女施秉雅，字味秋；四女施秉漪，字镜秋。秉端、秉庄、秉雅并称“三秋”，善绘画，共同印行《泉山甲子元旦画册》。

（邱婷）

第五章　志趣题榜

摩崖石刻中的榜书，以其朴拙雄浑的气概和俊逸简洁的笔触，讲述跨越时空的故事。从入石三分的单字，到意境深远、理趣具显的隽语，每一道刻痕都是前人智慧与情感的凝结。它们或藏于幽谷，或显于峭壁，与山川同寿，同日月争辉，成为特殊的文化符号。这些榜书的石上文字，也是历史的回声，文物的歌吟。

蔡襄忘归石榜书

忘归石。

　　　　蔡襄

这段石刻位于鼓山灵源洞边，题刻者蔡襄。

蔡襄（1012—1067），字君谟，兴化军仙游县（今莆田仙游枫亭镇青泽亭）人。宋庆历、嘉祐间两次知福州，宋代四大书法家之一。《宋

蔡襄“忘归石”及周边题刻

史·蔡襄传》称："襄工于书，为当世第一，仁宗尤爱之。"碑刻有《万安桥记》《昼锦堂记》及鼓山灵源洞楷书《忘归石》《国师岩》等。

宋庆历六年（1046）某日，福州知州蔡襄偕同几位僚属，一同游览了风景秀美的鼓山。晚风轻拂，蔡襄一行沉醉于眼前的美景，以至于忘记了时间的流逝。暮色笼罩，仍未有离开之意。蔡襄灵感涌现，于是挥毫泼墨，以遒劲有力的笔法，书写了"忘归石"三个大字，刻在灵源洞蹴鳌桥东端岩壁上。

字旁有"蔡襄"的名字题刻，不知是否为其所书。"忘归石"题刻是鼓山众多摩崖石刻中历史最为悠久的一幅。"忘归石"三个大字，笔力雄健，结构严谨，尽显大家风范。题刻不仅展现了蔡襄书法艺术的高超水平，也寄托了他对自然美景的深切热爱。

也有人认为"归"与"桂"谐音，并从中解读出了"桂"的意境。在古代文化中，"桂"常被视为月亮的象征，"蟾桂"并称，寓意清冷的月宫。而将"忘归石"置于灵源洞这一特定环境，暗示这里的山石仿佛是忘却了返回月宫的精灵，它们选择留在人间，享受凡间的温暖与生机。这种诗意的解读，赋予"忘归石"更加丰富的文化内涵。

随着时间的推移，"忘归石"题刻经历了岁月的洗礼，但依然熠熠生辉，成为鼓山不可多得的文化遗产。100多年后，来自古城汴梁的赵晋臣携家游鼓山，见"忘归石"题刻，被蔡襄的意境感染，于是题诗一首，刻于"忘归石"对面，诗曰："登山心悦倍精神，欲往山间未有因。刚道忘归又归去，白云何不且留人。"诗中流露出游山的欢愉和对时光易逝的惋惜。赵晋臣的诗不仅是对蔡襄题刻的回应，亦体现了宋代文人热爱自然之美和对生命意义的探索。

环绕着"忘归石"这一摩崖瑰宝，周遭岩壁上还镶嵌着诸多古韵悠长的题刻，有"层峦叠翠""渐入佳境""山水知音""犹如天竺""溪山清净""曲径通幽""洞天"等，串联成一部关于自然与人文交融的史诗，等待着每一位来访者去细细品味、感悟其中的哲思与美学价值。（林丽钦）

施元长喝水岩榜书

喝水岩。

这段石刻位于鼓山喝水岩最内侧的崖壁上。

鼓山的名胜以灵源洞、喝水岩为最，自古游鼓山者多在此留下吟咏。相传这里旧时有东、西二涧，五代时高僧神晏在此坐禅，因嫌恶溪涧水声喧闹，于是出声喝斥，竟使得溪水逆流改从东涧涌出，西涧由此枯竭。故事中的西涧即后来的灵源洞。

“喝水岩”榜书是鼓山早期最重要的摩崖题刻之一，也是鼓山北宋题刻中字径最大的一幅。现存题刻无署名，按照《鼓山志》的说法，其文下曾经还有“嘉祐辛丑岁施元长题”九字。嘉祐辛丑岁即嘉祐六年（1061），距高僧神晏圆寂仅仅过了 122 年，但喝水岩的传说已经颇为流行。

施元长“喝水岩”题刻

施元长，字景仁，宣城（今属安徽）人，仁宗天圣五年（1027）中进士，嘉祐三年以司封员外郎出任福建提刑，至嘉祐六年调任两

鼓山喝水岩石刻群

浙提刑。除“喝水岩”榜书外，施元长在鼓山另有两处题刻，一处位于蹴鳌桥前，文为“宛陵施元长、阳夏李宗孟，嘉祐五年十月三日同游”；另一处位于灵源洞东壁前，文为“燕唐卿、施景仁”，不书时间。

李宗孟与燕唐卿都是和施元长在福州共事的官员，李宗孟同任福建提刑，燕唐卿即时任知福州的燕度。燕度在灵源洞还有一处题刻，位于灵源洞西壁，文为：“嘉祐辛丑岁七月十八日，同宾僚游鼓山，登大顶峰，憩灵源洞。知福州燕度题，通判钱昉、权签判宋球、东川节度推官赵谘、节度推官方子容、观察推官赵瑾。”嘉祐年间施元长、燕度等人多次流连灵源洞，成为继庆历年间苏舜元、蔡襄等人之后第二拨在鼓山题名的游客。

喝水岩自施元长留下题刻后，也成为鼓山著名的打卡点。后世常有人因涧中无水，发出感慨之词，以明人王世懋说得最为直白：“涧形势甚伟而酷恨无泉，大为游人减兴。”不过这种说法明显有些矫情，此地正因枯涧无水而成为历代文人题壁的最佳地点，到了明清时期已是“俯四周削壁如堵，篆刻殆遍”了。如今，“喝水岩”三个大字如同灵源洞的地标一般，仍然吸引着各地游客来此探古寻幽。（孙源智）

程师孟光禄吟台榜书

光禄吟台。宋嘉定十弍年仲秋望日，提刑知州事程师孟书。

明嘉靖十四年孟冬吉旦闽石居士

这段石刻位于乌山的支脉闽山上。闽山，昔有“三山藏”之盛名，其所在为今日之光禄坊一带。迨及宋代，山已夷为平地，曾有宋法祥寺基址，迄今仅遗巨石一座，兀自矗立，其势磅礴，颇具天然之趣。石面刻有篆书“闽山”二字，笔力遒劲，古意盎然。山原有一条长石长约二丈，蜿蜒曲折如尺，故得名玉尺山，今虽不复见，其名犹存人心。巨石一带共有 13 段摩崖石刻，其中现存 8 段，佚失 5 段。

程师孟“光禄吟台”题刻

光禄吟台侧影

《八闽通志》记载："熙宁间程师孟尝游于此，寺僧为刻'光禄吟台'四字于石之西。"巨石西面，四字篆书"光禄吟台"赫然入目，笔画雄浑中透着古朴，圆润中见流畅，风格既遒逸又超然，为宋代知州程师孟的手笔。

北宋熙宁元年(1068)，光禄卿程师孟莅临福州，执掌政务。他在任上励精图治，不仅筑造子城以固城防，疏浚河道以利民生，更兴建学舍以兴教化，政绩卓著。曾巩为此撰写了《道山亭记》，以颂扬程师孟之德政与风范，萧震亦评价其政绩与道山之名并存，二者相互辉映，成为后世佳话。

闲暇之余，程师孟酷爱山水，足迹遍及福州诸胜。乌山之巅，道山亭、冲天台、宿猿洞等处皆留有其墨宝，彰显一代名臣之风雅。北宋熙宁三年（1070），师孟游历法祥寺，偶遇一巨石屹立，形态奇绝，顿生诗情画意。正当思绪万千之际，寺僧恳请其挥毫题字，以添山色之美。程师孟欣然应允，篆书"光禄吟台"四字，笔力雄健，意境深远。

漾月池

程师孟又题诗一首：“永日清阴喜独来，野僧题石作吟台。无诗可比颜光禄，每忆登临却自回。”此诗清新脱俗，表达了他对自然之美的热爱与对古人风骨的追慕，历来为人所传诵。由此，“光禄坊”之名得以确立。

宋末寺废，吟台沦为民居。明嘉靖间属林姓所有，他紧靠“光禄吟台”篆刻两旁，添两行隶书小字，一为“明嘉靖十四年孟冬吉旦闽石居士”；一为“宋嘉定十二年仲秋望日，提刑知州事程师孟书”。清代，林则徐在道光年间应布政使叶敬昌之邀来到光禄吟台，并在此放鹤游玩。后人为纪念此事，在这里刻下了“鹤磴”二字。

程师孟之风流，光禄吟台之韵致，共同编织了一段段关于才情与山水的美丽传说，至今仍令人心驰神往。（林丽钦）

朱熹乌山清隐榜书

清隐。

晦翁

这段石刻位于乌山天王岭西南侧，落款行书“晦翁”。晦翁是著名理学家朱熹自号。“清”是清白与清风，流水纯净透明，环境清静整洁，“隐”即潜伏隐居。朱熹为何要在乌山题这两个字，说来还真有

朱熹“清隐”题刻

故事。

朱熹（1130—1200），字元晦，号晦庵，晚称晦翁，南宋时期理学家、思想家、哲学家、教育家。朱熹考中进士后，历任江西南康、福建漳州知府，浙东巡抚，官拜焕章阁待制兼侍讲，庆元六年（1200）逝世，追赠太师、徽国公，赐谥号“文”，世称朱文公。著有《大学中庸章句》《家礼》《论语集注》《孟子集注》等。

庆元元年二月，赵扩（宁宗）当上皇帝，大臣韩侂胄得势，使谏官奏赵汝愚以宗室居相位不利于社稷，赵扩贬赵汝愚至永州，后死于贬所。赵汝愚被贬，朱熹、彭龟年等奏论韩侂胄事，赵扩亦加贬逐。韩侂胄当政，凡与他意见不合者都被称为“道学之人”，后又斥道学为“伪

乌塔与石塔会馆

学”，禁毁理学家《语录》等书籍，历时6年。

赵汝愚尊崇道学，当政时把朱熹从湖南召到临安，任焕章阁侍制兼侍讲，为宁宗的老师。由于赵汝愚引荐朱熹入朝，自然而然成为韩侂胄的打击对象，韩侂胄要让赵汝愚下台，便从排斥朱熹开始。

1194年，权臣韩侂胄以内臣的有利条件，出内批罢黜了朱熹职务。不久，右丞相赵汝愚也被罢免。庆元二年十月，朝廷把道学定为“伪学”，已经60多岁的朱熹，为避“伪学禁”，只好逃回福州避难，选择乌山隐居，自嘲为“清隐”，在天王岭西南侧题下“清隐”两个大字。许多名人见朱熹在乌山，纷纷前往朱熹居住处，听朱熹讲解理学，不久朱熹又在乌山题刻“石室清隐”。

朱熹在乌石山“清隐”一段时间，朝中追打“伪学”更为猛烈，许多文人被关进大牢。朱熹闻讯，赶紧逃避到闽北老家。他从闽县出发，经侯官县白沙、大湖到了下祝。当他走到后峰村口时，只见一片白云在头顶上停止，于是在路边岩石上题写“留云”。村里人请来了石匠，精心打磨朱熹题字。（章礼提）

戚继光穿云洞榜书

穿云洞。

孟诸子

这段石刻位于福清市海口镇瑞岩山的瑞岩寺后。瑞岩山旧有三十七洞天胜景，即今之穿云洞、飞来岩、桃花洞、紫青台等。戚继光在山上留有多处摩崖石刻，今存“穿云洞”“独醒石”“三十七洞天”“蹲虎

戚继光“穿云洞”题刻

石”和“观音洞”五处。这五处戚继光题刻，对研究戚继光抗倭历史和戚继光与福清的关系等，具有重要的史料价值。

戚继光（1528—1588），字元敬，号南塘，晚年自号孟诸，登州（今山东省烟台市蓬莱区）人，是明朝杰出的军事家、民族英雄，以抗击倭寇而名垂青史，著有《纪效新书》《练兵实纪》《止止堂集》。

瑞岩寺后穿云洞口的楷书题刻“穿云洞”，落款为“孟诸子”，孟诸为戚继光之号，子为男子的美称。“穿云洞”原名“自在门”，位于瑞岩寺后方，是一个自然形成的山洞，其名源于洞内景观的独特风貌，仿佛能穿越云层，直达天际。

戚继光组建的“戚家军”以严明的纪律、卓越的战斗力著称，有效遏制了长期困扰中国东南沿海地区的倭寇之患。戚继光在明嘉靖年平定倭乱期间，两度入闽抗倭。他在福清屯兵时，利用军务间隙，前往瑞岩山休憩，留下了不少题刻和《望阙台》《宜睡洞》等诗，并对瑞岩山进行了拓展和美化，将原有的自在门洞穴改名为“穿云洞”。

戚继光在“穿云洞”附近还题写了多处摩崖石刻，诸如“独醒石”等，这些题刻不仅是其个人情感和思想的抒发，更承载了他对国家安宁、百姓福祉的拳拳之情。特别是“穿云洞”题刻本身，字迹苍劲有力，体现了戚继光作为军人的豪迈气概和文人的细腻情感，其书法艺术价值和历史文献价值并重。戚继光在抵御外侮、保卫家园之际，仍不忘弘扬民族文化，陶冶身心，寓教于乐，展现了其爱国将领与文化人的多重身份。

“穿云洞”所在的瑞岩山，本身就是一处集合了宋、元、明、清四个朝代诸多文人墨客题刻的珍贵文化遗产地，其中不乏戚继光的战友及不同时代名人的题词，如元代的王伯显、明代的叶向高等。戚继光通过一系列的命名和改造活动，极大地丰富了瑞岩山的文化内涵，使之成为一处兼具自然风光与人文底蕴的著名景点。（林丽钦）

王应钟白云洞天榜书

白云洞天。

闽中云竹

这段石刻位于鼓山的白云洞口，行楷，为明代王应钟手书。白云洞因“白云混入，咫尺莫辨”而得名，平时白云缭绕，气象万千。

《鼓山志》记载：“白云洞天”为“郡人王应钟书”，并按语云“应钟，闽县人，官山东参政”。云竹，王应钟别号。王应钟是明代著名书法家，生卒年不详，享年 90 岁，并被祀为乡贤。王应钟以嘉靖辛丑科进士及第，继而步入仕途，官至浙江道监察御史，以严谨的操守和深厚的学养闻名于世。其擅长行书和楷书，书法作品如尺牍、诗页等流传甚

王应钟“白云洞天”题刻

“白云洞天”周边题刻

广，多被故宫博物院收藏，有《春秋释例》《缶音集》《三幻集》等著作行世。

“悟宗大师，以惊人毅力雕琢山岩，穿透地脉，亲执镰刀，清除茅草，与雇工并肩劳作，不辞辛劳。其手脚因劳作而生满茧疤，皮肤皲裂如龟纹，而大师对此仿佛浑然不觉。”史书载有明代悟宗大师开辟白云洞的壮举。自悟宗大师开凿以来白云洞便成为佳景胜地。

明嘉靖年间，王应钟登白云洞题“白云洞天”于壁，以记其崄巇。

题刻所在位置恰好处在洞窟的显眼之处，坐东朝西，洞口开阔，洞内宽敞，两侧岩石形态奇特，宛如天然艺术品。洞内外瀑布飞流直下，四季不断，周边翠竹环绕，环境清幽，颇具仙境之韵。而这题刻正是登山过程中的重要地标，也是进入洞天福地的正式宣告。

“白云洞天”四字，笔力雄健，结构严谨，传递出对自然奇观的赞美和对洞天福地的崇敬，透露出对天地自然与人间和谐共生理念的深刻理解。（林丽钦）

余有丁名山洞府榜书

名山洞府。

今上手书赐大学士臣余有丁。大明万历辛亥岁孟夏望日，四明原任江西左布政使、前福建监军副使臣柴涞，男镇守福浙都督府中军官臣柴以泰敬摹上石。

余有丁“名山洞府”题刻

这段石刻位于福清市瑞岩山风景区内，是福州地区唯一发现的皇帝手书摩崖石刻，具有重要的历史和艺术价值。此题刻由余有丁同乡，原江西左布政使、前福建监军副使臣柴涞及其子柴以泰共同摹刻于明万历辛亥年（1611）孟夏望日，即农历五月十五，以纪念万历皇帝对余有丁的赐书殊荣。

余有丁（1526—1584），字丙仲，号同麓，浙江鄞县（今宁波市鄞州区）人，一生仕途卓著，官至礼部尚书兼文渊阁大学士。余有丁在文学和书法领域也均有所建树。著作《史汇刊误》《子汇》等在后世汇集为《余文敏公集》，进一步展现了他在学术上的深厚造诣。万历元年至六年（1573—1578），余有丁在月波寺废址划地百亩构筑“五柳山庄”，内有书楼，明神宗朱翊钧御书“名山洞府”赐之。

这段摩崖题刻凿于福清瑞岩山独醒石下的巨岩壁上，四周环境清幽，与自然景观相得益彰。题刻楷书横列一行，纵排八行，整体规模宏大，大字清晰有力，展现了万历皇帝的书法风采，同时也见证了当时皇权对文人名士的赞赏和激励。在明代，将皇帝亲笔赐书刻于山石之上，无疑是极为罕见且无比崇高的荣誉象征，也记录了余有丁在朝廷中的卓越地位与成就。

摩崖题刻“名山洞府”作为余有丁与皇帝关系的实体见证，不仅为福州十邑地区增添了一份宝贵的文物财富，也成为研究明代书法艺术、皇家礼遇制度以及地方文化发展的重要实物资料。（林丽钦）

李拔欲罢不能榜书

欲罢不能。

乾隆壬午，郡守李拔题

这段石刻位于鼓山七里七亭路边。

从鼓山廨院至涌泉寺，2100 多级石阶如龙脊蜿蜒，传为唐闽王所辟，途次亭石相映。半山腰茶亭附近，圆通庵右侧有清代福州郡守李拔

李拔“欲罢不能”题刻

“欲罢不能”四字行书勒石。

李拔（1713—1775），字清翘，号峨峰，清代四川犍为人，清乾隆年间官员。曾先后担任福宁、福州两府知府。《游鼓山记》提及李拔曾在登鼓山途中，从山足至山巅一路留有“登峰造极”“云程发轫”“毋息半途”等题词，不仅展现了李拔对于鼓山之美的深刻感悟，也激励着后来者勇攀高峰，坚持不懈。

尤其为人称道的是半山茶亭附近所题“欲罢不能”四字。题刻时间是“乾隆壬午”（1762），当年李拔50岁，人生已过半百，正如攀登至人生的半山腰。此题刻既体现了登山过程中的真实体验——面对漫长山路，虽疲惫却难以抑制探索美景的欲望，也蕴含人生哲理，发人深思。

同治十年（1871），福州乡贤林世信途经李拔题刻之处，对前辈李拔的胸襟与毅力深感钦佩，在旁边题写了“善哉”二字。光绪辛卯年（1891），周宝臣途经此处，被两人题刻所感染，也题了“宜勉力”三字。两段后人题刻巧妙地为“欲罢不能”的心情增添了一份积极向上的动力，也使后人得以穿越时空，感受前人攀登鼓山时的壮志豪情。

李拔在任期间，不仅致力于地方建设，兴修水利、发展农桑、兴办教育、倡导节俭、肃清吏治，还亲自编撰教材、讲学育人，体现其深厚的学识底蕴和务实的为官风格。他的诸多题刻，包括“云程发轫”“毋息半涂”“登峰造极”等，均以登山过程寓含学识与人格修养的不断提升，生动传达了他的人生理念与从政智慧，从而成为鼓山文化乃至福州城市记忆中的重要符号。（林丽钦）

寄尘寿山福海榜书

寿山福海。

镇闽将军晴村庆霖题，盐法道鉴轩陈观勒石。

嘉庆五年春日，楚僧寄尘书

这段石刻位于乌山邻霄台西侧，行书。作于嘉庆五年（1800）春日，为晚清诗僧寄尘的手迹。这四个字也见证了中国与琉球的友好交流。

寄尘，湖南湘乡人，俗姓范，5 岁出家。他在佛学、书法、绘画以及诗歌创作上都有深厚的造诣。书法迹近董其昌，骨骼灵秀，兼善兰竹及败荷残菊等杂卉，涉笔成趣。在诗歌方面，他才情横溢，作品自然流畅，不落俗套。

寄尘“寿山福海”题刻

清代，随着中琉邦交日益频繁且深化，册封使团的行列中不仅有册封使臣，还吸纳了诸多当世的硕学鸿儒、书画名家、杏林高手以及得道高僧。他们在承担考察琉球风土人情使命的同时，也致力于传播与教授中华文艺精粹。寄尘法师以超凡的文学修为、深湛的佛学造诣与卓越的书画技艺，被誉为诗禅兼备、书画双绝的高僧，赫然列于使团之列。

当时，福州将军庆霖听闻寄尘法师静修于乌山，心生仰慕，遂亲往探访。两人一见如故，夜阑更深仍谈笑风生，论道析理，自此结为超越尘俗的莫逆之交。

李鼎元与寄尘法师晤谈之下，深为后者广博的学识、超脱的见识所折服，他在《使琉球记》中记载："寄公，衡山人。名衡农，别号八九山人，寄尘其字也，善作方丈书，初于乌石山南崖镌'寿山福海'四大字，结密无间。至其室，图书满架。其所蕴，渊然以深，玄远而清雅，偕行之约遂定。"两人共同携手踏上前往琉球的使节之旅，为中琉文化交流史添上了浓墨重彩的一笔。

"寿山福海"这一吉语，寓意寿命绵长、福泽深广。时至今日，学界对此佳词妙语进行了时代性的诠释："寿"字寓意福州这座古城跨越2200多载的深厚历史积淀；"山海"则描绘了福州坐拥山川湖海的地缘优势；而"福"字不仅代表了这座城市得天独厚的自然环境，更彰显其宜居宜业、福泽盈门的生活品质。

历经岁月沧桑，"寿山福海"石刻一度被遮蔽于地下，直至乌山二期修复工程将其发掘并恢复原貌，与其他25处摩崖石刻一同组成了一条独特的文化寻踪路线。如今，"寿山福海"承载了新的时代意义，已成为对福州这座融古韵今风于一体的都市的美好祝愿与高度凝练。（林丽钦）

翁飞云灵石山福字榜书

福。

道光甲申仲春，瑟江翁飞云书

这段石刻位于福清市灵石山国家森林公园入口处的“蟠桃坞”下，行书，为清道光四年（1824）福清瑟江村翁飞云所书。

翁飞云“福”字题刻

这幅“福”字，于温婉中蕴藏法度，表面上随意挥毫，整体观感却跃动着轻盈活泼的韵律。点与画的交织、轻提重按、转折运行，犹如旋律绕梁，构造工整而富于变幻，巧妙地融合了行书的灵动与楷书的稳重，跌宕起伏，流畅自如。在率性而为的节奏背后，透露出的遒劲的风骨与盎然的神韵，与大自然的鬼斧神工相互辉映。上方有马逢周、林镳的题书：“灵石为全闽福地，佳境不可胜纪，勒此一字，足括全胜，而书法精工，肌骨相称，询与山石之灵并垂不朽。”

著名文人马逢周与林镳对翁飞云的“福”字题刻赞不绝口，他们认为此处灵石之地乃全闽福地，并盛赞翁飞云的书法技艺与山石之灵性并存不朽。

“福”字石的出现，引发了当地流传甚广的民间传说：若能站在“福”字底座，又能触及“福”字顶端，则可福泽深厚，吉祥如意。因此吸引无数游客慕名前来“摸福”，期许沾染福气，赢得好运。

蟠桃坞“福”字石刻不仅是一个汉字的立体呈现，更是一种人文精神与自然力量相互交融的象征，承载着人们对幸福生活的向往和追求。每年都有大量的国内外游客前往，通过“摸福”这一仪式，感受这份源自古老摩崖艺术的祝福和喜悦，体验宁静祥和的“福境”。（林丽钦）

林可桐忠孝廉节榜书

忠孝廉节。

宋忠臣文信国公书，后学林可桐敬录

这段石刻位于鼓山更衣亭东侧岩上，南向，由南宋末年杰出政治家、文学家、民族英雄文天祥（1236—1283）手书，清代可桐敬录并镌刻。文天祥，字履善，号文山，江西吉安人，官至南宋右丞相，在抗击元军入侵南宋的过程中被俘，最终慷慨赴义，被誉为“宋末三杰”之一，以卓越的文学才情与坚贞不屈的民族气节而流芳千古。

南宋末年，文天祥在湖南提刑任上，应挚友、曾任杭州太守的周德厚所请，挥毫题写了 “忠孝廉节”。至清代乾隆二十八年（1763），

鼓山七里七亭路

林可桐“忠孝廉节”题刻

忠孝

永明县令王伟士出于对文天祥人格与精神的敬重，深感其“忠孝廉节”所传达的价值观对当时乃至后世的深远影响，遂经多方探寻，发现了隐藏于民间的文天祥手书真迹。王伟士决定重新摹刻“忠孝廉节”四字于湖南永州江永县上甘棠村月陂亭近旁的古驿道崖壁上，使之成为一座矗立不倒的文化丰碑，长久地昭示后人对忠诚、孝道、廉洁和节操的坚守与追求。

后来，“忠孝廉节”四字辗转流传。清代同治年间，林可桐出于对先贤精神的尊崇，选择在福州鼓山这一风景名胜区内复刻文天祥手迹，使之成为鼓山灵源洞、白云洞、达摩洞等多个景点周边的醒目景观。鼓山地区自然风光秀美，峰峦叠嶂，洞穴奇特，古木参天，人文与自然景观相得益彰，使得摩崖石刻更显得庄重肃穆，寓意深远。

文天祥手书的“忠孝廉节”四字，大气磅礴，刚劲有力，展现了行楷书的艺术魅力，蕴含文天祥的浩然正气与坚韧不屈的人格特质。在历史长河中，这四个字成为文天祥个人品行的象征，激励后世无数仁人志士秉持忠义、坚守廉节。

林可桐复刻的“忠孝廉节”，不仅是对书法艺术的展现，也是对社会文化氛围的回应。这一时期的中国社会正处于道德风尚重建的关键阶段，林可桐通过复制文天祥的题字，实际是对宋朝提倡的“八德”精神的继承和发扬，意在唤起人们对传统道德规范的重视与实践，彰显了忠贞报国、孝亲敬老、廉洁奉公和坚守节操等核心价值观念在历史变迁中的恒久生命力。（林丽钦）

沈葆桢绝顶峰乐善不倦榜书

乐善不倦。

同治五年为净空大和尚三主之庆，钦差头品顶戴沈葆桢书

沈葆桢“乐善不倦”题刻

这段石刻位于鼓山的绝顶峰上。晚清船政大臣沈葆桢所书。清同治五年（1866），适值沈葆桢担任钦差头品顶戴之际，为庆祝净空大和尚三主之庆，沈葆桢挥毫泼墨，书写下这句寓意深远的格言。

在佛教界，住持的传承是非常庄重且重要的事情。每一代住持接任，都会在法脉传承和寺院管理上起到承前启后的作用，而当某一住持连续任职满三期，即完成了三个任期，会举行特定的庆典仪式来纪念这个具有里程碑意义的事件，称作“三主之庆”。净空大和尚，讳兼印，莆田人，鼓山涌泉寺第118代住持。

沈葆桢（1820—1879），侯官（今福州）人，清道光二十七年

鼓山涌泉寺

(1847) 进士，林则徐女婿。曾任江西巡抚，福建船政大臣，以钦差大臣办理台湾防务，官至两江总督兼南洋通商大臣，有《沈文肃公政书》等传世。沈葆桢为净空大和尚的“三主之庆”题写“乐善不倦”，表示了对宗教文化的支持，同时也是对净空大和尚数十年如一日、坚持不懈弘扬佛法、行善积德的认可与敬意。通过题刻这样具有深远影响力的语句，沈葆桢也希望借此倡导全社会学习并实践“乐善不倦”的道德准则。

“乐善不倦”在中国古代被视为高尚品质的象征之一，不仅要求个体在日常生活中积极行善、不断进步，还包含了对社会和谐稳定、国家繁荣昌盛的责任担当。孟子等儒家先贤对此主题的阐释深化了其内涵，使其成为个人修为和社会责任的统一。

沈葆桢身为晚清政治家、军事家、外交家和民族英雄，一生致力于推动中国近代化的进程，尤其在担任福建船政大臣期间，为中国现代航海事业和洋务运动做出了巨大贡献。沈葆桢以此为题，既展现了他对学问和文化无尽的探索精神和高尚品格，也表达了对社会责任感的坚守和对道德修养的执着追求。在新时代背景下，“乐善不倦”的精神依然传递着如何为人处世、服务社会的重要价值。（林丽钦）

杨树庄剑胆琴心榜书

剑胆琴心。

杨树庄书

这段石刻位于冶山西北坡的三曲处。冶山位于丽文坊后、中山路西侧，历史上官宦文人云集，曾经是福州的政治文化中心，因“有天泉池之水汩汩流出”，故又称“泉山”。山间风光旖旎，石刻遍布，山上有“唐裴刺史球场故址”及遍布“一曲”至“九曲”的宋代至民国的摩崖题刻共 50 多处。仿武夷九曲之妙，添古越王鼓琴逸事，让人无限遐想。

杨树庄“剑胆琴心”题刻

石刻为民国时海军总司令杨树庄所题。杨树庄（1882—1934），字幼京，侯官县（今福州市区）人，是甲午烈士杨建洛的嗣子。他出身于海军世家，早年就读于黄埔水师学堂，后历任多艘军舰的管带、舰长，逐渐晋升为海军少将、中将、上将，曾出任海军总司令、海军部部长、国民党中央常务委员、中央执行委员、福建省政府主席等重要职务。他智勇双全，热血忠诚，在海军中拥有广泛的影响力。

“剑胆琴心”四字，源于元代诗人吴莱《寄董与几》的诗句“小榻琴心展，长缨剑胆舒”，寓意琴与剑的和谐统一，象征刚柔相济、任侠儒雅的特质。杨树庄以此四字寄寓追求，既显英雄豪情，又含文士柔肠，恰似杨树庄本人，于乱世中既能杀伐决断，又不失儒将情怀。题刻与陈衍的“越壑桥”“望京山”、黎元洪的“洛社遗风”等几十处摩崖题刻共映山色，于石壁间诉说往昔风云，供后人瞻仰。（林丽钦）

“剑胆琴心”题刻周边

林之夏蹶垤榜书

蹶垤。

甲戌之夏

林之夏“蹶垤”题刻

这段石刻位于城门镇城门村林之夏故居内。“蹶垤”二字，以其独特的艺术魅力和深刻的文化内涵，成为城门镇一道不可多得的人文景观，蕴含着警示后人的哲理，是历史与文化的完美融合。

林之夏，字凉生，号秋叶，生于晚清，卒于民国。作为福建武备学堂的毕业生，林之夏投身辛亥革命，为推翻封建统治立下汗马功劳，后成为民国陆军上将。“甲戌”即民国 23 年（1934），林之夏在仓山区城门镇住所庭院春晖草堂的后山，题写了“蹶垤”二字于峭壁之上。

“蹶垤”二字取自古代文献《尧戒》，原文“战战栗栗，日谨一日，人莫蹶于山，而蹶于垤”，告诫人们不仅要在大风大浪面前能够谨

林之夏故居一隅

慎小心，也不可因小事小节而失足。这一警句同样出现在《淮南子·人间训》和《韩非子·六反》中，足见其文化源远流长，深入人心。林之夏以此为题，既是对自我人生的警醒，也是对世人的告诫，提醒人们勿因忽视细节而招致失败。

春晖草堂背倚青山，环境幽静，石刻位于后园的悬崖陡壁之上，既远离尘嚣，又与自然和谐共生，这样的选址既彰显了主人的审美情趣，又赋予了石刻一种超脱世俗的意境。卵石小径，鱼池涌泉，周围环境的雅致为这处石刻增添了几分诗情画意。

“蹶垤”以楷书题写，笔力遒劲，线条流畅，既保留了传统书法的韵味，又融入了个人的独特风格。石刻字体的布局与山体的天然纹理相得益彰，仿佛是大自然的一部分，让人在欣赏书法艺术的同时，也能感受到与自然的对话。

“蹶垤”不是一处孤立的艺术品，它与林之夏的生平事迹和时代背景紧密相连。林之夏一生经历了从清末到民国军阀混战的动荡岁月，他深知在国家和个人的历程中，每一个细节都可能成为决定性的转折点。因此，“蹶垤”石刻，可以视为林之夏对过往经历的深刻总结，和对自己的严格期许。它以独特的艺术形式和深刻的哲理内容，提醒人们在追求理想和事业的征途中，不忘脚踏实地，时刻保持警觉，不可因小失大。（林丽钦）

第六章　岩画造像

福州摩崖石刻中，岩画与造像虽然数量有限，且分布零散，但不乏珍品。福州乌山、鼓山，福清瑞岩山，永泰高盖山等处的摩崖造像均列入“国保”，具有极高的艺术与人文价值。整体来看，福州摩崖造像的题材以表现佛教、道教和民间信仰为主，雕刻手法简练质朴，形象塑造富于世俗情趣，反映古代民众浓厚的宗教与民间信仰氛围。其艺术风格较为多变，既继承北方石窟艺术特点，又表现出本地民间的艺术特色。如今，这些摩崖造像与岩画仍附丽于山野之间，成为一道独特的自然与人文艺术景观。

林浦瑞迹岭岩画

林浦瑞迹岭岩画位于城门镇林浦村狮山自然村瑞迹寺三宝殿东北角的岩壁上，南向。瑞迹寺始建于唐咸通元年（860），后因战火焚毁破坏，残存伽蓝殿，后人因陋就简，改建三宝殿及天仙府，后经几度修葺。天仙府“文革”期间因破“四旧”夷为平地，仅存残垣断壁，1991年由村民集资，历时三年建成新貌并刻石为记。1995年4月，瑞迹岭岩画石刻被福州市仓山区人民政府公布为区级文物保护单位。

林浦瑞迹岭岩画

瑞迹岭岩画保护碑

岩画刻在 4 块重叠交错的岩石上，通高 1.5 米，宽 2.4 米。经中国岩画研究中心专家鉴定，岩画为祈雨图，年代为汉唐之间，疑与闽越族文化有关。上方一块幅面最大，高 0.7 米，宽 1.3 米，左侧云纹明显，中部为螺旋状曲线，呈涡旋样，富有韵律感和形式美，右侧纹样模糊难辨。左下方两块长条形，上高 0.3 米，宽 1.4 米，下高 0.5 米，宽 1.5 米，凿有平行线，如雨纹。右下方一块呈倒三角，高 0.7 米，边长 0.7 米，左侧刻云纹，右侧阴刻有一图案，疑为文字或三人执物祈雨。岩画右前方有一古井，当地称龙井，四边长 85—90 厘米，依岩石而凿。

明代王应山《闽都记》卷 13 记载：“瑞迹寺，在开化里甘泉山之东……咸通元年建寺，岁久倾圮。国朝万历初重建……明林世吉《登瑞迹寺》：‘鹫岭摩青汉，鸡林隐翠微。山深僧住少，地远客来稀。野鸟衔花落，岩泉带雨飞。夕阳萝径暝，愿丐一灯归。’”可见瑞迹寺周边林泉秀美。祈雨是古代人们围绕农业生产、祈盼五谷丰登的祭祀活动，福州城内在岩泉边祈雨自古有之，如鼓山灵源洞喝水岩周边祈雨石刻。不仅官方祈雨，民间亦盛行祈雨之风。（邱婷）

林浦瑞迹寺

乌山天王岭造像

乌山天王岭造像位于乌山南麓的天皇岭。

关于福州摩崖造像的最早记载，出自唐代才子欧阳詹笔下。欧阳詹《福州南涧寺上方石像记》载：唐天宝八载（749）五月六日清晨骤雨突至，南涧寺上方的一处岩石被天雷劈开，其中现出一尊庄严的佛像，

乌山天王岭释迦牟尼造像

乌山天王岭造像

所谓“一朝瓜剖，中有雕琢”。这篇文章作于贞元六年（790），离佛像现世仅 41 年，福州摩崖造像有案可稽的历史也由此开始。

南涧寺今已不存，旧时位于乌石山东、石塔寺西，是福州历史最悠久的名刹之一。寺始建于南朝梁大通六年（532），至唐末五代时期发展至鼎盛。由于闽王王审知在寺中增建天王殿，因而又得名南涧护国天王寺。宋代，安文头陀宴坐于此，摩崖题下“客至不点茶，相看淡如水。白云深谷中，稳坐浮生里”的名句。明清以后，寺院衰败，规模渐小。今天仍颇有规模的高爷庙，只是昔日南涧寺旧址的一小部分。

南涧寺旧址所在，古时被称为天王崎或天王岭，今作天皇岭，以其命名的天皇岭景区是乌山历史风貌区的核心景区之一。景区中有一处摩崖造像，位于道山观弄石磴路东北侧高处的石壁上，正对高爷庙古建筑群，俗称天佛像，又作乌山天王岭造像、乌山东南坡摩崖造像。从所处位置和造像风格来看，这里很可能就是欧阳詹目睹过的著名石像。

天王岭造像共有四尊，均为浅浮雕。主尊为释迦牟尼坐佛，高约 80

厘米，宽 48 厘米，头梳螺髻，身披梵衣，袒胸露臂，面容慈祥，双手结印于盘腿之上，身有后背光，法相丰满，庄严肃穆。欧阳詹曾在文中称赞该佛像“三十二相具，八十种好备”。所谓“三十二相”与“八十种好”，都是佛教用以形容佛陀所具有的庄严德相。

佛像旁边的岩石上，还有三尊胁侍尊者造像，分别是弟子、菩萨、天王造像，高度均为 90 厘米，外有窟龛。弟子造像在最内侧，侧身跣足站立。菩萨造像居中，微侧身，足踩莲座，头饰圆光。天王造像在最外侧，立身仗剑，顶盔贯甲。有说法认为弟子像为阿难，菩萨像为大势至菩萨，因阿难与大势至菩萨通常塑于佛像右侧，该说值得商榷。此三尊造像形制大小相似，并排列于佛左，仿如欧阳詹文中“列侍环卫，品觉有序”所载。

乌山天王岭造像原貌大概是一佛、二弟子、二菩萨、二天王的一铺七身造像组合，现存造像显然并不完整，在佛像另一侧还应有一组对应的胁侍尊者像。由于该侧岩石被上方弥陀寺房屋的墙壁及泥土所掩，不知是否仍有保存。一铺七身造像组合是中国佛教造像艺术发展至成熟时期的典型制式，多见于北方和中原隋唐时期造像，最著名的就是洛阳龙门的大卢舍那像龛。乌山天王岭造像作为福州有文献可考的最早的摩崖造像，也反映出福州摩崖造像艺术与中原石窟造像的联系。（孙源智）

乌山望潮峰造像

乌山望潮峰造像位于乌山南坡的望潮峰，在“冰壶”榜书往南 30 米处，凿于唐代。2007 年，福州市政府启动乌山历史风貌区保护修复工作，一期工程拆除周边民房时发现造像并实施保护。乌石山摩崖造像与摩崖石刻于 2013 年被国务院公布为第七批全国重点文物保护单位。

摩崖南偏东向，由“西方三圣”阿弥陀佛（中）、观音菩萨（左）、大势至菩萨（右）三尊高浮雕坐像组成，佛像均镌刻有背光，结跏趺

乌山望潮峰西方三圣造像

坐于莲花座之上，莲花由底部卷曲分生的三根茎长出，线条流畅，巧妙利用岩石形状形成倒三角构图，增添了造像的动势。正中佛像高 1.1 米，宽 0.7 米，面容圆润，束发式发髻，身披袈裟袒胸露右臂，腹部系结，双手掌心向上，拇指与食指结成环状对顶置于足上，结“上品上生印”，佛像后有圆形身光和头光，外部饰火焰纹。左右两尊胁侍菩萨高 0.8 米，宽 0.7 米，姿态端庄，头戴宝冠，披帛搭于两臂，腹部系结，双掌合十于胸前，圆形头光饰以火焰纹。造像左侧阴刻“南无”两字，下部幡状图案，高 1 米，宽 0.25 米，镌刻题记：“功德主陈和锥、叶□向，工效共造阿弥陀佛、观音、势至菩萨三世永充供养。辛未岁六月一日记。”造像左前方有六楞瓜腹状石龛，外径 0.7 米，内径 0.4 米，疑为佛塔构件，如意壶门内有浮雕佛像，结跏趺坐于莲花座，结施无畏与愿印。

三圣佛旁有“十三太保”榕之三足鼎立榕，为小叶榕，高 20 多米，冠幅 50 多米，母株居中主干朝南倾斜，东北向子株为骑墙榕，下部分枝将三圣佛所在岩体包裹，西北向子株为盘石榕，盘根虬错，共同形成三足鼎立之势。榕树为福州市树、福建省树，其枝叶茂密夏可遮阴，气根发达独木成林，是华南地区广泛分布的乡土树种。乌山南麓为明府城南端，望潮峰因可望台江潮汐得名，为乌山三十六奇之一，此处曾有榕树坪，因植古榕十三株俗称“十三太保”，三足鼎立榕为“十三太保”榕遗存之一，树龄数百年。古榕枝叶繁茂如巨伞蔽日，与三圣佛造像岩壁共同形成了宜人的小气候景观，默默庇佑着福州城内百姓。（邱婷）

林浦瑞迹岭白佛造像

林浦瑞迹岭白佛造像位于城门镇林浦村狮山自然村瑞迹寺以东的道路岩壁上，距寺东南山门约 200 米，西南向。瑞迹岭旧属闽县开化里，得名于山顶裸露巨石上有两块脚印状凹陷，长尺余，传说为仙人铁拐李下凡足迹。

宋淳熙《三山志》载："大中六年，有邵环者游山间，顿闻异香，又白光粲然。环乃即其光而往，见银色化佛，须臾入枯木，光亦不散，

林浦瑞迹岭白佛造像

林浦瑞迹岭观音亭

因现足迹于磐石。后人于石对凿一迹，未几亦磨灭，而旧迹独莹然，因刻像，有祷必应。”志书详细记载了唐大中六年（852），里人邵环登山时遇见雷电中银光显现一佛影在岩壁，于是凿成佛像供奉，故白佛又称雷劈观音。

明天启六年（1626）季春，邑人用花岗岩条石建石屋保护造像，门柱阴刻：“雷劈观音古迹，天启丙寅年季春”，门额镌刻“南无释迦如来”。1983 年 8 月，瑞迹岭白佛被福州市人民政府公布为第二批市级文物保护单位。1988 年，信众捐建了观音亭，以保护石屋和造像。

造像高 108 厘米，宽 60 厘米，磨光发式，面容丰腴，双耳垂肩，有圆形头光，结跏趺坐于须弥座，两足双盘后掌心仰于二股之上。佛像内着交领衣于腹部系结，右袒式袈裟领口为荷叶边。右手曲臂于胸前，掌心向外，食指、中指伸直并拢向上，拇指压无名指、小指弯曲，成剑印；左手自然下垂搭于左膝。佛教的手势又称“印相”“手印”，是佛教教义的重要标志，也是佛造像的典型特征，常见有“释迦五印”：施无畏印、与愿印、说法印、降魔印和禅定印，密宗手印有上百种，经查阅，本造像手势为唐密宗胎藏界修法手印。密宗全跏坐有“降魔坐”和“吉祥坐”两种，先将左足压右股，后将右足压左股为“吉祥坐”，又称“莲花坐”，反之为“降魔坐”。

石屋面宽 3 米，进深 1.5 米，高 2.3 米，屋内右侧墙面上方条石雕有狮子绣球和牛头图案，饰有如意云纹外框。相传狮山形似母狮，与周边山体形成“双狮戏球”之势，风景极佳。（邱婷）

城门山飞来石佛造像

城门山飞来石造像位于城门镇的城门山上。城门地名由来已久，一说晋代郭璞择址建城，初拟设城门于此，故名；另说唐末闽王王审知曾在此驻军，以木栅栏为营，而得名柴门，后讹传为今名。晚唐五代时期，著名高僧玄沙师备出生于此。《宋高僧传》说他“少而憨黠，酷好垂钓”，或许南台江就是他出家前泛舟垂钓之处。如今，城门镇仍有唐宋以来大量佛教文物遗存。

城门境内有城门山，早在宋代的《三山志》中已见其名。城门山中有鳌顶峰、魁星岩、飞来石诸胜，以飞来石最为传奇。曹学佺《大明一统名胜志》中说：“（飞来石）大可数丈，高三丈余，离地二三寸，有数小石如鸭卵支其下，默而推之则动，或预语往推，虽数十人共力不动也。”所谓飞来石，实际上是风动石，其下有础石支撑，当地民俗又形象地称呼其为“大小猪”或“猪牳猪仔石”。支撑飞来石的础石上凿有一佛龛，乃宋代摩崖造像。

城门山飞来石造像共有四尊，四像同处一龛，均为浮雕。佛龛北向，高约 80 厘米，宽约 130 厘米。龛外两侧都有楷书阴刻，字迹已较为模糊。左侧为“元丰五年夏月初十日石”，右侧可辨识者有“绍兴壬午”“梁全造”等字。北宋元丰五年（1082）与南宋绍兴壬午（1162）间隔 80 年，有可能经过补雕或改凿。历代地方志中均未见此地建有寺院的记载，不知该摩崖造像因何而开凿。

龛中的四尊造像为地藏菩萨、泗州僧伽及两名侍者。虽然因年代久

城门山飞来石佛造像

远，形容模糊，但地藏菩萨与泗州僧伽造像均为标准形象，易于辨认。地藏菩萨像高约 74 厘米，宽约 41 厘米，现沙门相，右手持禅杖，左手持宝珠，结跏趺坐，下承束腰仰覆式莲座。泗州僧伽像高约 71 厘米，宽约 34 厘米，头戴风帽，手施禅定印，结跏趺坐，下承莲座造型独特，由仰莲、束腰、荷叶组成。两尊侍者像大小相近，高约 61 厘米，宽约 19 厘米，居左者披帽着俗衣，居右者光头着僧衣，均合十立于三足台上。

地藏菩萨与泗州僧伽均为唐宋时期盛行的佛教信仰，尤以泗州僧伽信仰在福建有着较为深远的影响。僧伽是唐代入华的西域高僧，因其神异事迹和人格魅力，在民间与皇室均获得极大的声望，被普遍视为观音大士的化身。唐宋时期，在社会各阶层的共同推动下，以泗州普光王寺为中心的僧伽信仰在全国范围内盛行。明清以后，僧伽信仰因观音信仰的广泛普及而逐渐衰落，但在福州依然流行，并与道教、民间信仰相结合形成泗洲文佛信仰，又作泗洲佛、泗洲神、泗洲公。

福州还有在榕树上设神龛敬泗洲神的传统。相传古时有一泗洲人到福州当官，病时祈求泗洲神，忽见榕树现一道光芒，其病立愈。人们以为是泗洲神显灵，遂在榕树置一小神龛供奉泗洲神，因而相沿成俗。今天仍能看到一些古榕上设有小神龛，安放香炉，挂红布幔。每月初一、十五，人们便在榕树下焚香膜拜，以祈求泗洲神保佑。（孙源智）

马尾东岐山造像

马尾东岐山造像位于马尾区亭江镇东岐村，东岐古码头是闽安邢港古航道的一部分，为古代海上丝绸之路的重要见证。临近古码头的小山名东岐山，有摩崖题刻、造像多处，其中造像一处，通常被称为东岐山观音造像及题刻。该像位于今长安海关内，镌于路旁岩壁上。造像的主体实际是一座典型的宝箧印经塔，观音与题记均位于塔身。

该宝箧印经塔造像外形做单层束腰状，由基座、塔身、塔顶三部分组成。塔顶四角立山花蕉叶，正中立塔刹、相轮，塔刹隐约作葫芦形顶尖。塔身方形，造像仅呈现正面，靠基座处开有一佛龛，龛内刻有坐像，即所谓观音造像。基座分为多层，每层间错落有致。塔身镌有 5 行 38 字题记："僧义璋、妙宝募缘建会坪田亩结基铺路计二百二十丈，庆元丁巳鸠工，开禧丁卯告毕，爰纪于石。"该铺路工程自庆元三年（1197）开始，至开禧三年（1207）结束，历时 10 年，摩崖造像为完工时所刻。

宝箧印经塔是南方常见的佛塔类型，由古印度的窣堵坡发展而来，因最初用于供奉《一切如来心秘密全身舍利宝箧印陀罗尼经》而得名。五代时期，吴越国王钱弘俶仿古印度阿育王事，用金铜精钢造八万四千塔，中藏《宝箧印心咒经》，时称金涂塔，即宝箧印经塔。受其影响，宝箧印经塔广泛流行于长江以南地区，俗称"阿育王塔"。

福建与吴越相邻，文化相互影响。五代时，福州属吴越国管辖，连江与闽侯均曾出土钱弘俶所造的金涂塔。钱弘俶所造的金涂塔为小型

马尾东岐山造像

金铜塔，传至福建后演变成大型石塔，功用也非常多样。仙游的天中万寿塔为国内罕见的大型宝箧印经塔，高达 7.4 米。福州涌泉寺、泉州开元寺、莆田广化寺、厦门梵天寺等也均有古代宝箧印经塔实物保留。福建民间又常将宝箧印经塔修造于路边、桥头，兼有镇妖、祈福、改善风水之意。根据题记来看，马尾东岐山宝箧印经塔造像显然是为纪念僧义璋、妙宝募缘修路所造，或许是由于条件所限，当时的人们以摩崖造像代替了石塔。

东岐山造像距东岐古码头不远。在泉州江口文兴码头也有一座宝箧印经塔，是福建古码头附近建造该类宝塔的又一实例。文兴码头的宝箧印经塔四面雕有佛菩萨头像，被当地人俗称为“四面观音”。东岐山造像塔身佛龛中的坐像通常也被认为是观音菩萨，造像所在山岩以观音岩命名，显示了观音信仰在民间的影响力。（孙源智）

永泰名山室造像

永泰名山室造像位于永泰县大洋镇名山室东室灵龟洞，是一处摩崖浮雕造像群。造像高 3 米，宽 10 余米，浅浮雕形式，凿于洞内峭壁上，雕凿刀法稚拙，造型简朴瘦小，当出自民间工匠之手。造像雕于宋元时期，部分风化严重，难以辨认，但多数清晰，雕凿内容丰富，形象生动，以佛教故事为主，直观地反映了宋元时期社会文化、风俗人情、经济发展、居住建筑等各方面的历史面貌，也从侧面反映了宋元时期石窟艺术在南方发展的轨迹，是极其重要的宋元研究实物资料。

摩崖造像分宋、元两期。宋代造像位于造像群左上方，其人物相较后期造像人物面积更大，但细节漫漶难辨，仅残留象鼻、象耳的轮廓还比较清晰。在佛教传说中，六牙白象为普贤菩萨的坐骑，专家据此推断此处造像应为佛教中常见的“华严三圣”造像。元代造像保存较为完好，其内容涉及佛教、道教、白莲教等题材，其中最为著名的是位于石室正中的“白莲菜”莲社七祖造像。

莲社七祖造像包括一尊阿弥陀佛立像与七尊比丘立像。阿弥陀佛像立于莲花之上，一手下垂做接引状。七尊比丘在佛像下并排站立，前排五人，后排二人，头上刻有莲花，其中有两人分别手执金刚铃、金刚杵。七人都是我国历史上著名的高僧，即慧远、善导、承远、法照、少康、延寿、省常，为中国佛教净土宗所尊崇，合称“莲社七祖”。

据著名佛教考古专家温玉成研究，名山室莲社七祖造像为国内罕见的白莲教造像遗迹。白莲教原称白莲宗，为南宋初年茅子元（法名慈

名山室灵龟洞佛教故事造像

照）在当时流行的净土信仰的基础上所创。该宗虽源出佛教的阿弥陀佛信仰，但源同流分，逐渐发展为独立的民间宗教。由于教义简单，经卷通俗易懂，白莲教迅速在民间流行，尤其在闽浙赣等地拥有广泛的群众基础。后因遭到朝廷封禁，白莲教相关造像及石刻摧毁殆尽。名山室“白莲菜”莲社七祖造像或由于地偏一隅，得以幸存。

名山室造像中的其他佛教造像，大体可分为佛本行故事、佛本生故事、佛教史迹故事三类。佛本行故事即佛教创始人乔达摩·悉达多的生平故事，在名山室共保存有十处场景。其中一组位于华严三圣残像下方，包含太子诞生、九龙浴佛、太子出家、游观农务、树下悟道、魔王

干扰、地神作证、修成正果八个场景。另有两处单独的场景，其一位于莲社七祖造像右侧，为鹿野苑说法图。另一处位于华严三圣残像左侧，为佛陀涅槃图。名山室的十幅佛本行故事造像，完整涵盖了佛陀从出生到寂灭的过程。

佛本生故事是释迦牟尼佛在过去世为救度众生而行布施、忍辱、牺牲等种种善事的故事。该类题材内容丰富，名山室现存“舍身饲虎”与“天人赞鹤”两组本生造像。舍身饲虎出自《贤愚经》，即萨埵太子为救饥饿的老虎而牺牲自我的故事，是我国佛教艺术中最流行的本生图之一，在克孜尔、敦煌、麦积山、云冈、龙门等石窟均有大量发现。名山室的舍身饲虎造像位于造像群右侧，分为郊游、跳崖、饲虎三个场景。天人赞鹤出自《六度集经》，讲述的是佛前世为鹄鸟，因无食物便撕下自己的肉来喂养幼鸟，但幼鸟闻出母亲气味绝食而死，仙人见此赞叹母慈子孝。名山室的天人赞鹤造像位于造像群左侧，现仅能看出一大一小两只鹤，且图像附近还有一只龟，因此也有人认为该造像取自民间常见的“龟鹤延年”题材。

佛教史迹故事，即表现佛教传说与传播历史的故事，名山室现存“康僧会传法”与“石佛浮江”两组故事造像。康僧会是早期来华传播佛教的著名西域高僧，在三国时期渡海来到东吴，利用佛舍利神异劝说孙权设建初寺，为江南佛寺的发端。名山室造像将其分为“经来海上”“游化东吴”“舍利奇迹”“朝殿对辩”四个部分，来展现这个故事。“石佛浮江”描述佛教早期传入中国的一则著名传说，据说在西晋末有两尊石像乘船渡海至吴淞江口，巫祝与道士迎之不成，只有奉佛居士朱某将其顺利迎请上岸，安置于通玄寺中，该事经东晋高僧慧达的记载而广为流传。名山室造像分为六个场景，充分还原了整个故事过程。“康僧会传法”与“石佛浮江”都是佛教从海上传入中国的故事，对江南地区佛教的发展也均有着重要意义。

名山室本为道家修仙圣地，传说东汉著名方士徐登曾在此飞升。名山室造像群中也有以徐登故事为题材的道教造像，分为“仙人弈棋”“二人同修”两个场景。南宋文人张世南曾游名山室，在《游宦纪闻》中记载：“徐（登）本牧儿，饭牛山椒。一日，闻乐声出林杪。缘崖造观，至则有二人弈。拱立良久，遗徐棋子一，叱令归……有赵真君（炳），不远千里访之，以所得秘密，与之参契。”名山室的徐登故事造像与张文所记一致，呈现了在福州长期流传的徐登传说的场景。

除以上白莲教、佛教、道教题材外，名山室造像中还有疑为大禹、关公等题材的画面，显示了其多元文化的内涵。（李剑　孙源智）

永泰名山室

连江透堡造像

连江透堡造像位于连江县透堡镇北街村西侧 1.5 公里的香炉山下，当地人称其为“石头佛”。

香炉山，也叫香炉峰、炉山，据《连江县志》记载：“香炉峰，在安德里，山博厚圆秀，顶如香炉状，有窝亩许，产茶最佳。《九域志》云：邑人章寿学道于此，得仙，有炉尚存……嘉祐三年，降金龙玉简，以祈圣嗣，法侣朝拜，王、谢仙迹在焉。”宋代透堡籍两优释褐状元郑鉴有诗赞：“峙立苍茫紫翠间，疏帘半卷镇长闲。神仙自有祈年术，一缕青烟起博山。”

在炉山下通往炉峰寺的古道边，有一座白马尊王亭，连江透堡摩崖造像就在亭后 25 米处的花岗岩石壁上。

造像坐西向东，通高 120 厘米，宽 65 厘米，呈自在舒坦的姿态盘坐在岩壁凿成的佛龛内。头戴高宝冠，面部丰腴圆润，慈眉善目，鼻翼舒展，两耳垂肩，身穿对襟袈裟，帔帛沿体侧下垂，胸前挂网状瓔珞，腹部及两腿间各垂绦带，右膝立起，左足半趺，右臂曲肘，搭于膝上，左手拢入袖中，撑于膝后，纹饰运用浅雕、浮雕工艺。此像线条流畅，层次分明，表现出高超的雕刻艺术。

雕像的年代无考，据《连江文化遗产》记载，此雕像名为“宋代浅浮雕菩萨石刻坐像”，“根据线条、雕刻、纹饰断定，应是南宋时期雕刻，具有一定的考古参考价值”。但炉山在南宋之前还是道家仙山，山上仅有供奉章寿的章仙坛，未见佛教寺庵及该信仰其他遗迹，故此说

连江透堡造像

存疑。

而据村民介绍，因为这处石壁面向东方，朝起晨曦璀璨，夕照云霞绚烂，吸日月精华，非常神圣，当地人为了保护它不受破坏，故在其上凿刻石头佛。石头佛的右眼略有损坏，据村民介绍，民国时期，有南街黄姓财主欲在此起墓，屡建不起，后将石头佛的右眼敲去，墓才得以造成。（林强）

象山仙人洞造像

象山仙人洞造像位于新店镇益风村象山南麓，作为象山摩崖石刻的组成部分，于 1998 年被晋安区人民政府公布为文物保护单位。

象山造像位于仙人洞前方，因石头形状嶙峋，切割时按边线，故放置时向右倾斜。佛像为浅浮雕，高 2.3 米，宽 1.4 米；头部高 92 厘米，宽 65 厘米；结跏趺坐，头缠螺髻，面容丰腴，两耳垂肩，着交领衣，两侧肩胛骨处各有两圆环，连环扣状，圆环用途待考，疑为双环饰耳或

象山仙人洞造像

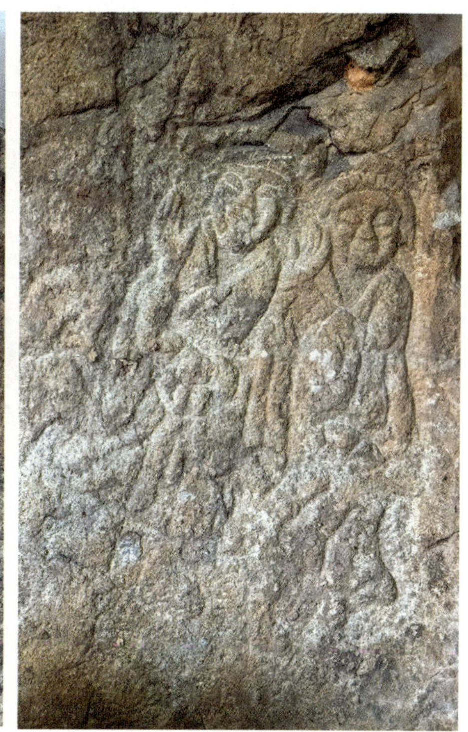

仙人洞造像局部

佛衣钩纽。笔者研究发现密宗佛像常见双耳戴环，耳环为八种珍宝之一，为苦行者饰物。原福州郊区文管委主任黄荣春先生推测圆环疑似闽越族人标志。而佛衣钩纽样式为汉传佛教特有，袈裟扣多为单环，装在左肩前方，未见双环造型。

佛像右下方有一男一女两尊供养人立像，高 63 厘米，宽 48 厘米，身着交领长衣，作虔诚供养之态。男子双手上举至耳边，掌心向前；女子双手藏于袖中，慈眉善目。在供养人上方刻有唐诗僧寒山《吾心似秋月》一诗，题刻高 36 厘米，宽 30 厘米，字径 6 厘米，楷书，上部字迹已漫漶不清。寒山子的禅诗配上青玉洞周边的自然人文景观，让过往行人体会其中的禅心高洁，清明安然。在石头左壁上方有三尊线刻立像，线条随意，风化明显，年代待考。右边一尊侧身，高 103 厘米，宽 41 厘米，着百褶裙，双腿交叉，赤足，手捧一物，疑似祭祀或舞蹈；左边两尊侧身相叠，高 140 厘米，宽 93 厘米，疑为仙人或供养人像。

历史上沿宝华山涧溪流两侧石刻众多，后因修路、筑坝等导致大量石刻被毁或填埋，现存石刻有“福、禄、庆”三字榜书、“麟”字榜书、清魏杰“宝华山青玉涧仙人迹”七绝题诗、黄安匡念友人孝德题刻，以及迁移保护的“青玉涧”“青玉峡”和象山造像等。福州市晋安区地方文化研究会组织专家学者多次对象山摩崖石刻展开深入调研与考证，发现榜书为北宋进士槐京“包帚”所书，“青玉峡”疑为米芾题刻，并在溪流上游新发现“散珠”“陈公清流之泉”“元仙府洞”“宝华山”“一溪云”等题刻，将象山摩崖石刻断代前推至宋代。

据晋安区地方文化研究会考证，魏杰在《乙丑季春望日游宝华山青玉涧寻仙人迹》诗引中详述了宝华山溪和仙人洞胜迹：“宝华山在北关外三十八都象山之后，其间有青石涧，流泉最佳，大旱弗涸。上通丹阳岭，行人往来之路……涧中有仙人巨迹。上有石洞，深二丈余，广一丈余，洞额篆书‘仙翁禅室’四大字，岩壁镌有三宝及护法像，旁镌小偈云：‘吾心似秋月，碧潭清皎洁。无形堪比论，文采如何说。’洞前有圭石。延陵吴启书‘宝华山溪’四字，又‘天下第一山水’六大字，‘罗汉坛’三大字。石上有隶书数十字，模糊莫辨。洞前案有丹炉峰挺秀，溪山清净。惜乎修郡志时无人采访，胜迹未详。”可见彼时宝华山溪流潺潺，清潭净心，遗憾石刻鲜为人知，旧志也未见提及。2010 年因合福高速铁路象山段隧道建设，仙人洞遭掩埋，经益凤村村民全力争取，将造像及“青玉涧”“青玉峡”“松峦”石刻就近迁移保护，造像现位于“福、禄、庆”榜书西侧庙内，避免自然环境侵蚀并立坛供奉，其余石刻置于庙旁空地。（邱婷）

福清瑞岩弥勒造像

福清瑞岩弥勒造像位于福清市海口镇牛宅村瑞岩山麓，是全国重点文物保护单位。像就花岗岩的自然形态雕琢而成，高 9 米，宽 8.9 米，厚 8 米，是福州现存最大的弥勒石雕像。弥勒像旁的瑞岩山上，有宋以来摩崖题刻近百个，元代王伯显、明代叶向高、戚继光等刻较为著名。造像于 1985 年列入省级文物保护单位，1996 年列入全国重点文物保护

福清瑞岩弥勒造像

福清弥勒岩景区

单位。

弥勒石雕造像形态生动，袒胸露腹，身披袈裟，盘腿而坐。左手捻珠，右臂垂腹。两眼平视，双耳垂肩，开怀大笑。身体右侧一束口大布袋，上裂一口，一童子探头而出，并以双手执裂口，憨态可掬。另有两个童子，一个位于右腿外侧，短发一缕，头部转向布袋，坐姿松弛；另一个位于腹部左侧，模样略同前一童子，但双手持物。

弥勒像外，尚存原石佛阁的十根石柱，柱上刻“愿天常生好人，愿人常行好事”等对联。弥勒像及石佛阁原是瑞岩寺一部分。明万历年间《瑞岩山志》记载：“瑞岩寺，在（瑞岩）山之南，不知建自何代。宋宣和年间（1119—1125），团栾居士就隐焉。寺毁于嘉定（1208—1224）末年，遂无重兴之者。其址广数亩，尽为平园。”“石佛阁在寺之右，地较寺稍低。……唐时，水部郎中陈灿厌禄，归隐其间，号为弥勒小隐岩。”

弥勒造像年代为元末。元至正年间（1341—1368），邑人吕伯恭鸠匠人百人刻就。后石佛阁倾圮。明洪武二十三年（1390），僧悟普构堂覆之。万历十一年（1583），镇守福建总兵王尚文等重建，额曰“弥勒天堂”。万历三十年，僧人海宁募缘再次重修。泰昌元年（1620），叶向高募缘重建，并增建魁星楼。清同治元年（1862），阁毁圮。

值得一提的是，戚继光于嘉靖四十三年（1564）撰《瑞岩开山记略》，立碑于弥勒像左：“寺之西垣外有弥勒石像，高数丈， 乃就地中石为之，镌制颇佳。余兴剧时，每集众宾坐于肩乳、手腕、足膝之上，分韵赋诗，间以歌儿，鳞次高下，传觞而饮。”

福清瑞岩弥勒造像是我国古代石雕艺术的佳作，它通身由白色花岗岩雕琢而成，唯独肚脐处是青色花岗岩。旧时福清民间有“蹴（敲打）腹塞（肚脐），会发财”之说，常有好事者前往敲打弥勒肚脐，亦是滑稽。（李剑）

埠头山造像

凤池山白云洞是鼓山名胜之一，虽然迟至明中叶才得以开发，但迅速成为文人雅士的新宠，明代学者徐兴公就说："登鼓山不可不至白云洞。"白云洞前长涧若渊，在隔涧相望的崖壁上是俗称"十八罗汉"的埠头山摩崖造像。造像位于埠头山西坡峭壁上，积翠庵登山古道有岔路可往，然路途险峻，人迹罕至。

该摩崖造像西向，一组佛像分布于宽约 10 米的峭壁之上。造像分浮雕和阴刻两组，浮雕有 9 尊佛像，其中 6 尊完整，1 尊头部较完整，2 尊头部仅有圆形轮廓；阴刻有 2 尊佛像，其中有 1 尊完整，1 尊仅凿出圆形头部。较完整的数尊佛像通高大致为 88 厘米至 160 厘米不等，其余几尊似未完成。这些佛像风化严重，面容、衣纹都非常模糊，雕刻程

埠头山造像

埠头山造像

度也有所不同，难于断定名称，但大致来看均为佛陀坐像。其中较完整的造像头顶螺髻，面容饱满，鼻梁挺拔，长耳垂肩，颈纹三道，身着交领袈裟，结跏趺坐，双手于身前结印，似乎持有法器。底座侵蚀严重，依稀可见莲花或云纹装饰。

埠头山摩崖造像的名称尚有争议。当地通常称之为“十八罗汉”，或是因造像数量多的缘故，实际上该组造像并无十八尊之多。又有一说认为浮雕造像中较完整的 6 尊为“六罗汉”，意指佛陀和初度五比丘，但汉传佛教罗汉造像题材中罕有六罗汉的造法。再者，罗汉题材造像往往姿态不同，该组造像虽然不甚清晰，但造型相近，亦不相符。还有一种说法，认为该组造像表现的是七佛题材，但缺乏足够的证据，数目上也有出入。

如今，埠头山摩崖造像立于悬崖峭壁之上，神态沉静，无声注视着福州的沧桑变化。这组造像无纪年题刻，其年代也有待探讨。（孙源智）

福清半岩亭造像

福清瑞岩山半岩亭造像，位于瑞岩山观音洞的岩顶，与瑞岩塔下独醒石相邻。在岩壁凿一个高162厘米、宽110—119厘米的佛龛，龛内雕两尊造像，一只飞鸟，均为高浮雕。正中为男子造像，站立，高137厘米，宽43厘米，头戴帽，身穿佛服，脚踏莲花座，两手横于腹部，其右手伸出手指贴于胸前，形态端庄，肃穆庄严。佛像右侧有一尊童子坐像，赤脚，坐于莲花之上，双手朝立像合掌，做祈求状。佛像左上侧

瑞岩山半岩

半岩亭造像

雕一只飞鸟，似飞雁。

造像名称一说为大士与善财像，明《瑞岩山志》、清《海口特志》、民国《续海口志》合刊的《海口志》记载："半岩亭……乃一石室，中有大士并善财像，皆就石壁琢成者。前有小石塔，即与独醒石对峙。"大士，佛教称为佛和菩萨，如观音大士；善财，即善财童子。此造像应为童子拜观音。观音，原译作观世音，唐代避太宗李世民名，略去"世"字。观音有男相和女相。福州十邑现存观音造像多为女相，少数为男相。闽侯县竹岐乡观音寺今尚存一尊雕刻于元大德五年（1301）的男相观音。瑞岩山造像两侧有摩崖石刻，因年久风化，难于识别。此造像疑凿刻于元代，尚待进一步考证。（李剑）

通往半岩亭的香山洞

乌山雷劈观音造像

福州乌山北坡有雷劈观音造像两处，一处位于山巅石壁岩，一处位于北坡大士殿。清郭柏苍《乌石山志》记载，“明嘉靖初，华严岩雷震巨石成观音像，名曰雷劈观音，万历间建为大士阁。又山之阴有赖壁观音极灵，俗亦呼雷劈观音。”

山巅石壁岩观音像位于通向石天景区的大路旁，外建有石壁观音亭以作保护，现仍有香火供奉，很有可能就是《乌石山志》中“极灵”的赖壁观音。岩壁上呈品字形刻着三尊造像，中间为观音菩萨，合十立于莲台之上，善财童子与龙女分立两侧。三像均为高浮雕造像，雕工精致，外饰金身，并无古意，均系20世纪80年代末信众捐资在原浮雕的基础上用水泥重雕。石壁观音亭旁有清福建陆路提督马负书所题的“道山真境”四字。

北坡大士殿观音像的记载出现较早，在明代王应山《闽都记》中已载有其事。往前追溯，杨应诏在嘉靖四十年（1561）所作《游乌石山记》也提到该造像：“迤竹坪下瞰，石观音像嵬立岩侧，世传唐天宝八载五月某日，山中雷雨大震，涌出者。载欧阳詹《记》中。”杨应诏游乌山距雷劈观音“现世”仅过了几十年。他显然误将该观音像与欧阳詹所记“雷震石成佛像事”相混淆，但不排除雷劈观音传说的出现是受到欧阳詹文章的影响。

乌山寺庙宫观众多，雷劈观音所在的大士殿在其中算不得名刹，其命运也极为坎坷。明万历间，有僧人创庵于此，名大士阁，后毁弃。清

乌山石壁亭

乌山大士殿造像

乌山雷劈观音造像

乌山大士殿

顺治十八年（1661），有人重建大士准提殿，至康熙初拆为平地，乾隆间（1736—1795）又重建，此后屡有重修。2004年，大士殿失火，化为灰烬，直到近年才得到复建。几经磨难，那尊传奇的雷劈观音像也很难保存原貌了。今所见的大士殿观音像修复痕迹较重，外塑以金身，若非背后仍与一块天然石体相连，已很难看出有任何与“雷劈”相关的特征。

乌山历史上曾有不少观音像，其中最著名的是僧广惠所琢的石观音像和僧宗颜所刻的木观音像。但人力所为毕竟没有天造地设显得神奇，福州百姓最津津乐道的还是雷劈观音像，即使石壁岩与大士殿造像均非原貌，至今仍然不减浓厚的生活气息。（孙源智）

福清福庐山造像

福清福庐山造像位于福清市龙田镇福庐山麓，福庐寺边，1999年列为福清市第三批重点文物保护单位。全像高3.15米，宽4.06米，厚2.8米。是利用一块人形花岗岩雕琢而成。

石仙屈膝盘坐，袒腹含笑。右手做拊耳状，意为“耳听北方好消息”。造像凿于明万历年间（1573—1620）。相传当年叶向高正在指挥

福清福庐山公园

开山劈石，突然朝廷召其进京，凶吉未卜。石匠闻讯，凿石以志吉。叶向高后来逢凶化吉，官复首辅之位，

张德濬见造像有感，撰《石仙》诗以抒怀：“羽化何时不记年，耳听消息总茫然。只从林麓相朝暮，不管桑田几变迁。石里泉流沙里汞，烟中霞见火中莲。为询世上熙熙者，何似山间一醉仙。”

石仙造型匀称，线条流畅，形神兼备，惟妙惟肖，为福庐山重要一景。当地人相传，以石敲击石仙腹部，便可日进万金，于是好事者纷纷前往，几百年来，石仙腹部千疮百孔，敲痕累累。（李剑）

福清福庐山石仙造像

鼓山佛字造像

鼓山佛字造像位于鼓山的更衣亭东。

鼓山位于福州东郊，是国家级风景名胜区，早在两晋时期就有“左旗右鼓，全闽二绝”之誉。鼓山涌泉寺始建于唐建中四年（783），为闽刹之冠。从瞭望台通往涌泉寺的古石蹬路是闽王王审之在后梁开平二年（908）重建寺庙所辟。古道北侧聚集了大量摩崖石刻，除名人游历、感怀抒情所题外，不乏与佛教相关的石刻造像，如本文所载佛字造像，鼓山西坡埠头山唐宋时期摩崖浮雕佛像九尊，灵源洞国师岩西南面溪涧岩壁竺道生摩崖造像等。

佛字造像位于更衣亭以东步行 130 米“心静意空”摩崖石刻群内，

鼓山观音亭

鼓山佛字造像及林秉淳“眼底浮云”题刻

是去涌泉寺烧香礼佛必经之处。拾阶而上，可见石壁西侧清咸丰元年（1851）林秉淳榜书“眼底浮云”的“浮”字上方阴刻一佛字，线条笔法圆润，如行云流水般形成一尊结跏趺坐诵经状佛像。佛像宽 43 厘米，高 72 厘米，边款行书“南无佛陀清”，字径 7 厘米。“南无”是梵文“namas”的音译，佛经中读为“nāmó”，表示礼敬和皈依。“佛陀”是对觉者的尊称，达到自觉、觉他和觉行圆满者便称为佛，常用来指代佛教创始人释迦牟尼。“清”无确切资料记载，疑为刻字僧人法号。

“眼底浮云”四字隶书，字体方正，增加篆籀笔意，更显古朴；上款楷书“咸丰元年”；下款楷书“林秉淳书”。林秉淳字廉叔、子由，号惠臻，侯官人，林直胞弟，曾任浙江於潜、嵊县知县，诗书兼擅，与江湜等诗友交游甚好。龚易图在《乌石山房诗稿》卷五《岁暮怀人诗二十二首（其八）》中赞其书法精妙：“与君立马吴山日，篆法离奇学邈斯。好取铭功烽火急，擘窠大字待题碑。林廉叔大令。”

佛字造像与榜书相得益彰，于鼓山静心礼佛，坐看世事沉浮，心中波澜不惊，正如南宋诗人吕本中诗云：“胸中沧海无水旱，眼底浮云看舒卷。”（邱婷）

鼓山竺道生造像

鼓山竺道生造像位于鼓山灵源洞南侧溪涧西壁。东向，阴刻，高245 厘米，宽 190 厘米。像中一僧，貌似胡人，络腮胡子，僧帽僧袍，结跏趺坐于蒲团，低头捧读经书。像左侧大字：“顽石点头”。旁边小字落款：“庚午夏日与王清祖、王灼祖、林士新、林继山、戴宴琳、窗弟、清润，侄汝璧，男汝房同游到此。仙游李霞。”

如果没有“顽石点头”四字，极易误认为这是达摩。“顽石点头”是竺道生典故。竺道生是魏晋南北朝时期高僧，相传来自天竺，其实是

鼓山竺道生造像

河北巨鹿人，原姓魏。因幼从梵僧竺法汰出家，故改姓竺。后跟随鸠摩罗什，列为鸠门四大门徒之一。竺道生主张人人皆有佛性，一阐提人皆可成佛，时人称之“生公”。

《佛祖统纪》卷二十六记载：“师被摈南还入虎丘山，聚石为徒讲涅槃经。至阐提处则说有佛性，且曰：‘如我所说契佛心否？’群石皆为点头。”此即“生公说法，顽石点头”由来。苏州虎丘还有一石曰“生公台”，传说是当年讲经处。苏州沧浪亭有一“生公说法图”碑，所画大异鼓山。碑中生公不留胡子，面貌慈祥，乃中土和尚造型。

李霞（1871—1938），字云仙，号髓石子、抱琴游子，仙游人，民国时期画家，仙游画派创始人，和李耕、李可信并称为“莆仙三李”，以大胆泼辣、古拙大气而著称。擅长人物画，多绘佛道、名将、高士、仕女。李霞 16 岁就为当地寺庙创作佛像壁画，被认为是任伯年之后，徐悲鸿、蒋兆和之前的杰出画家。李霞交流颇广，其画作颇受名流赏识。陈宝琛有诗赠曰：“仙游大画家，寄迹西禅境。遗我古美图，笔姿含秀挺。”鼓山竺道生造像，人物形神兼备，具有李霞典型的画风。线条粗阔，墨色浑朴，用笔灵活，节奏畅快，画风深受黄慎影响。（李剑）

第七章 遗闻轶事

遗闻轶事是石刻内容的组成部分，相对于正史而言，它的内容往往能直观地反映古人思想意识和生活情状，这些内容遂成为后人了解古代社会的重要途径。福州摩崖石刻见证闽都诸多历史事件，留下许多不为人知的事迹。这些记载既弥补正史在记述人物活动方面被忽略的细节，也反映历史人物的活动与交游状况。游客在欣赏石刻的同时，可以增广见闻，并从中感受历史的真实。

李阳冰般若台书刻

般若台，大唐大历七年著作郎兼监察御史李贡造。李阳冰书，住持僧惠摄。

李阳冰“般若台”题刻

这段石刻位于乌山的清泠台侧，采用小篆书写，是乌山上最古的题刻。据史料记载，此石刻完成于唐大历七年（772），至今已有超过1200年的历史，与浙江处州的《新驿记》、绍兴的《城隍记》、丽水的《忘归台铭》并称为天下四绝。原迹位于华严岩旁，20世纪70年代被毁，1982年福州市文物管理委员会根据馆存拓片于清泠台右上侧重镌了这部作品。书者李阳冰，字少温，为李白族叔，曾为李白作《草堂集序》。唐乾元时为缙云县令，官至将作监，唐代文学家、书法家。他善辞章，工书法，尤精小篆，自诩“斯翁之后，直至小生，曹喜、蔡邕不足也”。他笔下的篆书“劲利豪爽，风行而集，识者谓之仓颉后身”，被尊称为“篆圣”，与秦代李斯并称“大小李”。他的篆书，既深植于秦汉刻石的古典土壤，又在遒劲之中孕育出一种超凡脱俗的逸趣，享有“笔虎”的美誉。

乌山清泠台

般若台为一巨大岩石，据传古有沙门持《般若经》于此，日不释手，因是得名。般若，源自梵语，意指超越世俗的智慧。《般若台铭》的内容简洁明了，铭文为："般若台，大唐大历七年著作郎兼监察御史李贡造。李阳冰书，住持僧惠摄。"康有为称"篆书大者唯有少温'般若台'，体近咫尺，骨气遒正，精采冲融，允为楷则"。少温指的便是李阳冰。虽然李阳冰本人并未到过福州，但他的族人、任著作郎兼监察御史的李贡，在唐大历七年向他讨得"般若台铭"墨宝后勒于乌石山上。

《般若台铭》24 字，名声久盛不衰。及至北宋末年，靖康之变骤起，宋哲宗之女吴国长公主偕同驸马潘正夫仓皇南渡，避乱途中特地驻足福州，寻访乌山之巅，只为一睹李阳冰篆书真容。

在乌山的霹雳岩处，公主与驸马留有石刻记述，文中写道："靖康之间，金人犯阙，二圣北迁……循赣水走湘湖、濒南海而达闽川，馆于福唐之神光，因登乌石山，观李阳冰篆，乃得古人之遗意……"落款上驸马潘正夫之名跃然石上。在颠沛流离之时，仍能寄情于艺术，足见《般若台铭》之魅力非比寻常。今天，其影响力跨越朝代更迭，深入人心，成为历史长河中一道独特的风景线。

这段佳话，不仅彰显了李阳冰书法之不朽，亦折射出古人即便身处逆境，仍能坚守精神高地的执着与勇气。乌石山上的《般若台铭》，因此更添了几分传奇色彩。（林丽钦）

才翁所赏树石

在罗源县白塔乡走马岭官道旁，有一个宛然天造的洞穴，洞旁树木苍翠，林烟深锁，在石洞的壁顶刻着“才翁所赏树石”六个大字。

南宋陆游《老学庵笔记》记载：“予为福州宁德县主簿，入郡，过罗源县走马岭，见荆棘中有崖石，刻‘树石’二大字，奇古可爱，即令从者薙除视之，乃‘才翁所赏树石’六字，盖苏舜元书也。”

苏舜元（1006—1054），字子翁，后改才翁，四川铜山人，与祖父苏易简、弟弟苏舜钦合称“铜山三苏”。北宋天圣八年（1030）赐同进士出身，历任扶沟主簿、咸平知县、殿中丞、眉州知州、延州通判、太常博士、福建路提点刑狱、京西河东两浙四路提点刑狱、京西转运使、

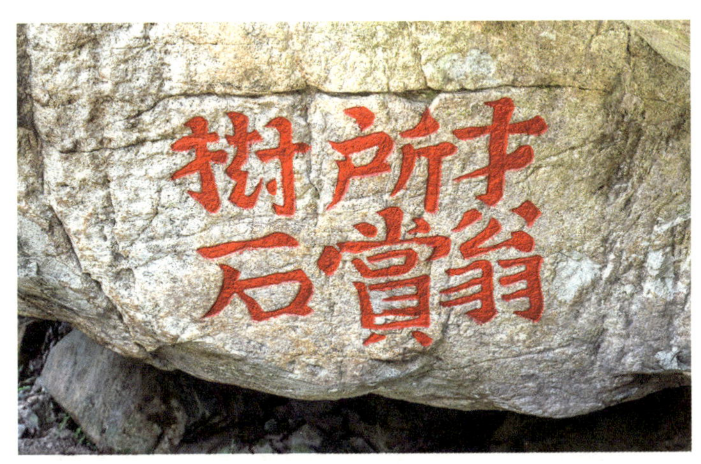

苏舜元“才翁所赏树石”题刻

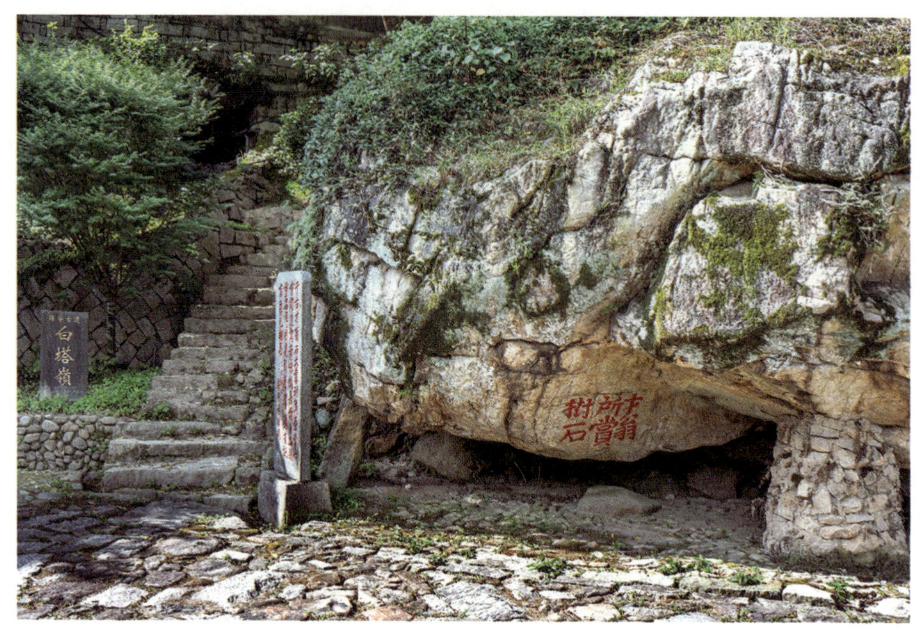

才翁石所在的走马岭古道

扬州知州，官至尚书度支员外郎、三司度支判官。

苏舜元担任福建路提点刑狱，是在庆历六年（1046）至庆历八年间。他因某次公干途经走马岭时，看到了这处佳木、奇洞，有感于树石相依的刚柔之美，欣然在洞壁写下了自己的所赏所识。

因隐于洞中，且没有落款，在很长一段时间内，这处石刻并未引起太多人的关注，直到 112 年后的某天，同样因公干经过走马岭的陆游发现了它，并在其撰写的《老学庵笔记》中留下了一段跨越时空的文化交流。

陆游（1125—1210），字务观，号放翁，南宋文学家、史学家、爱国诗人。其生逢北宋灭亡之际，少年时即深受家庭爱国思想的熏陶。宋高宗时，参加礼部考试，因受秦桧排斥而仕途不畅。宋孝宗即位后，赐进士出身。绍兴二十八年（1158），他初任福州宁德县主簿，任上“行善政”“纾民病”，深受“百姓爱戴”。因工作需要，他常往返于郡城至宁德的官道之间。在一次由郡城返回宁德时，他途经罗源走马岭，见铁嶂山石径逶迤，白塔寺庙宇巍峨，忍不住放慢脚步，正驻足间，突见寺院西侧，有石岩下覆，奇古可爱，老树倚岩生长，荟蔚其上。透过荆棘藤萝，隐约间可见石上有字，忙让随从清除乱草，近前查看，原来是苏舜元题写的“才翁所赏树石”六字。

作为掌管一州“议法断刑”的司法参军，陆游当然知道苏舜元的大名，也知道苏舜元任职福建时在福州开凿七星井与十二口“苏公井”的功绩。这一刻，他一定感知到了当年苏舜元内心的愉悦欢畅，因为，这赏心悦目的树石美景，同样让他感悟到山林的真趣，进而陶然忘机。

他决定到罗源县城谒见知县项服膺，希望能做个护栏，好好保护这一方摩崖石刻，可惜他最终未能见到知县，只好留书一封，吁请保护。

树石不会说话，文化却能传承，赏树石的才翁，识树石的放翁，通过文笔的方式，将这份跨越时空的“树石奇缘”记录下来，使之流传千古。（林强）

朱熹赵汝愚天风海涛情

宋代理学家朱熹（1130—1200）与官宦名臣赵汝愚（1140—1196）为芝兰之交，情谊深厚。朱熹曾襄助赵汝愚编撰《国朝名臣奏议》，并为其开浚福州西湖和推行盐法改革献计献策。赵汝愚成为宰相后，更是大力提携朱熹等人，锐意革新，改良吏治。

宋孝宗淳熙九年（1182），赵汝愚出任福州知州兼福建安抚使。淳熙十年，朱熹应赵汝愚等人邀请，南下福州、莆田、泉州，前后在福州逗留近两个月。其间，朱熹与赵汝愚交游甚欢。朱熹曾写下《题君子亭》《游西湖》等诗作，夸赞赵汝愚的君子之风和疏浚水利之功。

朱熹离开福州时，赵汝愚等为其送行，依依难舍。朱熹感慨写道："流云暗寒空，苍烟染人衣。相看暮色至，我去公当归。"纵有万般离愁，也得在暮色霭霭里踏上归途。

淳熙十四年（1187），因受谤而仕途多舛的朱熹，辞掉江西提刑的任命来福州拜访知州赵汝愚，不料赵汝愚已被调往四川任制置使。朱熹沮丧之余，与王子合、陈肤仲、潘谦之、黄子方师生五人前往鼓山拜谒赵汝愚礼请来的涌泉寺主持元嗣方丈，惊喜地看见水云亭基石上赵汝愚离任前留下的一段题刻："灵源有幽趣，临沧擅佳名。我来坐久之，犹怀不尽情。褰裳步翠麓，危绝不可登。豁然天地宽，顿觉心目明。洋洋三江汇，迢迢众山横。清寒草木瘦，翠盖亦前陈。山僧好心事，为我开此亭。重游见翼然，险道悉以平。会方有行役，邛蜀万里程。徘徊更瞻眺，斜日下云屏。淳熙十三年正月四日，愚斋。"

朱熹“天风海涛”题刻

赵汝愚早已把福州当作故乡，登临鼓山，举目四望，想到前往蜀地的万里行程，离愁便才下眉头，又上心头，徘徊良久，直到夕阳西下，才肯离去。朱熹睹诗思友，心绪汹涌，难以平静，便在灵源洞观音阁东边石门附近的岩壁上留下了一方石刻。“淳熙丁未，晦翁来谒鼓山嗣公，游灵原，遂登水云亭，有怀四川子直侍郎。同游者：清漳王子合、郡人陈肤仲、潘谦之、黄子方，僧端友。”其中“四川子直侍郎”指的便是赵汝愚，而前面的“有怀”二字，更是蕴含了万千感慨，拳拳思念……

三年后，赵汝愚以敷文阁学士、中奉大夫的身份再次来福州担任知州兼福建安抚使。次年，他又登临鼓山，看见朱熹留下的题刻，大为感动。思及身处远方的挚友朱熹和已圆寂的元嗣禅师，百感交集，凄然欲泣。于是，他在朱熹题刻旁又留下一方题刻：“几年奔走厌尘埃，此日登临亦快哉。江月不随流水去，天风直送海涛来。故人契阔情何厚，禅客飘零事已灰。堪叹人生祗如此，危栏独倚更裴回。绍熙辛亥九月二十日赵子直同林择之、姚宏甫来游，崇宪、崇范、崇度侍，王子充、林井伯不至。”久别后，登临福州鼓山的快意交织着人生奔波的惆怅以及对友人的惦念和追思，酸甜苦辣，百般滋味，无法释怀，只能独自凭栏，彷徨不前……没过多久，他便被“召为吏部尚书”，再次离开福州。后来，朝廷局势动荡，赵汝愚、韩侂胄等人发动政变，迫使宋光宗赵惇内禅于儿子赵扩。赵汝愚因有功于宋宁宗赵扩，特进为右丞相。

庆元二年（1196），朱熹再次登临鼓山时，看到赵汝愚的那方石刻，心潮如海，便从“江月不随流水去，天风直送海涛来”诗句中，提取“天风海涛”四字，镌刻在绝顶峰北坡积水池左前侧，并特别题款“晦翁为子直书”。朱熹晚称晦翁，子直是赵汝愚的字。

赵汝愚身为宰相后，朱熹曾提醒他应厚赏韩侂胄而不让其参与朝政，但赵汝愚并未在意。因一时仁慈，终是酿下大祸。后来，权臣韩侂胄指使右正言李沐奏称赵汝愚以宗室之亲担任宰相，不利于社稷安定。最终，赵汝愚被罢免丞相之职，贬到永州安置，在途中病死。朱熹闻之，痛哭不起。

庆元六年（1200），朱熹疾病缠身，仍奋发著述，立愿道统后继有人。最终，足疾恶化，双目近乎失明，病逝于家中，享年 71 岁。

朱熹和赵汝愚遍历人世沧桑，都已仙逝。但是，两人在鼓山上的摩崖石刻历经近千载，风雨未泯，仍在诉说着“伯牙子期”般的莫逆之契。（王春燕）

赵晋臣鼓山忘归又归

中伏是三伏中的第二伏，指夏至后第四个庚日起至立秋后第一个庚日前一天的一段时间，因是炎炎夏日中最热的时候，官方挑中旬中的一日，将其定为法定的假期，即今天的高温假。官员们可以在这一天彻底休息，不理公务，或“隐伏以避盛暑”，或“牵手中伏登谷来”。

宋庆元三年（1197）的中伏，赵晋臣休了个假，带着儿孙及好友徐锡之、江会之到鼓山避暑，并在灵源洞赋诗一首，题于洞壁：“古汴赵晋臣，将男鄧，孙涛、灦、潓，拉徐锡之、江会之来游，赋以是诗，庆元三祀中伏休务日。登山心悦倍精神，欲住山间未有因。刚道忘归又归去，白云何不且留人。”

赵晋臣等“登鼓山”题刻

赵晋臣，江西铅山人，太宗派赵元佐房六世孙，生卒年不详。据《上饶县志》记载：“赵不迂，字晋臣”，可见他本名叫赵不迂。另据《铅山县志》

"今古名山"题刻

记载："赵不迂，士礽四子，绍兴二十四年（1154）进士，中奉大夫，直敷文阁学士"。敷文阁是宋徽宗设置的存放文学作品的机构，设有学士、直学士、待制等职，因赵晋臣供职于敷文阁，故他的好友辛弃疾称他为"赵晋臣敷文"，在《稼轩词编年笺注》中有多首与之唱和的词。

赵晋臣的资料不多，我们可以通过辛弃疾与他的唱和之作，了解赵晋臣的为人。

辛弃疾曾写过一首《满江红·游清风峡和赵晋臣敷文韵》："两峡崭岩，问谁占，清风旧筑？更满眼，云来鸟去，涧红山绿。世上无人供笑傲，门前有客休迎肃。怕凄凉，无物伴君时，多栽竹。　　风采妙，凝冰玉，诗句好，馀膏馥。叹古今人物，一夔应足。人似秋鸿无定住，事如飞弹须圆熟。笑君侯，陪酒又陪歌，阳春曲。"

辛弃疾在词中对赵晋臣的品质、文采给予了极大的赞许，"风采妙，凝冰玉"，是讴歌赵晋臣纤尘不染的高洁；"诗句好，馀膏馥"，是赞许赵晋臣的文采斐然，《新唐书·杜甫传》有一句"残膏剩馥，沾丐后人"的赞词，而在辛弃疾眼中，赵晋臣的"馀膏馥"自然也是

鼓山涌泉寺

能“沾丐后人多矣”的。辛弃疾甚至将赵晋臣拔高到“古今人物，一夔应足”的地位，认为像赵晋臣这样的人，就如古代传说中的“夔”一样，一而足矣。

可惜的是，在偏安一隅的南宋官场中，如赵晋臣这样的人很多，他们怀才不遇，壮志难酬，辛弃疾有一句词“知君勋业未了，不是枕流（指隐居）时”就是赠予赵晋臣的。

庆元三年（1197），赵晋臣还没有“枕流”，从石刻中“中伏休务日”可知，此时他正在福建任职，趁着六七月间的中伏节假，带亲友到鼓山避暑。尽管他郁郁不得志，又遭小人构陷，但走在鼓山的白云古道上，涧清山绿，云来鸟去，仍让人心情愉悦，精神倍增，真恨不得每天都悠游林泉，忘了归去。

可惜呀，白云千载空悠悠，自己终将归去，北伐未有期，枕流未当时。（林强）

李世安御敌南门

乌山天章台侧，有一段石刻，上书：“至正壬辰冬，余以柏府之命如广海，经三山，止神光寺。明年正月朔，寇逼郡城。是日，与廉使许希文共守南门，董督备御。越二十六日，建、邵分宪佥事郭继先率援兵南下，贼遂败溃宵遁。迄秋，余自广回，复假禅榻之寓者弥月，凡山川之形胜，民物之殷庶，无不在心目间也。噫！人生等浮沤，世事如转蓬，是以登兹山而增慨，抚故实而兴嗟。后之纪斯游者，亦必览是而有感焉。至正十三年良月九日，前大兴府尹、海道都漕运万户燕山李世安

“李世安御敌南门”题刻

乌山道山亭与天章台

识，时侍行吏吴人葛思让也。”石刻西向，行楷，书法浑厚，遒劲有力，字迹清晰，保存完好。

石刻揭示了鲜为人知的元朝农民起义军围攻福州的战事。

石刻所载相关的人：石刻作者李世安，原任大兴府尹和海道都漕运万户等职，因福州被围告急，从广海（广海古名澥州，位于今广东省江门市台山市）被调增援福州。李世安部到达福州后，驻扎在乌山神光寺附近。许希文，名从宣，河南怀州（今焦作市）人，魏国公许衡之孙，许师敬之子。曾任闽海道肃政廉访使、福建按察使等职。郭继先，名兴祖，先后任建、邵分佥事、闽海道肃政廉访使等职。

元朝的行政体制和军队建制甚为特殊，实行军政不分的官制，各级官员遇有敌情，均守土有责。军队分为百户、千户、万户等级别，万户为最高级别的战斗编制。由于军力所限，布防上则多采取轮替驻扎的方式。这些，对了解相关人员增援和固守福州颇有帮助。

石刻所载相关的事：元代中后期，在北方红巾军起义的影响下，福建各地也爆发多次起义，并有逐渐发展壮大之势。其中一支是王善率领的起义军。《福建通史》和《元代福建史》记载，王善，号称是陈友谅天完政权的大将，实际上是从江西进入闽北的起义军首领之一。至正十二年（1352）七月，闽东发生饥荒。王善率部进入闽东，饥民纷纷加入，王善的起义军迅速扩大，八月，攻占福安县。同时，另一支由江二蛮率领的起义军攻下宁德县。十一月，王善部再克福安县，他自称“新州道都元帅”。福宁州知州王伯颜调五万乡兵分道抵抗，都被王善部击败。十二月，王善纠兵进攻福宁州（今霞浦县），王伯颜部全军溃败，福宁州被克。次年正月，王善连克罗源县、连江县，并与闽东各地起义军汇合，组织共同进攻福州。福建行省官员大为惊慌，一面急报朝廷，一面令各地元军火速来援。李世安所率队伍就是增援的重要力量。同期，闽北、闽东等地郭继先、刘浚、陈君用等部率领的地方武装和乡兵也前来增援。刘浚、陈君用与王善部激战被俘身亡。刘浚被追赠福建行省检校官，元廷为其立祠于福州北门外；陈君用被追赠怀远大将军、浙东道宣慰司同知、副元帅、轻车都尉、颍川郡侯，谥“忠毅”。王善见各路援军赶到，元军势力大增，强攻福州已无胜算，便自动解围，退往连江一带。至此，福州之围告解，被围达 26 天之久。援军的到来，阻止了起义军攻城。李世安部驻守福州直至当年十月才调回广海。临行前，他携同僚，登乌山，览美景，写下“御寇南门”这段难忘的经历。

（庄勇）

黄仲昭舒啸台抒怀

福州于山，距山顶不远处有九仙观，建于宋崇宁二年（1103），原名天宁万寿观。在九仙观东北向有一块岿然石峰，石顶平坦，环境优美，台下岩壁上纵刻楷书“舒啸台”三个大字，下方刻着黄仲昭的一首诗《登九仙观舒啸台》，其诗意与精堪的书法，吸引了不少游客驻足品读与观赏。

黄仲昭（1435—1508），名潜，号退岩居士，莆田人，明代著名的

于山舒啸台

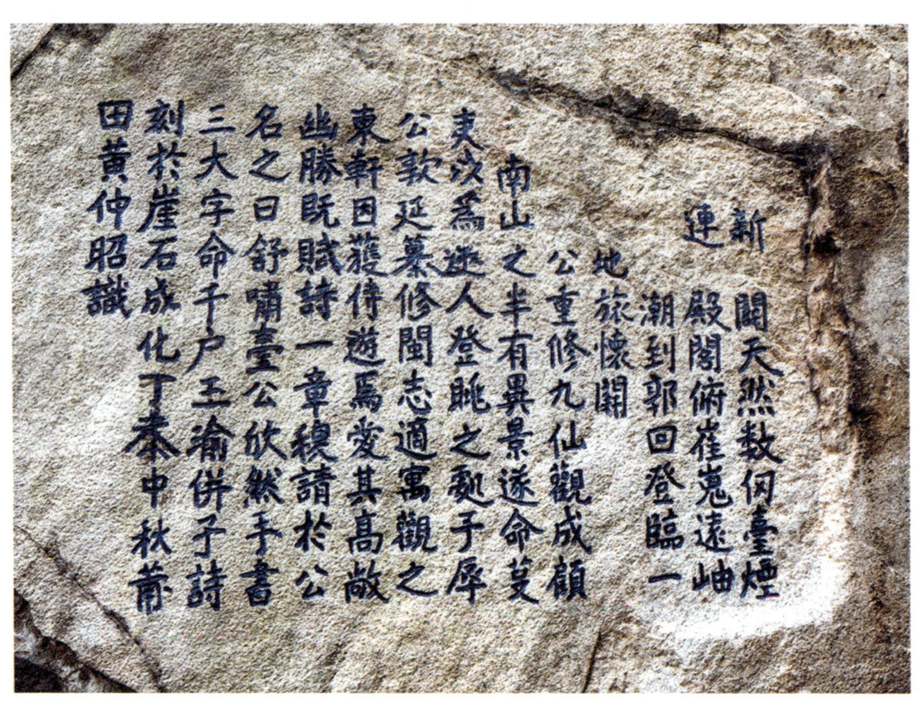

黄仲昭舒啸台题诗

方志家、诗文家，编纂有福建省第一部省志《八闽通志》和莆田首部府志《莆田府志》以及《邵武府志》等志书。他于明宪宗成化二年（1466）考中进士，授翰林院编修。过了一年，因为与章懋等联名上书《谏元宵赋烟火诗疏》而被廷杖，贬为湘潭知县，途中改任南京大理评事。

成化十一年（1475），黄仲昭辞官回到家乡，访福州、过泉州、宿漳州，一路上查藏书，与人交谈，旁搜博考，调查了解八闽大地历史沿革、山川、疆域、城池、风俗、古迹，收集了丰富的历史与现实材料。《八闽通志》历经七年艰辛，于成化丁未（1487）年底完工，共 87 卷。

编纂首部省志，时间紧，任务重，黄仲昭为缓解疲劳，调剂精神，常带助手到于山九仙观附近的一块巨石平台上，舒展筋骨，引吭高歌，还给那块石头起了个名字“舒啸台”。有一次，黄仲昭站在舒啸台上，张望不远处重修的九仙观和美丽的于山景色，想着编纂闽志，是为家乡，也是为自己立名立德，心情特别愉悦，当即赋诗一首《登九仙观舒啸台》：

榛莽新芟辟，天然数仞台。
烟云连睥睨，殿阁俯崔嵬。
远岫横江断，寒潮到郭回。
登临一舒啸，天地旅怀开。

诗歌写好之后，黄仲昭敬请志书监修陈道指导。陈任镇守太监，兼任《八闽通志》监修，几年来与黄仲昭在一起编纂志书，目睹黄仲昭等为编纂省志起早摸黑，废寝忘食，深为感动，欣然命笔，书写“舒啸台”三个大字。随后，陈道命千户王瑜，把他的楷书与黄仲昭的诗赋刻录在石台下。

《八闽通志》，全书共 87 卷，总 18 类 42 目，每一类均按省、府、州、县顺序记述，体例严谨，保存了大量的珍贵史料，成为后世福建省各级方志编纂之母本。

《八闽通志》编纂完毕，为福建省留下了宝贵资料，也给编纂者黄仲昭带来了好运，弘治元年（1488），明宪宗朱见深在京都逝世，孝宗朱祐樘上台当皇帝，经友人御使姜洪推荐，黄仲昭被提升为江西提学佥事。（章礼提）

黎鹏举平倭

乌山道山亭下，有一段黎公崖榜书题刻，上书：“乌石在，黎公在。”是乌山最值得关注的摩崖石刻之一，2023年，被国家文物局公布为“第一批古代名碑名刻文物”，为乌山唯一入选该名录的题刻。相对于同在乌山以书法闻名的李阳冰篆刻来说，黎公崖榜书能够为人所津津乐道，更多的是缘于其背后的故事。

明嘉靖年间（1522—1566），倭寇与中国少数奸商、海盗勾结，不断窜犯东南沿海地区，烧杀掳掠，无恶不作，给人民带来深重灾难。福建是受倭患侵扰最严重的地区之一，曾一度有“无地非倭”的说法。福州城六次受敌而得以保全，黎鹏举在其中扮演了非常重要的角色。黎鹏

乌山黎公亭

黎公崖“乌石在，黎公在”题刻

举，字冲霄，出身于军户。他祖籍庐州合肥，先世黎春、黎政父子两代在明初随汤和入闽，立下汗马功劳，授世袭漳州卫指挥同知，至黎鹏举时调任泉州卫。

嘉靖三十二年（1553），黎鹏举在上海与倭寇头目萧显展开殊死血战，受到嘉靖皇帝下诏优恤，从此声名显露。嘉靖三十四年，倭患加剧，黎鹏举回闽戍守，凭借其丰富的作战经验和过人的胆识智略，迅速成为能够独当一面的将领。嘉靖三十七年，倭寇二犯福州，围攻月余未克，转而攻陷福清县城，福州周边其他县城也几乎全遭围攻。同时漳州贼首严山老多次引倭入寇，洪泽珍率领的浙江倭寇残部又南移福建，福州局势危急。刚刚平定漳浦倭寇的黎鹏举立即率水军北上，在罗星塔、闽安镇一带与敌激战，收复了闽江口五虎门，接着顺闽江港汊直追至长乐梅花、大金，八战八捷，又与参将尹凤、镇东卫指挥秦经国统领的明军会合，歼敌于福清海口，击沉倭船二十余艘，斩首四百余级，余敌溃逃四散。此役不久，黎鹏举出任福建北路参将，移镇福宁，负责兴化、福宁两地沿海的防御，护卫福州两翼。在离开福州前，福州官绅特地在乌山神光寺为其饯行，并在寺大殿后的璞头岩峭壁上镌下“乌石在，黎公在”六字。镇福宁期间，黎鹏举又率军击破了聚集在嵛山、沙澳的上万倭寇，摧毁其军备辎重，解除了倭寇对福州北部沿海的威胁。明人陈衎评价说：“将军之复五虎、全福宁，则戚、俞二公尚未至，其绩尤峻烈云。”

嘉靖三十八年，倭寇复由福宁越鼓岭，与流劫连江、罗源等处的倭寇集结，第三次包围福州城。黎鹏举率水军与福州右卫指挥卢鼎臣共歼敌于海上七星山、屏风屿。随后，巡抚王询督众将合击倭寇于外洋，击沉倭船 47 艘，倭寇头目洪泽珍逃亡出海，严山老等百余人被俘。该役也成为福建抗倭以来一次较大的胜利，极大提振了官兵士气，此后数年，倭寇的侵扰均未对福州构成大的威胁。

至嘉靖四十一年，黎鹏举等福建将领会同援闽的戚家军集结于福清，众将于营中歃血为誓，在戚继光的统一指挥下击败盘踞牛田一带的数万贼寇，随后再歼敌于莆田林墩，“闽宿寇几尽”。黎鹏举先后转战东南数省十余年，在沿海抗倭战争中立下累累战功，被誉为“忠勇将军”。后来，其子黎国耀继承父业，袭职后长期驻守福建、湖广、两广各地，历福建都指挥佥书、湖广都指挥使、琼崖兼海防参将、雷廉副总兵等职。另一子黎国炳历广西参将、潮漳副总兵、广西总兵，曾在当年倭寇聚集的南澳岛上筑造猎屿铳城，以防备新出现的荷兰殖民者。

猎屿铳城至今犹存，成为中国明代抗击外来侵略的重要海防历史遗迹。在福州，镌有“乌石在，黎公在”六字榜书的黎公崖屹立如初，意即福州的护山乌石山永远存在，黎公鹏举的名字也像乌石山一样永留百姓心中。今人又在黎公崖西南上方数十米处的醒目位置建一宽敞方亭，即黎公亭。亭前有黎鹏举事迹的介绍，并有一联记述黎鹏举的功绩：“平倭御寇功昭日月，护国安民德绍春秋。”（孙源智）

登文道禁止系舟

登文道，以前是闽江口的一座重要码头，位于长乐县潭头镇文石村。民国之前，长乐南部与福清东部学子参加科考，大都要经过这座码头坐船前往福州，或到对岸琅岐岛，然后北上。村民们说，涨潮时坐船两个多小时就可到达福州。

登文道码头江面宽阔，离海湾近，地理环境复杂，海潮带来的泥沙，影响了村民行走和船只停靠，于是，建一座石铺码头就成为当地人的多年梦想。明万历壬辰（1592）年初，乡贤何文叶、刘仕康和僧传兴等建议集资建造一座以花岗石砌础、条石铺面的码头。经商议，设计条石长 10 尺、宽 1.8 尺、厚 1.2 尺。

之后，何文叶等乡贤多次到长乐南部和福清东部各乡镇募捐，为了

登文道及“禁止系舟”题刻

能筹集到更多资金，规定捐赠者可在石条刻上名字而流芳百世。经过近四年努力，于万历乙未（1595）年底在旧道口上建成了一座长60多丈，宽3.6尺的石铺码头，取名“登文道”。

现在我们走在登文道上，一眼就可以看见道边巨石题刻，高120厘米，上方横刻“皇明”二字，中间横刻“登文道”三字，下方以小楷纵刻“余辈募缘造道，奔劳四载，今已成功。间有余顽不思工程浩大，在此系船，诚恐致坏，刻石谕知，尔等各宜体悉，违者呈究不徇。缘首何文叶、陈琼道、刘仕康、陈文芳、陈子道、僧传兴。万历壬辰春，林杰书”。这段题刻，既作为禁止系舟的通告牌，也表达了对组织建造者和捐赠者的敬意。

根据有关历史记载，为加强对登文道码头的管理，制定了相关制度，同时还配上道长和日常管理人员。登文道初期工程完工后，为了让登文道继续向前铺设，规定从此道登船前往参加科考的学子，如果考中举人或进士，应捐赠一门石板，也就是两块石条。捐赠者亦可在条石刻上姓名和考中时间。

历经风吹雨打，400多年前建造的登文道码头现已荒废，但码头上石板条依然还在。当我们踏上这座码头，时不时就可以见到石板条上刻着捐赠者姓名，如“龙门高家舍道一门”“枫林张家舍道一门”“岐尾高怀阳舍道一门”。

历史上，登文道码头经过了多次重建和接修，在登文道码头不远处马将军庙旁有一段石壁，上有两段石刻，一是《重建登文道碑记》，文曰：“文江之济，有登文道。远通江苏，近连闽省。四方宾旅，往来通津也。康熙辛未秋，洪涛鼓浪，土壅沙沉，艰于利涉。爰属本澳，士人建议重兴，辛巳竣工。而今登文路通，名利两得，非盛举乎！随将建议诸人姓名镌之于石，俾后之同心利济者，或亦览斯石而兴起焉者乎……”接修两次，分别在光绪十一年（1885）和光绪十三年。《重建登文道碑

登文道题刻周边

记》右边，还有段题刻《登文道长》，刻着众多社友和耆英的名字，款识“明万历己丑（1589）”。

登文道，不仅是长乐与福清部分学子科考之要道，还是福州人下南洋和下西洋的重要港口。明郑和七次下西洋，都是在登文道码头起航。宋元明清，朝廷派使者出使琉球等岛国，也多数在登文道登海出洋。

登文道码头还曾是福建省海防要塞，明清时期常驻军队，时刻防范倭寇侵犯。民国时期，登文道属于军管地段，码头附近设有兵营、马场、练兵场等军事设施，现尚存马山炮台和崖石炮台遗址。马山旧炮台，曾经叫文石炮台、岸石炮台、烟台炮台。明朝在此设立烟墩，清顺治年间设立炮台，成为闽江口炮台群中最外围的炮台之一。（章礼提）

叶向高谢政归来

明万历四十二年（1614），叶向高坚定了谢政回乡的念头。这一年，他55岁。自1608年起，他孤撑相位七年，上下乖隔、朝堂纷争，早已让他力倦神疲。

亲友隔山岳，浮名醉后空，月夜时分，他时时忆起遥远南方的故乡。儿时读书嬉玩的瑞岩山之巅，可俯沧海、穷幽趣，烟霞泉石最宜涤荡烦襟，是匿影归田的绝佳去处。

二月，皇太后驾崩。夫人俞爱玉借哭灵之机，奏请万历皇帝允准叶向高辞官。三月，福王同意回到封国，大臣们与皇帝、郑贵妃的博弈告一段落。叶向高乞辞愈急，奏章连着写了十几道。到了八月二十五日，神宗终于准许他辞归，同时加封少师兼太子太师，赏赐白金百两、彩帛四件、表里大红坐蟒一件，派遣官员风风光光护送回乡。

这一趟从北到南的旅程，走了三个多月。路过浙江兰溪时，叶向高想起了前内阁首辅赵志皋。兰溪是赵志皋的家乡，他致仕归来仅四年就不幸病逝，生前曾嘱托叶向高为他读书处灵洞山房题咏。如今，斯人已逝，交托之事仍“未及应”，令人叹惋。

好友、长乐人林廷瓒也盛赞金华诸洞之胜，邀叶向高前往游览。于是，一行人去了趟灵洞山。此行，叶向高写下三首诗与一段题记，均刻在洞中，分别对洞中的钟乳石、栖真寺的赵志皋藏书阁、六虚堂的飞云石歌咏赞叹。

出了兰溪，众人继续南行。十二月初三日抵达福清豆区园家中时，

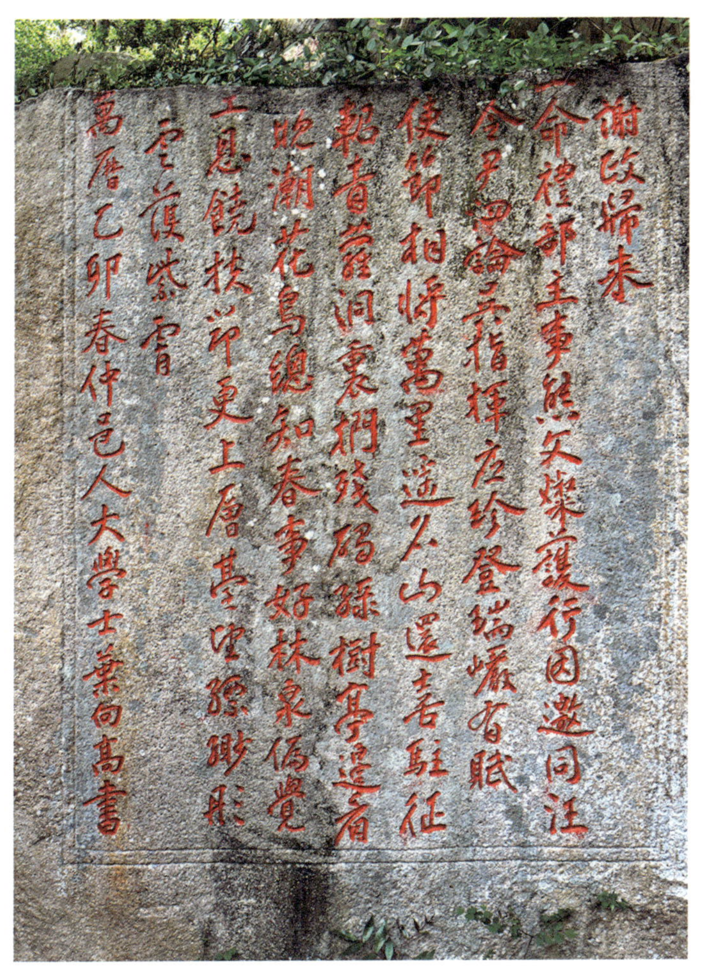

叶向高“谢政归来”题刻

忽闻晴天霹雳：年方三十七岁的长子叶成学两天前病故！

叶向高育有三子三女，次子、三子在幼年皆因天花而死，叶成学是唯一长大成年的儿子。如今千里归来，“儿亡已两日，竟不及见”，岂不痛哉！

万历四十三年（1615）二月，安顿好家事，叶向高心情略好，便邀护行使者、礼部主事熊文灿，县令汪泗论、镇东卫指挥吴应珍，登瑞岩山散心。

瑞岩山，古称“瑞岩丹洞”，有三十六洞天、七十二景观。更有依岩雕凿、名闻遐迩的瑞岩弥勒造像，像旁有建于北宋的瑞岩寺。嘉靖三十九年（1560），为避倭患，叶家从港头镇后叶村迁至海口镇东城，瑞岩寺是叶向高小时候常来嬉戏之处。

山中行走，海风轻拂，春花烂漫。自北宋宣和四年（1122）以来，地方官绅、文人儒士皆爱登兹山，摩崖题刻遍布山间。众人来到瑞岩寺左侧寺墙附近，叶成学手书题刻“第一洞天”四个大字赫然跃入眼帘，让人唏嘘不已。

叶成学去世后，留有三个儿子，“皆成立矣”，皇帝荫其一为中书舍人。犬子不幸，但皇恩浩荡、圣恩丰沃。想到这，叶向高当即赋诗《谢政归来》，并刻于石上：“使节相将万里遥，名山还喜驻征轺。青萝洞里扪残碣，绿树亭边看晚潮。花鸟总知春事好，林泉偏觉圣恩饶。扶筇更上层台望，缥缈彤云护紫霄。”

如今，在瑞岩山登山路边一块岩石上，这段诗刻丹漆鲜红，似刚刚书写完成一般。石头上部已损坏，为示尊崇而顶格书写的“上”“圣”两字，均只剩半截，不认真看的话，会误以为“一”“土”。

在诗中，叶向高不言悲，但言谢，谢护行官员万里相送、谢春光曼妙、谢圣恩丰饶……他甚至登高北望，但见“缥缈彤云护紫霄”，这是对万历皇帝的耿耿忠心与绵绵祝福。

在这幅诗刻不远处，刻有叶向高的另一幅诗刻。这首五言排律，采用草书书写，笔法气脉贯通，烂漫中有苍劲之风致，系万历三十年秋，叶向高与温州知府林继衡、都指挥使琼来、指挥吴应珍等人同游瑞岩山时所题。诗中，叶向高提及归隐此山的念想，“为爱兹山好，频来祀大雄……沧州吾欲老，临眺意何穷”。这一年，叶向高任南京吏部侍郎，回乡省亲，迁居福清县城。不幸的是，两个女儿年内先后病故。

叶向高爱登山，也爱题诗留刻。他在《蘧编》中说：“余老而自废，且获戾于时，耽耽者尚未已。因放荡山水间，不复以衣冠为绳束。”由此，他自号“福庐山人”，终日悠游林泉，“何如归来茅檐下，翠竹青松等闲看”。

福州诸多名山，如鼓山、乌山、连江青芝山、福清石竹山、长乐晦翁岩，至今仍留有“叶相”笔迹。这些题刻大多写于万历年间谢政归来的六年里。1616 年八月，在长乐晦翁岩朱子读书处，他感慨万千，“怀贤莫起前朝恨，留得名山此日看”；也在这个月，他来到连江青芝山，告诫好友董应举，“我已投林君早出，沧江未许恋渔矶”；1617 年、1618 年，他两次登上福清石竹山，有自责、有洒脱，“一自名山传梦后，只今玉带愧横腰”“应知聚散纵难定，去向壶中醉不妨”；1619 年夏，在乌山天秀岩下，他提醒宴集群公，“莫向邻霄台上望，烟尘今正起辽东”。

1621 年，明熹宗朱由校登基，叶向高于当年十月回到朝廷，再为内阁首辅，四年后遭排挤去官南归，于 1627 年八月病逝于福清，葬于闽县方岳里之东台。

叶向高一生历官三朝（神宗、光宗、熹宗），两入中枢，独相七年，首辅四载，为晚明岌岌可危的政权竭诚尽忠，虽有心报国最终却无力回天。他去世 17 年后，大明王朝轰然倒塌。（张浩清）

崇新寨禁止开界

马尾区闽安镇的龙腰顶旁，有一块叫石眠床的巨礴。这里东际闽水，北望龙门，南临圆山水寨、田螺湾，视野开阔，风景优美。在礴的仰天处，有一方不起眼的石刻，上书“奉宪，崇新寨上下一带禁止开界”。

崇新寨始建于明嘉靖年间，据《钦定大清一统志》记载：“金牌寨、圆山寨、崇新寨、登高寨及塘头、中洲炮城、罗星塔，旧皆有民

闽安崇新寨遗址

城。明嘉靖间，为备倭筑。本朝康熙五十六年（1717），总督觉罗满保修葺。”

崇新寨地势很高，故当地又有“高山寨”之称，它与圆山水寨、登高寨一起拱卫着闽安镇城，构筑起一道“捍御于外、应援于内”的海防门户。踞此，逆闽江而上，可兵临福州城下；出海口，北上浙江，南抵金、厦，东隔海峡与台湾遥相响应。进可攻，退可守，乃兵家必争

崇新寨“禁止开界”题刻

之地。

清兵入关之后，郑成功高举“反清复明”旗帜，在闽粤沿海对抗清廷。顺治十三年（1656）七月，郑成功攻福州不克，退守闽安镇，令工官冯澄世调集工匠修葺崇新、登高等土堡城寨。清廷调兵遣将，于顺治十四年十月击退郑成功部，收复闽安，并于次年筑闽安城，将崇新、登高二寨“增修完固，以为犄角”，据《福建通志》记载，时闽安城“西有崇新寨，东有登高寨，南北岸设炮台”。

顺治十八年，为遏制郑成功军，清廷厉行迁界、禁海政策，“片板不许下海，粒货不许越疆”，并规定“筑短墙，立界碑，拨兵戍守，出界者死”。这一政策，使沿海居民流离失所，谋生无路，不但无法稍减“延平（郑成功）海上之威”，还激起了沿海居民更强烈的反抗。

随着开界、展界的呼声越来越高，康熙七年（1668）十二月，海禁令废除，批准展界，但放宽有限，严禁依然，据《闽安石刻调查》记载：康熙十年，闽安“沿边台寨次第修筑，因民展界，防范宜严，无庸停造”。康熙十一年，“浙江巡抚范承谟升福建总督，抵任后，见闽地百姓无依，虽曰‘开界’，而堡台限守，严禁依然”。康熙十二年，“三藩”乱起后，台湾郑氏复在福建沿海登陆，清廷不得不再度申严海禁，福州自罗星塔城至五虎门一线，因处于入省咽喉，自然在严禁范围。

综上所述，闽安的这处“崇新寨上下一带禁止开界”石刻，应该就题刻于开界又缩界的这段时期。

今崇新寨城址仍在，但仅存残墙断垣。站在繁茂的林荫下，闽安镇、金刚腿、煤码头（圆山水寨旧址）历历可见，江水滔滔，微浪迭迭，轻声地诉说着岁月的沧桑。（林强）

梁章钜寻越王樽

山不在高，有仙则名。福州的于山正是如此，相传汉时有何氏九兄弟修炼于此，故又名九仙山。

九仙山巅有九日台，自古为闽地重阳登高览胜首选，据宋《三山志》记载："登高，饮菊花可以延年，茱萸以避恶气。州人率以是日登高临赏。《旧记》：'九仙山，亦名九日山。无诸王是日于此凿石樽以泛菊。石樽可盛三斗，犹存。'"遥想无诸当年，率众登高，他手举石樽，将樽中的菊花酒一饮而尽，"胭脂梦里商飙馆，琥珀樽前九日台"，这是何等的风雅！

清嘉庆八年（1803）九月初九，一群风雅的人来到九仙山，他们要做一件风雅的事，那就是寻找越王石樽。

越王石樽（复制）

风雅的人有八个，其中以梁章钜的功名最高，他是嘉庆七年二甲第九名进士，授翰林院庶吉士，正值父亲去世居家守制，后官至江苏巡抚。

除梁章钜外，其余七人中，叶申万、廖鸿藻、郑天祥、郭仁图、林永健、冯光祚是举人，叶申芗是拔贡（即文行兼优，被选拔进京入国子监的秀才），这几位，在以后的若干年间，全都考中进士。

叶申万、叶申芗出自三山叶家。他们的父亲是大名鼎鼎的叶观国，乾隆十六年（1751）进士，此时已去世近十年。叶观国生有七子，皆出仕，其中二子叶申棻（进士）、四子叶申蔼（举人）、五子叶申苞（举人）、六子叶申万（进士）、七子叶申芗（进士）“五子登科”。而叶观国与儿辈的叶申万、叶申芗，孙辈的叶敬昌，玄孙辈的叶大焯、叶大遒，来孙辈的叶在琦、叶在藻，皆入翰林，世称“五世八翰林”，其中叶大焯又与自己的五个兄弟一起“六子登科”，堪称“科举史上的奇迹”。只是此时，叶申万是举人，叶申芗还是秀才，不过是秀才中的拔优贡生。

廖鸿藻出自武威廖家，字应祉，嘉庆三年（1798）举人，嘉庆十四年进士，他与长兄廖鸿翔（举人）、三哥廖鸿禧（举人）、四哥廖鸿苞（进士）、六弟廖鸿荃（进士、榜眼）合称“五子科甲”，又与六弟廖鸿荃为“兄弟同榜进士”。

有趣的是，梁章钜与叶申万、叶申芗的四哥叶申蔼是同窗，廖鸿藻、林永健、郭仁图与叶申万、叶申芗的二哥叶申棻、五哥叶申苞、冯光祚之兄冯缙是嘉庆三年的同科举人；冯光祚、郑天祥是嘉庆五年的同科举人，叶申万与林永健是嘉庆十年的同科进士，叶申芗、廖鸿藻与廖鸿藻的六弟廖鸿荃是嘉庆十四年的同科进士，个中关系千丝万缕，盘根错节。

这群风雅的人有没有寻着越王石樽，已不得而知，只知他们下山后，在于山东麓的九曲亭刻下“越王石樽。嘉庆癸亥重阳，郑天祥、郭仁图、叶申万、林永健、梁章钜、冯光祚、叶申芗、廖鸿藻同寻”的文字。中华人民共和国成立后，石刻被围入民居，难觅踪迹。

而今，越王石樽亦已佚失。2009 年，于山管委会在九日台上重塑越王石樽，命名“九日樽”。（林强）

张师诚歼蔡牵于黑水洋记

于山兰花圃内南向的“绅耆题记”摩崖石刻颇有名气。全文：

嘉庆十四年己巳秋七月，张中丞公权总督，八月，歼蔡牵于黑水样，九月朱渥率其党三千余人乞降，公受以闻计。公权印逾月，威震氛消，邦人不忘，遂敬书奏功年月于于山平远台侧，事始末别具记铭。公系张名师诚，浙江归安人。是年季冬，闽中绅耆恭纪。

石刻书法力透纸背，功夫深厚。

张师诚“歼蔡牵于黑水洋”题刻

张师诚（1762—1830），字心友，号兰渚，浙江归安（今湖州）人，乾隆五十五年（1790）进士，嘉庆十一年（1806）任福建巡抚，十四年迁闽浙总督。期间，蔡牵为首的农民起义军频频骚扰、攻打台湾地区，成为百姓的一大隐患。蔡牵，同安人，初以弹棉花为生，组织起义军武装后势力不断发展。嘉庆七年攻打大担、二担，八年攻打台湾，九年攻入鹿港、鹿耳门，十年攻至淡水、凤山。嘉义县的洪四老聚集二万余众乘机响应。嘉庆十二年，蔡牵所率起义军在台湾海峡黑水洋一带与清军激战，炮毙浙江提督李长庚，一时震惊朝野。张师诚任职后，十分重视对其剿灭部署，“严海口，杜接济，招党类以剪其羽翼。饬沿海厅、县日报：某贼船入境，某舟师追剿，以定赏罚”。嘉庆十四年，张师诚令水师提督王得禄、浙江提督丘良功在黑水洋会歼蔡牵，蔡牵坐船破漏，与二妻一子同沉于黑水洋。其义军余部也被清军围追堵截，分别剿灭。至此，海患悉平，山盗亦灭。台湾葛玛兰编入版图，闽台一带恢复安宁，张师诚可谓大功一件。故，闽中绅耆在于山兰花圃刻“百字碑”，为百姓所铭记。

张师诚的另一大功，是慧眼识珠，提携林则徐。林则徐中进士前曾为张师诚的幕僚。嘉庆十二年，22岁的林则徐与张师诚相识，开始进入张的幕府。张师诚看重林则徐的人品和才华，一度让其随同，并参与政务。张师诚待林则徐一家也甚为友善。嘉庆十四年，林则徐会试再次失利，返闽后仍入张的幕府，两年后才进士及第，踏上宦官之途。林则徐任张师诚幕僚期间，才干得以历练，为之后的从政奠定了一定的基础。

（庄勇）

高向瀛诗赋环翠楼

高向瀛（1868—1946），字颖生，号郁离，帝师陈宝琛妹夫，福建侯官（今福州）人，知名诗人。光绪十四年（1888）举人，曾任浙江台州知县、乌镇同知等职。民国初期，高向瀛回到家乡福州，担任福州商务印书馆经理。

乌山花封别径环翠楼为高向瀛曾祖高鸿湘所建，1911 年高向瀛回乡重修扩建，作为藏书楼和会客之用，陈宝琛、郑孝胥、严复、陈衍等福州名人均曾在环翠楼题诗，留下了许多诗篇。根据《坊巷雅韵》吴家琼

高向瀛题刻

鼓山摩崖题刻保护碑

《故友何振岱生平事略》之文，何振岱、刘敬、高向瀛联名成立“三生诗会”，刘敬（龙生）、何振岱（梅生）、高向瀛（颖生），表字当中都带有“生”字，以示三生有幸，故名“三生会”。

在环翠楼成立的“三生会”运转了三十多年，大家写出了许多有一定名气的诗歌，如高向瀛的“雪香深处真成海，晴雨阴时亦得天”“稍含酒意娱春色，最爱诗情在晚霞”等句。1914 年正月，曾连续三次在惜园雅集，主客日夕盘桓于花下，吟赏不倦。惜园之梅，以雨中最有情致，高向瀛有“园梅乱落寻香径，山雨低迷逐暝天”，情韵兼有之。同时，“三生会”还曾征诗海内，这在陈宝琛、郑孝胥、严复、陈衍等人诗集中都能见到。高氏则自题楹联曰：“埋名甘市隐，绝俗爱楼居。”何振岱有诗《三生石》，末句云：“遥念占石交，三生不负约。”

高向瀛、何振岱、刘敬曾相约于 1922 年重阳节偕游鼓山，听鼓信宿，并为三生之石题名纪念，可惜因故三人意愿没有实现。不过，高向瀛于甲戌（1934）年秋与友人梁和钧等在鼓山上住了一宿，已66岁高龄的高向瀛想起往事，便在石门的石壁上楷书一首诗，令石匠摩刻，文曰："甲戌中秋，梁和钧将再往宁夏，招同其叔跃云游鼓山；翌晨，陈用刚，几士自螺洲来会。岁乙巳与听水居士及几士，己未与伯通太守及用刚、和钧同宿山中，感旧作此。两年不到山，一月乃再至。白露及秋分，寒暑已变置。联床东际楼，十六年前事。对话听水斋，坠石犹省记。松泉自无恙，物我何多异。却咏人生句，临沧仰题字。朱赵不可攀，吾衰思弥致。山云照人影，各认灵源地。培风万里行，拜月僧坛值。境隔情更敦，且访西禅寺。侯官高向瀛题。"

此诗表达作者年老的心境，虽然只有两年没来鼓山，鼓山上松泉等自然环境没有变化，但季节已在不断变化，自己一年比一年老了，感叹人生，高仰题字。朱熹和赵汝愚成就高，那是高不可攀，不过自己也写了不少诗歌，应该感到满足与知足才是！人生到了各认灵源地的时候，你还能多想什么？就是有梦想，也没有了冲劲，晚年了，还是如僧人那样无欲无争为好。（章礼提）

施景琛为兄祝寿

在鼓楼区冶山仁寿堂门前有组“泉山聚寿集”石刻，记录了施景琛征集诗友祝贺其兄施绩宇六十大寿并题名刻石一事。

冶山之名源于山下的欧冶池，相传为欧冶子铸剑处。因山上有天泉之水汩汩流出，故又称泉山。冶山周边一直是福州历代宫苑、官府所在地，亦是人文活动繁盛之处。石刻向北，正文楷书，纵 6 行，字径 4 厘米，题刻：“丁卯冬，绩宇大哥六十初度，余征海内耆宿诗翰百五十人，汇编《泉山聚寿集》。太仓陆彤士告余曰：‘吾乡南园，有王敬美寿兄元美六十诗刻石，世称佳话。’余师其意，录题额四种刻石，敬祝大哥长寿。长乐施景琛谨识。”

“施景琛为兄祝寿”题刻

施景徽，字绩宇，施景琛长兄，能诗词，

冶山五曲聚寿峰

不仕。施景琛为其三弟。1927 年，施景琛以他大哥施绩宇和大嫂王夫人六秩双寿为契机，仿唐代“香山九老会”和北宋“洛阳耆英会”而组织“耆老会”（也称“同甲会”），邀请 150 多位耆英硕德者和文人墨客以诗祝寿并汇成一集。古代六十曰耆，七十曰老，泉山“耆老会”缘起寿辰，以诗会友，寄语祝福。施景琛在《泉山聚寿集》序中提道：“次固为艺林佳话，然佳话中又有佳话。三联甲三元，重游泮水，重宴鹿鸣，重宴琼林，为前朝所艳羡，鼎革后已成为广陵散，今竟不期而会于一集，诚巍然鲁灵光也。胜代词臣十之二，枢垣中秘十之一，胜朝遗老十之二，知名之士十之四。”可见此次聚寿集反响热烈，不但有德高望重的耆宿，还有地方官员政要以及文化界人士，八十以上德高望重者有朱寯瀛、潘守廉、汤启商、陈宝琛、黄丙焜五人。

施景琛将诗稿手写抄录并集辑成册，于 1932 年在冶山刻题额四种并作题跋，将石刻所在岩石命名为聚寿峰。祝寿石刻除施景琛所作题记外，有民国大总统黎元洪，北洋国务总理、北洋三杰之龙王士珍，清光绪探花俞陛云分别题刻：“洛社遗风”“盍簪齐庆”“群彦汪洋”。其中“洛社遗风”一词出自欧阳修《酬孙延仲龙图》诗：“洛社当年盛莫加，洛阳耆老至今夸。”

时任闽侯县名胜古迹古物保存会委员的萨镇冰和黎元洪有师生之谊，施景琛也曾在北洋政府任国务秘书。1928 年闽侯县名胜古迹古物保存会成立，施景琛任常务委员，文人名士聚集冶山，共同保护和修建名胜古迹。泉山祝寿大有当年洛阳诗社的风貌，黎元洪题写“洛社遗风”。《周易·豫卦》：“勿疑，朋盍簪。”王弼注：“盍，合也；簪，疾也。”孔颖达疏：“群朋合聚而疾来也。”可见当时群英聚会，冶山共庆的盛况。1931 年，施景琛在冶山之巅筑庐作为诗人聚会之所，因三山在望可供吟啸故名“啸庐”。

除泉山聚寿石刻外，冶山上还留下施景琛为怀念父亲施桐卿的“桐岵”、怀念母亲宋薇卿的“薇屺”、怀念大姐施毓敏的“晴雪峰”和姐夫叶伯鋆的“鹤舫”等石刻。“桐岵”和“薇屺”石刻是施景琛于 1929 年所刻。“屺岵”指父母，“桐岵”可理解为像桐树一样挺拔的父亲；“薇屺”指像薇一样高贵典雅的母亲，因施母爱薇，他便在泉山北种紫薇数十种以纪念。施景琛《泉山楹联初集》中有为他的姐夫叶伯鋆（字鹤舫）和大姐施毓敏（字晴雪）写的挽联《挽叶鹤舫姐夫》：“一疏正乞骸，羡公晚岁遂初，生荣死哀，毫无缺憾；千金难报德，叹我少年失怙，饮食教诲，胥赖扶持。”《挽晴雪大姐》：“死生有数露于哀吟，可怜药石无灵，群季焚须空侍疾；著述未完引为遗憾，但愿枣梨负责，他年续史藉酬恩。”可见其孝亲尊长，情深意重。（邱婷）

王若恒过冬梨记

福州冶山之上，错落有致地散布着自”一曲”至”九曲”计逾 50 段之多的石刻瑰宝。穿行过韵致十足的”七曲”之后，转而步入南面中坡，便是雅致的”八曲”所在。此处，先有施景琛先生邀集林森、甘联璈、王怀晋、陈联芬、陈耽怡等名士留下的题名，又有民国 20 年（1931）元月，福建高等法院院长王风雄之隶书题刻“唐裴刺史球场故址”。左畔，一块隐匿于榕树根须之下的峭岩，露出文字数行，正是由民国时期的怀宁人王若恒所书的《过冬梨记》：“过冬梨记。是树闽中仅有二株，一在厂巷，一在泉山。大数抱，皆数千年物也，其叶能治背疽。怀宁王若恒书。”

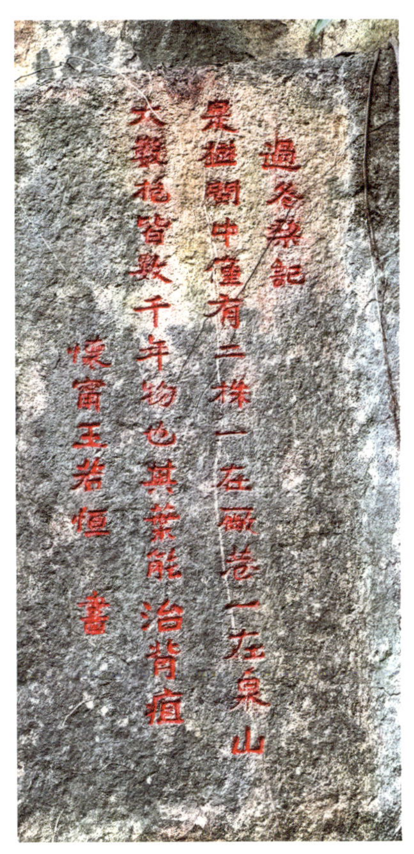

王若恒“过冬梨记”题刻

王若恒，安徽怀宁县人，仕途生涯跨越军政两界。曾为保定陆军军官学校一期毕业生，1930 年 6 月任闽侯县县长，1946 年 7 月授陆军少将，任军训部军事教材编审委员会编修官。

"过冬梨"，又称重阳木，属大戟科落叶乔木，为中华本土树种。其生长周期十分缓慢，百年甚至数百年方显其材，木质呈现悦目之红色，细腻坚韧，古木灵性，药用价值非凡，自古便为医家所珍视。据王若恒记载，重阳木在闽中仅存两株，一株静立于厂巷，另一株则隐于泉山（冶山），树龄都已高达数千年，其叶竟有治疗背疽的奇效。

《过冬梨记》提到的"厂巷"，位于中国电信福州分公司厂巷院内，又名连桂坊。厂巷黄氏一门三兄弟六年内相继登科。宋宣和五年（1123），以延康殿学士、光禄大夫任福州知州的刘韐为表彰黄氏家族，将此地改名为"连桂坊"，寓意连续折桂的吉祥。屹立于院内的重阳木现为国家一级保护古树名木，胸径 1.7 米，高 5 米余，树皮皲裂，却未减风华，周遭三面高楼环立，却兀自傲耸。树旁建有一仿古凉亭，上题"连桂坊"。

王若恒笔下的《过冬梨记》，和冶山众多题刻的记载，引人追溯畴昔岁月：冶山之景，不仅有过冬梨之异木，更有青松之翠、绿竹之秀、黄枇之艳、红蕉之丽，更有天泉池水潺潺，清波荡漾，令人悠然神往。（林丽钦）

陈培锟题赞国药

在福州鼓山众多的摩崖题刻之中，有一段别具一格——“国药之光。华来国药行七十周年纪念。民国二十五年，陈培锟题。住福州大桥头。”

陈培锟（1877—1964），字韵珊，号岁寒居士、岁寒寮主人，闽县（今福州市区）人，曾代理省府主席，在抗日战争期间，改任省府顾问和省临时参议院院长，参与组织民众开展抗日救国斗争。在文学上亦有颇多贡献，留下诸如《海滨谈屑》《岁寒寮诗藏》《闽文偶录》和《闽文辑要》等著作。

陈培锟是清末民初福建政坛的重要人物，亦是一位深受传统文化熏

陈培锟“国药之光”题刻

陶的文人，尤其在支持中医、弘扬国粹方面，展现出对传统文化的深厚情感。

1914 年，袁世凯倡言“废止中医，不用中药”，继而汪精卫亦极力主张“不但国医一律不许执业，全国中药店应限令歇业”，加之国民政府颁令，严禁中医涉足公立医院领域，致使杏林之境日见凋零。1925 年“五卅”惨案之后，全国范围内掀起了抵制外货、振兴国货的浪潮，福州作为东南沿海的重要城市，积极响应这一潮流。陈培锟以实际行动支持国货，特别是对中医药的发展给予了极大关注和支持。

1929 年，南京国民政府中央卫生委员会采纳余云岫之议，通过“废止旧医以扫除医药卫生之障碍案”，此举触发了广泛而深切的愤懑情绪，不仅在国内中医药界掀起了捍卫传统的浪潮，亦引得海外同道及社会各界人士同声抗议，掀起了一场维护中医药文化存续的抗争。

陈培锟挺身而出，与中医界人士并肩作战，捍卫传统医学。他热忱召集厦门诸多名流，如吴瑞甫、洪鸿儒等，着手创设厦门中医传习所，后更名扩编为厦门国医专门学校，实现了由业余讲习班向全日制本科教育之华丽转身。该校广纳省内外英才，育未来杏林栋梁，毕业生逾六百，芳名远播海内外。

与此同时，陈培锟躬身力行，为福州大桥畔之老字号中药铺摇旗助威，更在风景秀丽的鼓山之巅，留下了摩崖题刻“国药之光”。题刻位于仰止亭东北石磴路边，西向而立，上面清晰刻着：“国药之光。华来国药行七十周年纪念。民国二十五年，陈培锟题。住福州大桥头。”笔迹苍劲有力，表达了陈培锟对华来国药行的支持与推崇，彰显其捍卫与弘扬传统医学之坚定决心与情怀。

这一看似广告的摩崖石刻，静默而有力地矗立于鼓山之上，见证了民国时期福州民众抵制舶来品侵袭，捍卫国货，坚决守护本土文化遗产的抗争。（林丽钦）

第八章　诗文赏析

摩崖石刻中观赏性强、容易引起人们兴趣的，当属内容丰富且具有观赏性的诗文题刻。福州素有“海滨邹鲁”之称，又是闽学重镇，拥有悠久而厚重的文化底蕴。因此，福州的摩崖石刻也生动反映历代名家文人的情感与智慧。从这些摩崖诗文中，我们能够领略到闽地山川的雄奇壮丽，诗人情感的生动丰富，作者通过石刻文字展示自身的志向、信念与人生追求。这些摩崖诗文不仅展示先人文学与书法的艺术之美，也记录着古代文人雅士对人生哲理的感悟，以及对自然风物的热烈情怀。

曾巩道山亭记

道山亭记

曾巩

闽，故隶周者也。至秦开其地，列于中国，始并为闽中郡。自粤之太末与吴之豫章为其通路，其路在闽者，陆出则阸于两山之间，山相属无间断，累数驿乃一得平地，小为县，大为州，然其四顾亦山也。其途或逆坂如缘絙，或垂崖如一发，或侧径钩出于不测之溪上，皆石芒峭

曾巩“道山亭记”新刻（张潜华书）

发，择然后可投步。负戴者虽其土人，犹侧足然后能进；非其土人罕不蹶也。其溪行则水皆自高泻下，石错出其间，如林立，如士骑满野，千里下上不见首尾。水行其隙间，或衡缩蟉糅，或逆走旁射，其状若蚓结，若虫镂，其旋若轮，其激若矢。舟溯沿者投便利，失毫分辄破溺。虽其土长川居之人，非生而习水事者，不敢以舟楫自任也。其水陆之险如此，汉尝处其众江淮之间而虚其地，盖以其狭多阻，岂虚也哉？

福州治侯官，于闽为土中，所谓闽中也。其地于闽为最平以广，四出之山皆远而长，江在其南，大海在其东。其城之内外皆涂，旁有沟，沟通潮汐，舟载者昼夜属于门庭。麓多桀木，而匠多良能。人以屋室钜丽相矜，虽下贫必丰其居，而佛老子之徒，其宫又特盛。城之中三山：西曰闽山，东曰九仙山，北曰粤王山。三山者鼎趾立，其附山盖佛老子之宫以数十百。其环诡殊绝之状，盖已尽人力。

光禄卿、直昭文馆程公为是州，得闽山嵚崟之际，为亭于其处。其山川之胜，城邑之大，宫室之荣，不下簟席而尽于四瞩。程公以谓在江海之上，为登览之观，可比于道家所谓蓬莱、方丈、瀛州之山，故名之曰“道山之亭”。闽以险且远，故仕者常惮往。程公能因其地之善，以寓其耳目之乐，非独忘其远且险，又将抗其思于埃壒之外，其志壮哉！

程公于是州以治，行闻既新其城，又新其学，而其余功又及于此。盖其岁满就更广州，拜谏议大夫，又拜给事中，集贤殿修撰，今为越州，字公辟，名师孟云。

丁亥仲秋吉旦张潜华书，福州市人民政府重刻

北宋熙宁三年（1070），福州太守程师孟登临闽山（即乌石山），饱览山川之胜，城邑之美，认为此山堪与道家的蓬莱、方丈、瀛州之山比肩，遂改其名为“道山”，并在此山建“道山亭”，以寓耳目之乐。民国陈衍的《福建通志·名胜》记载：道山亭“宋熙宁三年郡守程师孟

乌山“道山亭”题刻

建，以其前际海门，回览城市，宜比道家蓬莱山，因篆书‘道山亭’刻于石”。宋神宗元丰二年（1079），近十年后，程师孟请散文大家曾巩为该亭写就《道山亭记》，以兹纪念。

为什么会请曾巩来写《道山亭记》？除了曾巩的文学成就外，应该与曾巩也曾做过福州太守有关。

北宋熙宁十年（1077），曾巩59岁，以度支员外郎、直龙图阁的身份，由洪州（今江西南昌）移知福州。曾巩为官廉洁守志，改革僧侣制度，减轻赋税，平定盗贼，发展农业，“必去民疾苦而与所欲者”，“严而不忧，治理有方”，深受百姓爱戴。可惜，曾巩只在任一年多，于元丰元年（1078）改知明州（今浙江宁波）。第二年，程师孟便请曾巩为道山亭作记，等了近十年，亦算找到了最合适的人。

福州的这两任太守，表面看是钟情于道山亭，所言所行却深含着对福州的眷恋和深情，彰显出为官者为民谋福的高尚品性。熙宁元年（1068），程师孟出任福州知府。任职期间，修、扩建子城城墙，疏浚河道，建桥修路，广植榕树，在庙学内建厅舍，兴教育，重文化，救灾荒等，政绩斐然。世人赞道：“历任福州太守，谢泌以惠受著名，蔡襄以严肃见称，程公可谓两者俱备。”熙宁三年（1070），程师孟调任广州知州。虽然，程师孟仅在福州任职不到两年，却深受当地百姓拥戴。民众为其在乌石山千福寺建生祠，祠旁立石碑，镌刻着他的诗作，表达感激和怀念。

曾巩的《道山亭记》从题目和用意来看，应是对程师孟在福州政绩的侧面纪念。可是，读者从读罢第一段后便难免产生困惑：这到底在写什么？怎么没有提及程师孟和道山亭只字片语？写的竟然是闽地的历史沿革和地理位置的偏远、险峻，洋洋洒洒地把视野拉伸至久远的年代，仿如一段黑白电影，满眼皆是山峦重叠，道阻且艰。

文章写道，古时福建隶属周朝，秦时开辟其地，列入中原，称为闽中郡。闽地与外地的通路在连绵不断的峻岭之间，要接连经过几个驿站才能见到一块平地，小的平地为县，大的平地为州，然而其四面望去亦皆是山。其道路陡峭崎岖，曾巩连用几个比喻：“或逆坂如缘絙，或垂崖如一发，或侧径钩出于不测之溪上。”或者在斜坡上仿如一根粗绳，或者在断崖上犹如一根发丝，或者蜿蜒在深不可测的溪流上，短短几句便把路途艰险描摹得令人畏步生寒。负重前行的本地人也需谨慎、择准后才可侧足举步，外地人更是步步为绊，胆战心惊。陆路如此，水路亦是艰难。文中用“其状若蚓结，若虫镂，其旋若轮，其激若矢”，形象生动地描绘出水行其间的曲折多舛，激流险阻。即使非常熟悉地形的擅舟者，也要倍加小心，否则便有丧命的危险。正因为闽地如此险僻、坎坷，交通阻塞，难以管理，汉代曾经把这里的居民迁徙到江淮之间，这并不是虚言啊。

第一段虽然看得云里雾里，不知道这与道山亭有何关系。但是曾巩对闽地穷形尽相式的刻画，依然深深吸引住读者的目光，留下了此地不可涉足，不便久留的“畏惧”印象。清代沈德潜《唐宋八家文读本》评价道：“建一亭无甚关系，故只就山川险远上着笔，此做枯寂题法，于无色处求出色也。前水、陆二段，何减韩、柳。”文中描写水路和陆路，几方比喻，让人如临其境，颇有韩愈、柳宗元的文韵、气脉。

前面把人吓得胆战心惊，接下来笔墨一转便聚焦到福州，闽地中最平坦宽广之地。先抑后扬，心绪也跟着文字从紧张变得舒缓起来。福州虽四面环山，但距离较远。南边有闽江，东边有大海，城内外有路，有小溪流，小溪流可以通大海，熙熙攘攘的货船昼夜聚集在家门口，颇为热闹。在曾巩笔下，福州占尽了地理优势，在穷乡僻壤之处，独守一方繁华。此处的居民安居乐业，屋室华丽、宽敞。佛老之学盛行，佛庙道观依山势而建，富丽堂皇。

曾巩此文的用意，已渐渐露出端倪。刘熙载在《艺概·文概》中记述：“太史公寓主意于客位，允称微妙。”《道山亭记》可谓“寓主于客”的佳作。所谓“寓主于客”即寓主意于客位，看似避重就轻，淡化主要意图，实际上那些与主旨看似不搭的“客位”描述，处处在为“主意”作铺垫，就如扎根于泥土里的莲花，需得节节长高，荷叶茂盛、舒展后，才能盛开出美丽的花朵，待人细细品赏。

闽地如此艰难狭阻，程师孟经历重重路途波折，冒着生命危险来到“仕者常惮往”之地任职，可见其勇敢和气魄，精神境界可谓高远。恰是任职福州知州，登乌山远眺，并非满目荒凉，而是能饱览山水形胜、建筑之美，才能建亭“以寓其耳目之乐”。果然，前面的林林总总皆为伏笔，如春笋般层层剥离，才露出真实的用意——歌颂程师孟的品性和治绩。程师孟任职期间，改造新城，革新学府，以及闲暇之余建亭的情趣，为他赢得了赞誉。这才是最后的画龙点睛。山也好，水也好，亭也

乌山道山亭

好，都是陪衬，就如一幅泼墨山水画，亭内举目远眺的人才是主角。

曾巩没有全篇直抒胸臆，对程师孟尽夸赞之能事，而是弯弯绕绕到最后才淡疏几笔进行赞赏，这便是曾巩的高明之处，也是此篇能流传千古的根本。隐则深，显则浅。曾巩把程师孟放到更宏大的历史背景下，让其成为历史的一部分，巧思精妙，笔力深厚，终得圆满。

在文学技法上，此篇亦是处处有惊喜。全篇无一字一句吃力，且无一字一句赘言，简洁而理周，无雕琢之感，却含古雅之韵。风格峭拔奇崛，雄浑多变，类比纷呈，不落窠臼。谈古论今，移步换景，任意而谈，却并不会如脱缰之马，失去主旨。

曾巩此文作于其任职福州之后，字里行间的情感都是真挚、朴实的，技法由情而发，随情而动，相依相合，浑然天成。一定程度上，曾巩与程师孟在心理上对福州的感情是相近、相知的。站在道山亭上远眺之人又何止程师孟一人呢?

《道山亭记》成为千古名篇，可谓名副其实。

当年，曾巩的《道山亭记》由林希书而勒碑于亭旁。可惜，道山亭在明代、清代历经几次重修。后亭废碑没。1955 年，道山亭才重建。如今的《道山亭记》的碑文，是 20 世纪 90 年代由福州市政府请著名书法家张潜华先生题写的。

南宋诗人刘克庄的《福州道山亭》曾感慨道：“绝顶烟开霁色新，万家台观密如鳞。城中楚楚银袍子，来读曾碑有几人。”当时，曾碑虽在，但是登临品阅的人却寥寥无几。世人皆忙碌，赚钱营生都来不及，又哪有闲情来读这碑文。刘克庄不无遗憾和无奈。如今，《道山亭记》的石刻已成为乌石山重要的文化景点，熙来攘往，拍照打卡的人，络绎不绝。道山亭周边古木参天，绿荫蔽日，亦成为市民休闲消暑之地。道山亭和《道山亭记》休戚与共，几经磨难、波折，总算是重见天日，焕发出新的生机。这对于程师孟、曾巩、刘克庄等人，可谓是极大的安慰吧。（王春燕）

潘正夫乌山题记

靖康之间，金人犯阙，二圣北迁。逮建炎中兴，天子受命，吴国长公主始至睢阳。明年寇淮甸，遂浮江而南避于钱塘。车驾幸建康，还复入觐，继适江表，会胡骑奄至，循赣水走湘湖、濒南海而达闽川，馆于福唐之神光，因登乌石山，观李阳冰篆，乃得古人之遗意。越五日而赴行在所，男长卿、粹卿、端卿、温卿侍。

绍兴二年仲春十三日，河南潘正夫题

位于乌石山霹雳岩东南向的潘正夫这段题刻，真实记录了靖康年间潘正夫与赵氏一支家族南迁的历程，使得这块静默的岩石成为研究宋代历史、闽都文化和摩崖题刻的珍贵史料。

潘正夫，河南人氏，宋哲宗时进士，出身官宦之家，其父潘绛曾任右侍禁。历任开府仪同三司，婚娶哲宗三女吴国长公主，历事四朝，官至少傅，封驸马都尉与和国公，赠太傅。潘正夫略有文才，重视子女教育，其子多为朝廷官员，各有建树。

五代十国末期，赵匡胤建立大宋王朝，虽然经济与文化得到蓬勃发展，但天下尚未达到大一统，北有“大辽”与“金朝”，西部被“西夏”占据，政权分立，外患频仍。到了北宋末年，哲宗驾崩，其弟赵佶继位，即宋徽宗。赵佶重用蔡京、高俅、童贯等奸臣，导致朝政腐败严重，民不聊生。在外交上联金抗辽，虽灭辽，却助长了金朝势力，为“靖康之难”埋下了隐患。

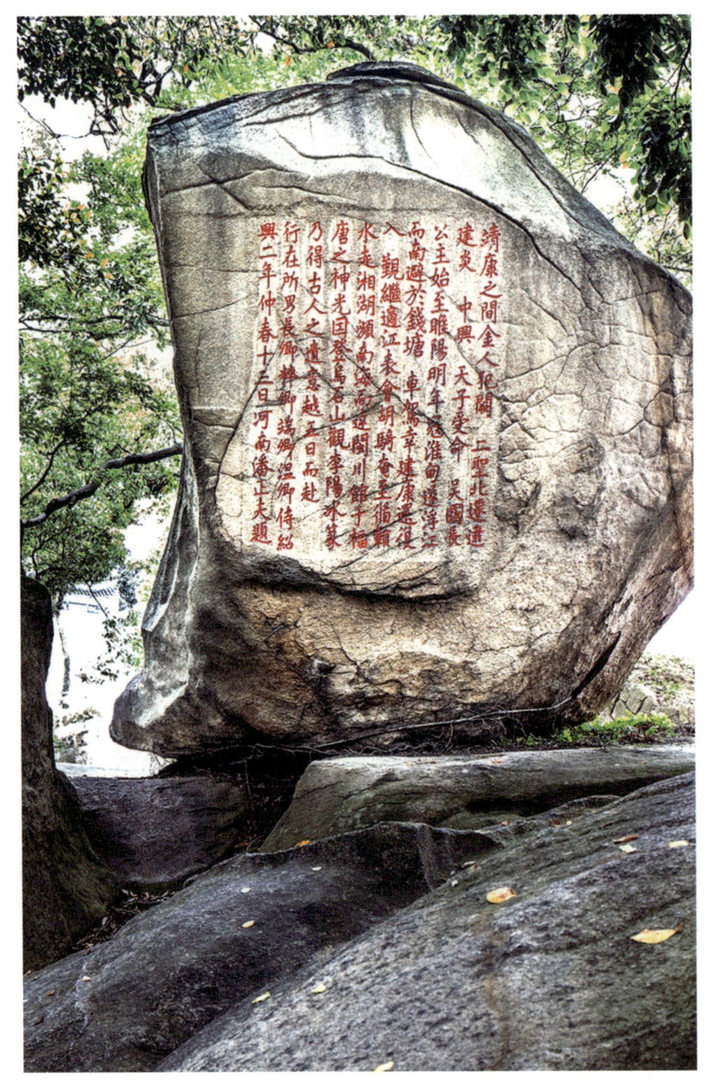

潘正夫题刻

宣和七年（1125），金军兵分东、西两路，同时南下，对宋朝发动了猛烈攻击。金军势如破竹，东路兵成功渡过黄河，直逼开封。面对如此严峻的形势，宋徽宗无奈将皇位传予其子钦宗赵桓，改年号为靖康。靖康元年（1126）正月，金兵大举进攻开封。年底，钦宗亲赴金国谈判，不幸被拘禁。一年后，金兵攻陷皇都，掳走徽宗等赵氏家族成员及朝官共计 3000 余人，北宋王朝至此终结。

靖康二年（1127），徽宗第九子康王赵构在山东济州避难，在一批官员拥护下重建宋朝，定都应天府（今河南商丘），改元建炎。然而，由于金兵逼近，朝廷商议决定迁都临安（今浙江杭州），后世称为南宋。

靖康年间，汴京城岌岌可危，部分赵氏宗亲与外族纷纷南逃。其中，前朝驸马潘正夫一家也面临艰难抉择：是南逃还是留守汴京？据《建炎以来系年要录》记载，靖康末年，潘正夫作为前朝驸马，仍留在汴京，直至建炎初年，才开始南逃，首先抵达河南商丘以南的睢阳，并在那里逗留一年多。为躲避战乱，他们选择水路前往钱塘（杭州）。此时，南宋朝廷已迁至临安，吴国公主携丈夫潘正夫觐见高宗，献上玉管笔、小玉山、奇画等物。吴国长公主多么希望能留在杭州。然而，高宗却婉拒了吴国公主献礼。无奈之下，潘正夫一家只好继续南逃至江西婺州，然后沿赣江而下，经湖南至广东，最终抵达福建。

潘正夫一家几经波折，最终定居福州，初时居住在神光寺。南宋绍兴二年（1132）仲春，潘正夫回想起汴京的生活，感慨万分。尽管福州的生活环境尚可，但怎能与繁华的汴京相提并论？更何况在福州尚无具体职务，虽然俸禄未减，生活无忧，但漂泊在外，寄居于寺院，心中难免抑郁。

吴国长公主见丈夫闷闷不乐，便劝他前往乌山散心。于是，潘正夫携子温卿等走出家门，向乌山缓缓走去。自东南向西北步入乌塔，开始了他的登山之旅。一路走来，春风拂面，百花争艳，蜂蝶翩跹，游人们在小径间穿梭，鸟儿在枝头欢歌。尽管听不懂鸟儿唱的何种曲调，但潘正夫却感受到了它们无忧无虑的快乐，不禁自问：为何我们不能像它们一样过好每一天呢？随着心情的逐渐放松，潘正夫继续前行。

没多久就走到了华严岩，潘正夫被李阳冰的篆书“般若台”题刻深深吸引，驻足凝望。李阳冰，字少温，乃赵郡人，李白之从叔，擅长篆书，官至将作监，历来为文人墨客所敬仰。“般若台”三字，不仅展现了李阳冰精湛的书法造诣，更蕴含佛教中一支“般若”之寓意：“终极智慧”与“辨识智慧”，也就是说，为人应如实地认知一切事物与事物本源的智慧。

潘正夫在欣赏书法艺术的同时，亦在思考着“般若”的更高境界。回想起“靖难”给他带来的困境，心中五味杂陈。然而，面对李阳冰的题字，这已有350多年历史的遗迹，让他感受到了时间的流转与历史的厚重。李阳冰笔墨依然清晰地刻在石壁上，年复一年供人们观赏，传承着“终极智慧”佛法。

潘正夫深受启发，决定将自己与赵氏一族南迁福州经历题刻于石壁，让后人特别是赵氏一族铭记“靖康之耻”和那段悲愤历史。

这段题刻，楷书，纵10行，字径10厘米，高156厘米，宽126厘米。据《闽中金石记》记载，此题刻与潘正夫在湖南零陵的题刻为“唱和”之作。

绍兴四年（1134），潘正夫前往杭州，与长公主一同进见高宗皇帝，从此在朝为官，直至逝世。（章礼提）

城外三山话九峰

皇宋癸卯，宣和五年上元，起手凿山理地，基高二十五尺，深八丈，架屋三十间，用一万四千余两。

住持嗣祖普光大师希照题记

“大溪章溪溪水清，上寮下寮山路平。三山屹立相犄角，百里连亘如长城……”这是南宋理学家、朱熹的女婿、安庆知府黄榦（1152—

九峰山“桐庐记”题刻

魏杰“峻极于天”题刻

1221），在《复归桃枝岭》中对福州“外三山”的描述。诗中的“三山”指的是福州城北关外的寿山、芙蓉山、九峰山。

福州虽临海，但群山环抱，城内屏山、乌山、于山的“内三山”，以及远郊的鼓山和旗山，广为人知。然而，城北关外的“外三山”却鲜为人知。尽管如此，寿山石、芙蓉洞、九峰镇国禅院仍享有盛名，其山高路远、林深树茂、蝶飞蜂舞、空气清新，吸引了越来越多的游客。

在清魏杰《九峰志》序十中，清代文人杨庆琛写道：“北关外九峰，我闽一大观也，耸拔奇秀，溢出天表，视东西旗鼓若兄弟焉。”

据《闽都记》记载，九峰山位于府北 70 里，毗邻龙迹山。其山峰头九出，形态各异，峭拔如笔。山高 15 里，绵延 60 里。中峰海拔最高，其余八峰分列左右。相传九峰连体，形似盘腿而坐的弥勒佛，九峰镇国禅院（俗称九峰寺）就建在山麓弥勒佛的腹部。环境优美，群峰环绕，树木葱郁，石桥流水，宛如人间仙境。清谢道承在《九峰山行》中写道：“九瓣莲华涌紫烟，碑残何处问唐年。野猿偷笋茶房下，山鬼翻经古佛前。”

九峰镇国禅院是福州最古老的寺院之一，始建于唐大中二年（848），比鼓山涌泉寺晚60年。唐咸通二年（861）赐名九峰镇国禅院，由唐代状元、翰林侍书学士、太子太师、著名书法家柳公权（778—865）题写寺名。明初，九峰寺被焚毁，万历年间略有重建，但随后又损毁。清康熙十八年（1679）重建，形成了堂皇的三进殿，同治初年再次兴修，奠定了其宏大格局。“文革”期间，九峰寺成为福州四中分校，部分房舍被扩建。“文革”之后，九峰寺产权归还九峰大队，不久，便恢复了宗教活动。

名山必有名寺，名寺必有石刻。福州“外三山”的摩崖石刻虽然不多，历史却相当久远，内容也十分丰富。《九峰志·卷三》记载：“宋宣和五年题刻，确有其事。其余碑记，以国朝免丈、免茶之碑为最重，依此奉行，沿山遍植。”

九峰山碑记，包括殿前铭、奉宪豁免丈量茶税碑记、碑后铭及《九峰山桐庐记》。殿前铭位于法堂前不远，半圆形石头上刻着：“皇宋癸卯，宣和五年上元，起手凿山理地，基高二十五尺，深八丈，架屋三十间，用一万四千余两。住持嗣祖普光大师希照题记。”这段题刻距今已有900年，当时的住持为普光大师希照，题刻碑后铭是历史的铁证。

宋理学家黄榦，对九峰寺情有独钟，多次游宿于九峰寺，盛赞九峰山美景，其《宿九峰寺》有句道：“暝逐归云入远山，九山环立似人间。摩娑石刻元和体，矍铄僧谭宣政间。往古来今浑昨梦，只鸡斗酒强开颜。明朝酌取龙湫水，直上层霄不复还。”此诗描述了九峰寺夜间场景，表达了作者夜宿心情，也佐证了殿前题刻于北宋宣和年间。

《九峰志》提及：“桐庐峰，位于寺东。宋绍兴年间（1131—1162），僧清显结庐山中，种植桐树以作香灯，今已荒废，但岩上题记仍存。”此记由清显住持撰写，讲述了种植桐树过程和“桐庐”名称的由来。

根据《九峰山桐庐记》，唐大中初年（847），法主大师在此创建小庵，并在小庵里继续修法。一天夜里，法主梦见神人指示此地非他久居之所，将有老人来此。数日之后，法主迁往双峰，另寻福地建寺，山上小庵随之荒废。绍兴庚辰年（1160）春，九峰寺住持清显大师来到旧院址考察，觉得此地宜种植桐树，回寺与众僧商议后，率众在旧院址广植桐树。数年后桐树成林，桐油用于禅院香灯，余者售予百姓，寺院收入也逐年增多。

清显在林中搭建茅屋供游人休息，故称为“桐庐”。淳熙丁未年（1187）中秋，清显到桐庐峰，看满山桐树，心情愉快，挥毫撰写了一篇《九峰山桐庐记》。不久，已隐居桐庐多年的连江邑人林泉，将此记刻于巨岩之上。

魏杰为编撰《九峰志》，曾多次前往桐庐山。此时距离清显大师撰写《九峰山桐庐记》已有670多年，但林泉的题刻依然在石壁上，四周的桐树依然生机勃勃，魏杰诗兴突然涌起，便写下了一首诗歌《游桐庐山》：“一扫桐庐石上题，桐花开处白云低。此山犹是桃源境，合有林泉隐者栖。”

魏杰已逝世近150年，当年他描绘的桐庐山“桐花开处白云低”的美景难觅踪影。甲辰年春夏之交时节，笔者与友人造访桐庐山，只见漫山遍野都是毛竹和杂木，深山里仅有几棵桐树点缀其间，点点桐花绽放。山歌中唱道：“桐树开花白茫茫，茶树开花下油杭。”如今桐油已无人问津，桐树也自然少有人关注。当年清显大师在深山里撰写的《九峰山桐庐记》，早已被人们遗忘；岩壁上的题刻，年复一年历经风霜，

九峰镇国禅寺

也无人聆听其背后的精彩故事。

九峰山石刻中，除了记事碑铭，还有四段富有书法和文学艺术价值的石刻，颇具观赏性。最古老的石刻，位于殿前的罗汉台，以隶书纵写“南无阿弥陀佛”。其余三段位于法堂后山，均刻于清代，其中一段书有“竹径”二字，另一段楷书“峻极于天”，还有一段是魏杰亲笔书写的两首诗歌。游客们到九峰寺去游玩，一般都会到后山去，观赏那几段题刻之风采。（章礼提）

郭汝霖福州留刻

灵泉

禅迹久磨灭，灵泉独莹然。

玉虹时下饮，珠洒海云边。

嘉靖庚申三月十九日，吉永丰

郭汝霖游赋，闽县知县周舜岳刻石

鼓山石门景区

嘉靖三十九年（1560）季春，册封使郭汝霖，到鼓山灵源洞一带游玩。欣赏了宋人刻在峭壁上的榜书大字“国师岩”“喝水岩”后，他煮茶林下，悠然自得，写下五言绝句《灵泉》：“禅迹久磨灭，灵泉独莹然。玉虹时下饮，珠洒海云边。”

陪同这位朝廷官差的是闽县知县周舜岳，他随后在石门景区岩壁上刻下这首《灵泉》。

传说，五代十国时涌泉寺开山祖师神晏在灵源洞诵经，因嫌涧水喧哗，便大喝一声，止住流水。从此，涧水改道东流，从龙头泉化为灵泉涌出。“禅迹久磨灭，灵泉独莹然”，是诗人对喝水岩历经数百年后，禅迹磨灭不见、泉水晶莹自流的感叹。“玉虹时下饮，珠洒海云边”，则描述了诗人访古人遗迹后汲水烹茶的见闻感受。

郭汝霖此行另有《鼓山望海歌》《游鼓山》等诗词，均收录在《鼓山志》中。《鼓山望海歌》有“中山杳霭知何处，飞帆迟阻余多惭。君不见五虎、闽安在眼底，连年倭血赤潮水。挥戈岂无斩馘功，四郊多垒公卿耻。谁能折冲尊俎间，免令黎庶勤弓矢”？

这位琉球册封使当时重任在肩，登高远望，欲辨识将远行的中山国（琉球）在海上哪个角落。

中国与琉球国隔海相望，交往历史悠久。洪武五年（1372）正月，明太祖朱元璋派遣行人杨载，向琉球三国发布诏谕。此后，每逢琉球国王去世、新国王即位，朝廷都要派遣册封使出访琉球，而出发点都在福州。琉球国王必须得到大明皇帝册封，才能坐稳国王宝座。

郭汝霖，字时望，号一厓，江西永丰人，嘉靖三十二年（1553）进士，授吏科给事中。

郭汝霖册封使这个官差，来得有些曲折。嘉靖三十四年，琉球国中山王尚清薨。嘉靖三十七年，世子尚元遣使到京“告哀”，请乞袭封王爵。据明代严从简撰写的《殊域周咨录》记载，明世宗朱厚熜最初任命

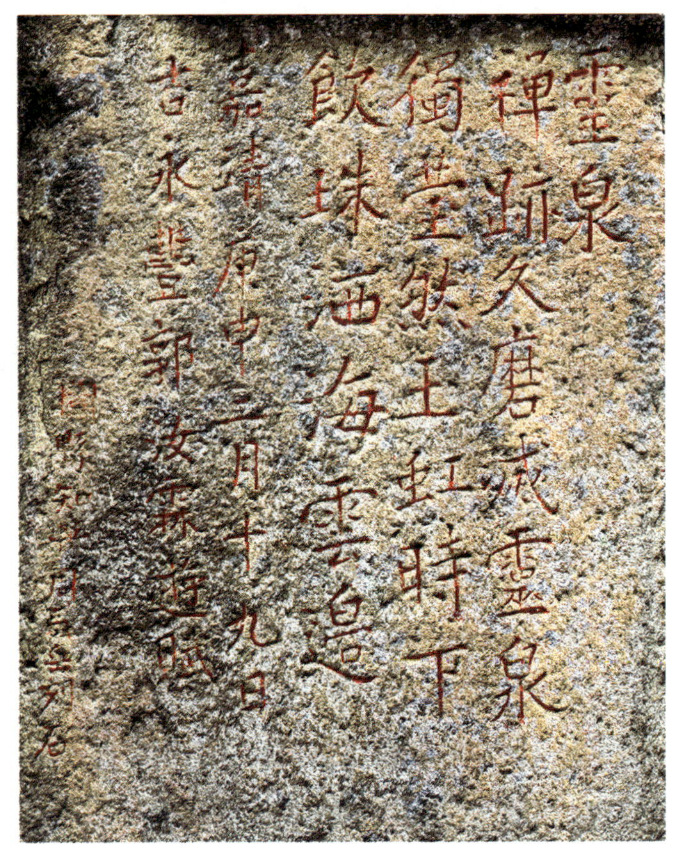

郭汝霖“灵泉”诗刻

给事中吴时来、行人李际春往行册封礼。这时，吴时来突然莫名其妙跳出来“疏论大学士严嵩奸邪状”。严嵩则反咬一口，认为吴时来畏航海之役，故生事妄议。

一直以来，琉球册封是一项苦差，东南沿海倭患频发，夏秋之际台风又多，出海凶多吉少。朱厚熜听信严嵩之言，“上怒。廷杖时来，谪戍广西。改命给事中郭汝霖为正使，与副使际春同往”。

在福州等待造船出海的时候，郭汝霖游览了鼓山，在喝水岩石门处留下了这段诗刻。

乌山石天北的一段摩崖石刻题记，则清晰记载了郭汝霖与福建监察御史樊献科互相邀饮的往事：

嘉靖三十七年戊午季冬十二月十又五日，监察御史缙云樊献科，邀吏科左给事中永丰郭汝霖来饮。越三十九年庚申孟春正月初五日，汝霖又邀献科来饮。时汝霖以航海待渡，献科按闽历四载，冬将别去，山川不改，光景如梭，献科因舒啸记之。

读石刻可知，1558 年十二月、1560 年正月，两人两次聚饮乌石山。第一次，郭汝霖以吏科左给事中身份到福州，樊献科做东。两年后，郭汝霖以册封使身份在福州“航海待渡”，便做东邀请樊献科。史料记载，册封使团在福州准备使船、给养时，因风向不顺，耽搁行程。

这一等就是一年多。1561 年五月，郭汝霖率领的册封使团由五虎门启航，前往琉球。同年十一月，封事竣，返航归国。有记载说，郭汝霖拒绝了琉球王的赠金，连皇帝都知道了这件事。《琉球事略》记载：“及还朝，谕听汝霖等辞馈金四十两；旋嘉其远行着劳，各赐银、币。”

1562 年，郭汝霖撰写《琉球奉使录》，对钓鱼岛有明确记载：“闰五月初一日过钓鱼屿，初三日至赤屿焉。赤屿者，界琉球地方山也。再一日之风，即可望见姑米山矣。”这有力地证明了钓鱼岛自古以来就是中国的领土。过钓鱼岛再前行两日，才到赤屿。赤屿（即赤尾屿）乃是对着并连接琉球地方之界山。

完成册封使命回朝后，郭汝霖官运亨通，最高做到九卿之一的太常卿职位。晚年回到故乡江西永丰，创立了太极书院，担任太极书院主讲，为家乡培养了许多人才。1580 年，历嘉靖、隆庆、万历三朝的郭汝霖逝世，享年 70 岁。（张浩清）

林之蕃吸江兰若记

吸江兰若记

石鼓为海邦巨镇，奇秀殊杰，甲闽中山；而涌泉寺踞岁崱峰巅，雄深伟丽，尤甲闽中禅林，为诸山之所瞻。从寺门分，小径逶迤，松阴或高或下，或蔽或亏，可三里许为舍利窟。余少壮时每登山辄经过，见竹篱草舍，樵夫农父熙熙相聚，宛然武陵源，心窃羡之。曾几何时，兵燹荐臻，人烟断绝，向之村落荡为荒丘尽矣。永和尚购归常住，令苦行者垦辟，莳蔬果以供僧。但所依数椽犹山氓故物，敝朽已甚，居者不安。一脉禅师久依座下，忘身事众，乃化。其徒罗信潮一新之，凡五间两榭，屏卫以垣墙，经纬以花卉，供金身其中。始终经营，所费不靳，至诚乐舍，可谓难矣。既落成，招余相过。时值玄冬，梅花盛开，香聚岩谷，琼枝铁干，横斜倚立于苍崖翠壁间；而槛外长江涛澜汹涌，风云开阖，舟楫往来，鱼龙出没，尽收佛几禅床之上。四望冈峦之起伏，峰岫之联亘，若奔若蹲，若去若来，皆效于左右。昔柳子厚称山栖之宜有二：其地凌峻峭出幽郁，则于敞宜；其地处幽窅蓊林麓，则于邃宜。今兹山之胜，既高明而爽垲，复幽荫而荟蔚，敞与邃实兼之。且与涌泉上方相依，出门而寻师友，则方丈之典型在望；闭户而摄六根，则一室之精勤有所，是与丛林分而合二而一者也，藏修之地莫过于此。一公曰：“诚如高论，俟执事息肩，当投老于此。入法华三昧，居士其为我名之。”余笑指长江曰：“岂不闻‘一口吸尽西江水’语乎？请以名公兰若。顾余衰且老，大事未明，修行无力，逮向平累毕，当匿影此山，以

林之蕃“吸江兰若记”题刻

求无生之法，一公应分半榻相待。”清泉白石其闻余言。

癸卯嘉平月，涵斋林之蕃题

这段石刻位于鼓山梅里景区内，背靠报亲庵（即吸江兰若），面朝舍利窟，旁边是鼓山第九十六代住持道霈的《舍利窟看梅》石刻。

林之蕃（1612—1673），字孔硕，号涵斋，晚年隐居鼓山积翠岩，自号积翠山陀，闽县（今福州）人，出身“四世簪缨”之家，明崇祯十六年（1643）进士，历户部主事、嘉兴县令，入南明后，任浙江道监察御史、吏部文选司员外郎、吏部考功司郎中，明亡后，归隐山中，成为鼓山的大护法，明末清初的几任涌泉寺住持，如元贤、道盛、道霈、大宁（未任）、道安等，都出自他的举荐或延请。

林之蕃的一生，有36年是在鼓山上度过的，因为父亲林弘衍是鼓山大护法的关系，他年轻时就在鼓山读书，常常都要经过舍利窟。那时候的舍利窟还没有“吸江兰若”，只有几亩茶园、几间茅屋，“樵夫农父熙熙相聚，宛然武陵源”。

报亲庵

清兵入关后，战火烧到福州，连世外桃源的鼓山都不得安宁，先是舍利窟遭到了兵燹，以致“人烟断绝，向之村落荡为荒丘”，接着涌泉寺也遭到匪寇洗劫，连当山住持永觉老人都被绑架，幸亏半山上轿子翻了，永觉老人才被救了回来。经此劫难后，永觉老人决定在舍利窟常住，他从剩下的一户农人手中将兵燹后废弃的茅屋买下，交给弟子垦辟，并在院子里种植果蔬，可惜这些茅屋破破烂烂，且敝朽不堪，住在里面随时都有倾倒崩塌的危险。

也就是此时，林之蕃一瓢一衲，遁入鼓山，他“自号积翠头陀，与故老李元仲、张能因辈，皆似僧非僧，以终其身”，方以智、金道隐、道霈等也常常到积翠岩、白云洞，与他一起精研禅理，弥月不倦。

清顺治十二年（1655），永觉老人让监院一脉和尚重修舍利窟的茅屋。一脉和尚最初从智光法师出家，后受戒于博山无异，得法于永觉老人，他平时“忘身事众”，勤勉干练。收到师父指派后，他向资材雄厚的居家弟子罗信潮化缘，终于将茅屋修建为“五间两榭，屏卫以垣墙，经纬以花卉，供金身其中”的佛庵。据永觉老人唯一的嗣法弟子道霈的《餐香录》记载：“罗信潮善友，孝悌修身，慈和接物，处世无着世之念，居家有出家之心，取莲国于金方，创‘兰若’于石鼓。”

佛庵落成后，一脉和尚邀请林之蕃到佛庵做客，并希望他为暂称为“兰若”的佛庵命名。林之蕃想到蹉跎半生，“大事未明，修行无力”，眼见着崇祯、弘光、隆武三朝覆亡，敬重的相国黄道周、大宗伯曹学佺相继尽节，同姓、同师、同舍、同举、同年、同官的好友林垐“踉跄赴难”被清兵射杀于福清城下，对他亲睐有加，赞他“敦大老成，为令有廉声”的南明隆武帝也被执身死，心中的愤懑渐渐化为无奈，再到万念俱灰，他不由想起一段禅宗公案，于是手指闽江，脱口而出：“岂不闻‘一口吸尽西江水’语乎？请以名公‘兰若’。”

“吸江兰若！”一脉和尚拍案叫绝。

“一口吸尽西江水”，是禅宗的一段著名公案，来自唐代高僧马祖道一与居士庞蕴的一段对话。庞居士问马祖：“不与万法为侣者，是什么人？”马祖没有直接回答，而是话锋一转：“待汝一口吸尽西江水，即向汝道。”庞居士瞬间领悟，心中的妄念，就像吸不尽的西江水，若不放下，只能自寻烦恼。

康熙二年（1663）十二月，当林之蕃再次来到吸江兰若时，江风依旧，物是人非。永觉老人早已圆寂。道霈在林之蕃等的推举下，继席开法，成为鼓山第九十六代住持。一脉作为资深监院，仍在“吸江兰若”常住，作为永觉老人的弟子，他与林之蕃的私交甚笃，很希望林之蕃“投老于此，入法华三昧”，林之蕃也真诚地回他：“向平累毕，当匿影此山，以求无生之法。”并开玩笑地加了一句：“一公呀，我若前来，能分我半张床吗？”（林强）

李拔南教场演武厅铭

南教场演武厅铭

闽省滨海，用武之地，为东南半壁保障。水陆旗营，貔貅数万，练习无虚日。教场在九仙山之南，负城面江，背九仙。广袤共十千丈有奇，堂室各五间，廓倍之。亭台俱备，阅武者，咸于此焉。乾隆庚辰，予典郡事，以其圮也，饬所司葺之。靡帑金如干数，弥月功成，嗃皇壮丽。每大阅，凭轼观之，止齐步伐，如火如荼，诚海表之雄风也。因为之铭，其词曰："帝德崇兮，景运隆兮。闽海之土，如虎静熊兮。师啴啴兮，气恒恒兮。绵绵翼翼，无敢奸兮。静如坻兮，动如水兮。不测不克，叹观止兮。敛甲兵兮，息鼓钲兮。海波镇静，泰阶平兮。"

《南教场演武厅铭》题刻，位于今于山南面兰花圃内一棵大榕树下方，根据有关资料记述，此为福州市面积最大的一段古代摩崖题刻。

南教场，即今五一广场，位于福州于山南麓，面积 7 万多平方米，曾是福州老百姓最大的公共活动场所。五一广场，汉代时期是一片汪洋，宋时辟为军队操练教场，从此逐步扩大，明代教场周围达到 4 里。教场以河为界，东、西两个方向建有辕门，门外立有"扬威坊"，设立阅武堂，东北隅建旗纛庙，殿庙还作为军队出征祭旗场所。

清政府在福州城东、西、南、北四座城门之外，分别设立教武场，南门外教武场就称之为"南教场"，同时把"阅武堂"改称为"演武厅"。福州每年都要进行一次规模不小的练武演习，这个演习都安排在

“南教场演武厅铭”题刻

场地较为宽广的“南教场”进行。每次练武演习到最后节点，都会举行隆重的阅兵议式，接受总督、巡抚、将军等上级要员观摩与检阅，场面严肃、热闹。福州“南教场阅兵”远近闻名，成为福州当时的一件盛事，影响深远。

宋代南教场东北隅，还建有一座武圣庙，也称关帝庙。林枫在《榕城考古略》中云：“明嘉靖中，召客兵居此。万历初，东西建兵房，其外有旧教场。”这里说旧教场，即明初所建成的“南教场”。这说明，明、清时期的南教场附近建的兵营，驻扎水陆将校和兵士，那些士兵日夜保卫着福州的安全。

演武厅设厅堂、堂室、长廊、亭榭，各处建筑都具有一定规模。清乾隆壬午年（1762）秋，在福州任郡守兼理海防才几个月的李拔，组织了一次隆重的练武演习和阅兵活动。在练兵中，李拔见有的建筑有些损坏，特别是演武厅部分建筑特别老旧，觉得应予以修缮，经过几个月努力，演武厅等装修工程顺利竣工。

李拔率众前往检查，见演武厅结构宏伟壮观，景色焕然一新，于是心情大悦，写下这篇《南教场演武厅铭》。

当时于山南向已有许多石刻，要找到一处合适之地颇不容易。当李拔走到九仙观附近时，突然发现树林里隐藏着一处又宽又高又陡的大石壁，而且石壁适宜雕刻，他高兴不已，立即决定让《南教场演武厅铭》在此“安家落户”。

《南教场演武厅铭》，李郡守一气呵成，“绵绵翼翼，无敌奸兮”“海波镇静，泰阶平兮”。福州摩崖石刻众多，铭记也有不少，但很难找到有这样大气的铭文。于山这段铭文石刻已成为福州石刻的一大亮点。

李郡守在文章开头就点出，福建是一处海防重地，是用武之地，水兵和陆兵每天都要坚持操练，决不能掉以轻心，强兵训练是为了保障东南半壁江山的安全。

接着，李郡守在文章中简要介绍了练武场所处之地和练武厅的修缮。当他在阅兵台上观摩，看到操练士兵步伐整齐，如火如荼，具有不可战胜之雄风，非常高兴，大力赞赏演武厅的宏伟和将士们之强大。海防有强兵强将守卫，东南沿海就有了安全保障。

李拔于乾隆庚辰年（1760）5月，从福宁府调任福州知府兼理海防。到福州后，李拔首先抓好海防工作，保障东南沿海安全。接着，他投入资金，抓好福州的教育和文化建设，纂修了《福州府志·艺文志》。李拔在福州府任职，短短的三年多间却为百姓办了许多实事。为官清廉，政绩突出，深得百姓拥护和爱戴，绅民特立“去思碑”，长久思念李拔。（章礼提）

黄波陪左宗棠游鼓山

陪湘阴相国游鼓山

屴崱峰头雨乍晴，忘归石上证三生。
潮声浩瀚来沧海，云气飞腾下郡城。
题咏尚留唐宋字，登临不尽古今情。
叨陪上相开双眼，一览乾坤万里明。

忽从天半会群英，洞口神仙亦笑迎。
出岫闲云随变幻，在山泉水自澄清。
茫茫瀛海何时晏，落落晨星几点明。
一夕便传千古迹。他年勒石纪功成。

光绪乙酉暮春，湘潭黄波

这段石刻位于晋安区鼓山涌泉寺后的灵源洞侧。光绪乙酉，即清光绪十一年（1885），由湖南湘潭人黄波题写。

黄波（1842—1887），是湘军名将黄润昌的三弟，名润珂，字沛皆。太平军起事时，佐黄润昌治军，不肯叙军功，得父兄助，捐府同知。郭松林率军剿捻时，主其粮运，留江苏，以知府、道员用。黄润昌援黔时，回到湖南为粮台。光绪八年，左宗棠为两江总督，将黄波调入督署，后署理扬州知府。因得罪提学使，被弹劾，跟了漕运总督杨昌濬。

黄波“陪湘阴相国游鼓山”题刻

光绪九年，因法国侵略越南，进而攻击驻越清军，而引发的“清法战争”爆发，双方各有胜负。清廷怕“边衅一开，兵连祸结，恐成难了之局”，倾向和谈，却因一味妥协引来法方得寸进尺。光绪十年六月，法军不顾《万国公法》的约定，将军舰开进福州马尾港，大战一触即发，可闽省四大员还以上谕中“法人如有蠢动，即行攻击”一句，不敢主动应战，结果在七月初三，法军突然向福建水师发起炮击，福建水师仓促应战，全军覆没，官兵阵亡 700 多人，船政局也遭到破坏。之后，法军转攻台湾。七月初六，朝廷被迫对法宣战，派杨昌濬来闽担任闽浙总督，黄波作为杨昌濬从属，一并入闽。

不久，黄波的老上级左宗棠亦来到福州，住进了皇华馆（今福州三中一带）。

左宗棠（1812—1885），字季高，湖南湘阴人，41 岁以举人出仕，历任兵部郎中、太常寺卿、浙江巡抚、闽浙总督、陕甘总督，其间“剿灭发逆、捻、回各匪”，创办福建船政，授东阁大学士。同治十三年（1874），任钦差大臣督办新疆军务，“底定回疆”，加恩二等恪靖侯。光绪七年（1881），入直军机，旋任两江总督。光绪十年，因“目疾剧增”，二直军机，三个月后，改任钦差大臣督办福建军务。因其曾入阁，且两直军机，世人呼之为“湘阴相国”。

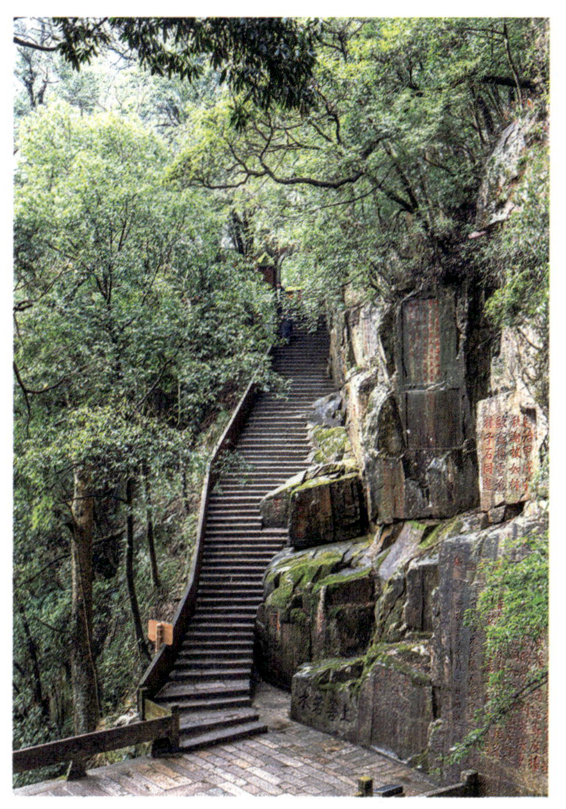

涌泉寺登山道周边题刻

左宗棠到达福州时，台湾局势已岌岌可危，基隆失守，沪尾受敌，全台海口被封，法国舰艇游弋在台湾海峡。而福州的官民，因马江败挫，也是“一夕数惊”。曾有一户人家院中的木头倒地，发出“砰”的一声，家里人以为是炮响，裸足而奔，引得周围人惶惶不安。所以左宗棠的到来，尤其他手执长鞭，头戴双眼花翎，身穿黄绫马褂，骑在高头大马上意气风发的形象，更是让福州人倍感放心，认为东南半壁的安危，终于有保障了。

左宗棠不负重望，一上任就马不停蹄，布署闽江防务。闽江口有两道防线，一为长门、金牌，二为闽安。他先令所部“各营勇分扎长门、金牌、连江、东岱、梅花江各要口，严密巡防”，又在海口“最要之地”的长门、金牌，竖立铁桩，横以铁索。另外，在距离福州三十里的林浦、魁岐及闽安右路的梅花江，也垒石填塞，仅容小舟通行，并打捞被法击沉的火炮，加固炮台。除夕之夜，正是家家户户团圆过节的时候，他顶风冒雨，深入长门、金牌前哨巡视，致欲偷袭的“法军引去”。

可惜此时的左宗棠，身体已每况愈下。他曾自述：“自到福建以来，食少事烦，羸瘦不堪；手腕颤摇，难以握笔，批阅文件，万分吃力；时间稍长，即感心神彷徨无主，头晕眼花。有时浑身痛痒，并经常咳血；偶尔行动，即气喘腰痛。”医生说，这是“肝脾火忧，心失所养”的毛病，建议他悉心静摄。光绪十一年（1885）暮春三月，黄波前来拜访，左宗棠放下手头政务，邀他一起前往鼓山。

鼓山是闽藩左辅，山中的涌泉寺更是闽刹之冠，若不是军务繁忙，左宗棠早想登山一览。他从小钟意碑帖，而鼓山壁立千仞，石刻如麻，正可以慢慢欣赏。

望着苍苔半蚀下名公巨卿的文字，左宗棠总要轻轻摩挲，他一会儿跟蔡襄、苏舜元、朱熹、赵汝愚、陈孔硕、真德秀、龚用卿等古人交流，一会儿向林则徐、沈葆桢、陈宝琛、林寿图、杨浚、周莲、吴大廷等同僚倾述。如果题刻者与抗击外虏有关，他会久久伫立，仿佛对他们遭受主和派排挤的经历感同身受：力主抗金而罢官寓榕的李纲、因主战被秦桧诬陷的张元幹、金人犯淮而抱愤以卒的汪若容、安南之役中居功至多的汪文盛、鸦片战争时在五虎门练兵抗英的苏廷玉。

站在比自己还要高大的“忘归石”前，他想起了李纲题灵源洞的一首诗，“淹留遂忘归，怅望云海瞑”，原来李纲当年也曾站在这里惆怅、徘徊，对“偷安朝夕间”顿足捶胸。是啊，这茫茫瀛海，何时能晏！

七月廿六，“病体殊深”的左宗棠卒于皇华馆。临终前，他把次子左孝宽叫到跟前，口授遗言：“越事和战，中国强弱一大关键也。臣督师南下，迄未大伸挞伐，张我国威，遗恨平生，不能瞑目！”消息传出，福州城中巷哭失声，如失所亲。坊间传闻，那一夜，福州城东北隅城墙崩裂两丈，俄尔，雨倾盆而下，彻夜不停，仿佛天公也在为他悲悼哀泣。（林强）

陈宝琛的鼓山印记

听水

听惯田水声，时复爱泉响。
循崖临窈深，入崦息夷敞。
老禅风烟寥，枯涧草木长。
活活隔岭流，日夜遂孤往。
僧闻试函笕，我倦借轩榥。
危滩梦中遥，连雨心上爽。
独寐惭人宽，六凿谢天养。
以兹傲愚溪，西亭在乡壤。

丙戌六月，逃暑入山，就晏师
坐处结一小寮，得八十字。弢庵

地傍乌龙江潮澎湃，门对五虎山峦叠翠，闽县螺洲（今属福州市仓山区），偏安狭长的福州南台岛西隅，明清两代文教兴盛、人才辈出。1848 年 10 月 19 日，陈宝琛出生于螺洲世代簪缨之家。他早年科名顺达，中年蛰居乡里，晚年重获大用，一生历经清道光、咸丰、同治、光绪、宣统与民国，于 1935 年 3 月 5 日病逝，以米寿之年为后人留下一笔丰厚的文化遗产。

名以正体，字以表德，号以寓怀。陈宝琛高寿，雅号也多，为人熟知的有弢庵、橘叟、橘隐、沧趣楼主、沧趣老人、听水斋主人等。这些

陈宝琛“听水”题刻

号大多与螺洲的楼阁、闽江畔的橘子、鼓山的听水斋有关。他工书法，古朴典雅、风骨棱棱，因字伯潜，被时人称为“伯潜体”。

今天，在鼓山灵源洞苍崖和涌泉寺、西禅寺等寺庙，稍加留意便能看到落款弢庵、伯潜、听水居士的“伯潜体”摩崖石刻或石柱楹联。这些字迹如电光石火，让人一下子在眼前浮现出这位“冰渊晚节期无忝，桑海余生会有涯”的世纪老人。

雅好：听水洗心

陈宝琛人生中 38 岁到 62 岁的黄金岁月，是在福州度过的。这 24 年里，他几上鼓山已不可考，但对这座“州之望山”的喜爱可谓至深，“方山于我亲，鼓山是我邻”。1886 年，年近四十的陈宝琛在灵源洞

“立”了一斋——听水斋，“予之归，年未四十，尝为‘沧趣’‘听水’二楼，以娱吾亲。”

自宋以降，达官显宦、公卿大儒、高僧大德登览此山多有留刻，灵源洞一带苍崖几无片隙。陈宝琛夏日里“逃暑入山”，观摩前贤题刻，也写下八十字，镌刻于听水斋旁如刀削的崖壁上。

“听水”两个擘窠大字，笔画繁简悬殊，但处理得体，能够计白当黑，形态儒雅刚毅，足见深厚功力。旁边诗刻则用小楷书写。这些楷书杂糅欧楷、柳楷以及黄庭坚楷书而自成一体，是“伯潜体”的代表作。

陈宝琛自小在乌龙江边长大，那一带平畴千里，滔滔江水、潺潺田水早已“听惯”。灵源洞溪涧的水，从高处落下，“活活隔岭流，日夜遂孤往”，自与山下的水不同。

他在《鼓山灵源洞听水斋记》中写道：“凡物能为声者莫如水，水

鼓山听水第一斋

之在山也，清激剽厉又十倍于常声。”他兴奋地描述山居遇到暴雨天时的罕见景象：“遇冻雨，则灵源洞口，如飚号雷殷、万马之奔腾也。”听雨斋原为石质船形，山洪奔腾而下时，人立“舟”头，有怒浪前行之震撼感。拥有非凡胆魄之人，方能见这非常之景。

灵源洞是位于两峰之间的一道深涧，此地清邃幽僻、林木荫翳。郁达夫曾有一段记述：“崖石、崖石、再是崖石；方的、圆的、大的、小的，像一个人的，像一块屏风的，像不知甚么的，重重叠叠、整整斜斜；最新式的立体建筑师，叠不到这样的适如其所——这一区的天地，只好说是神工鬼斧来造成的，此外就没有什么话讲了。”

陈宝琛构斋灵源洞下，主要还是修心。他少年早达，青年身居“枢廷四谏官”之一，刚直无畏、进谏弹劾、指点江山，终因言获罪被降五级，又逢母亲去世，便辞官归隐。“委蜕大难求净土”，可是离开尘世、摆脱愤懑又能哪里去呢？灵源洞恰是一个“洗心”的净土，“寒暑昼夜，备诸声闻，洗心涤耳，喧极生寂，水哉水哉”。

61 岁时，陈宝琛又在永泰塘前村后山龙塘瀑布附近，营建了“听水第二斋”。这里“幽潭密竹，面对飞瀑，声如鼙雷”，他常携家人夏日小住修心，并有诗作记之。

1935 年 3 月，陈宝琛在北京病逝。灵柩从北京经上海转水路运抵螺洲，于 12 月归葬于马尾登龙岭。山下，闽江日夜不息浩荡向海。他与夫人王眉寿静卧南坡，幽明相伴，听江涛海风倾诉，观世事沧海变迁。

兄弟：风雨为怀

陈宝琛有六位弟弟，兄弟间情深义厚。这种棠棣之欢、兄弟之情，在当时就为世人称道。听水斋斋下立石和石壁联诗可见一斑。

这块长条立石在听水斋一楼外侧，有一米多高，石上刻有陈宝琛草书五律一首：

石氏好兄弟，雁行来水斋。
长如拄杖立，少亦听琴偕。
离合那可料，扶携兹自佳。
维摩长一榻，风雨若为怀。

叔毅、墨樵树二石斋前漫题。弢庵

陈家“宝”字辈兄弟排行中，陈宝琛是老大。除了早夭的六弟陈宝瑀，他还有五个弟弟，分别是宝瑨、宝璐、宝琦、宝瑄、宝璜。六兄弟中，老大、老二、老三中进士，宝琦、宝瑄、宝璜则中举人，这就是著名的螺洲陈氏“六子科甲”的故事。

这次到访听水斋的是三弟叔毅（陈宝璐）、五弟墨樵（陈宝瑄）。

陈宝璐（1858—1913），字敬果，又字叔毅，号韧庵，著名经济学家陈岱孙的祖父。光绪十六年（1890）进士，选庶吉士，散馆改刑部主事，未几引归，一委于学。从谢章铤问学，谢殁，代主致用书院一年。

陈宝瑄（1861—1894），字敬斋，又字墨樵，号仲起。光绪十九年（1893）举人，敕授文林郎。陈宝瑄善作画、爱石章，精鉴赏印纽，自号“耽石斋主人”，藏有田黄等名贵石章数百枚。

从题记和诗句可知，陈宝璐、陈宝瑄来听水斋时，在斋下立了两块石头，“长如拄杖立，少亦听琴偕”。可惜，我们今天已找不到另一块立石。1893 年夏天，陈宝瑄正在温习功课准备乡试，此番上山得两位早年考中进士的哥哥陪读，自然效果奇佳。八月，光绪癸巳恩科开考，陈宝瑄如愿中举。

我们如今在听水斋下读这首诗刻，仍能感受到陈宝琛兄弟之间的浓浓深情。两位弟弟和两块石头一起“雁行来水斋”，石头互相依靠、扶携的场景，可不就是兄弟应有的样子？

“维摩长一榻，风雨若为怀”，陈宝琛想起了苏轼苏辙兄弟“夜雨对床”的约定。这种手足情深、促膝夜谈的场景千百年来总是让人动容。韦应物有“宁知风雨夜，复此对床眠”，白居易则说“能来同宿否，听雨对床眠”。苏轼赴凤翔就任前夕，与弟弟人生中第一次分别时写道：“亦知人生要有别，但恐岁月去飘忽。寒灯相对记畴昔，夜雨何时听萧瑟。”在结尾句，陈宝琛相信自家兄弟也能一如古人，相伴维摩榻，风雨若为怀。

在灵源洞前溪涧西壁，游客很容易被手捧经书的竺道生摩崖造像吸引住。但如果细心的话，就会看到造像边上陈宝琛与三弟陈宝璐的行书题刻《雪坪夏坐偕叔毅联句》。诗尾记载手书者伯潜。这首长诗佶屈聱牙，用字用典艰涩生僻，无甚可观。但它是陈宝琛在鼓山的楷书、草书石刻之外，难得一见的行书石刻。

人生在世，离合难料。陈宝琛虽然兄弟七人，但经历多波折。“离合那可料”，是他的不尽感叹，却一语成谶。陈宝瑄中了举人后，次年就不幸染疫，被医生误诊病故，年仅 34 岁。陈宝琛在挽联中悲痛又自责：“上有老父，下有藐孤，年盛才长胡可死；田舍汝劳，刀圭汝误，天穷人厄愧为兄。”在《听水斋杂忆》第四首中，他又对移石题诗一事追悔不已，“移石题诗事偶然，那知谶发甫经年。却添衰白登高泪，不见明秋月再圆”。在诗末自注中，他写道：“癸巳七月，叔毅、墨樵树二石斋前，余诗有‘离合那可料’语，而墨樵甲午八月殁。先君九月入山，见之尽然以为谶也。明年六月，先君即见背。”

1913 年 1 月 13 日，三弟陈宝璐也因病医治无效，在螺洲逝世，时年 55 岁。在北方的陈宝琛得知噩耗，在给二弟陈宝瑨的家信中痛不欲生地写道：“昨接虞电，骇恸欲绝。顷得复电，知叔毅病才两日，遽尔不救。其平日少行动，湿痰停滞，时为之虑。加以丁此时世，亦一致病之由。不意三年之别，遂成永诀。痛哉痛哉！弟万里生还，犹有一年之聚，然亦何以为情。迢迢南北，白头兄弟，只我两人，兄自知宽譬，不贻弟忧，弟亦当自保重也。”

陈宝瑨与陈宝琛仅相差一岁，两人从小一起游玩、念书，一同长大，关系最为亲密。陈宝瑨曾任云南曲靖府知府，辛亥革命后，他交出官印由曲靖返回福州，于1933年3月病卒于螺洲老宅，享年85岁。最后一个，也是最亲近的一个弟弟又先自己而逝，对晚年陈宝琛打击很大，不出两年，这位“末代帝师”也仙逝于北平灵清宫寓所，享年87岁。

师友：欷歔万端

鼓山近千年留下的600多段摩崖石刻中，以朱熹赵汝愚石刻最为知名。在灵源洞往东石门的苍崖上，陈宝琛多次吟咏赵朱二贤一来一往的题刻，天风海涛情谊长，二公遗墨快心目。光绪甲午（1894）四月，他在赵朱两段石刻正下方的踏石上，恭恭敬敬地镌上一首五律：

济川须我友，相与但一诚。
二公道义徒，兹焉见平生。
志得无管葛，身危运亦倾。
拂石谂来哲，谅此欷歔情。

赵朱二公题石下感赋，时光绪甲午四月，听水居士

百年光阴侵蚀了石上诗刻，个别字已漫漶不清。游客仰头欣赏赵朱石刻时，谁也不会注意到踩在脚下的这段诗刻。

这些蒙尘的字迹间，依旧可辨陈宝琛对朱文公、赵忠定公的景仰与敬拜：辅佐君王还须我等忠义之徒，平生相交以诚、相处以道，有管仲、诸葛亮等古贤相的志向，但也会因身危而命运倾斜。一遍遍擦拭石刻，希望后来者也能深切感受到这种欷歔万端之情。

石门边一棵老松，树干弯曲若老翁，后被风刮倒。在听水斋隐居期间，陈宝琛常到这里散步，见此感叹万千。他“画以存之，题曰石门松隐”，并题有“及见支离百岁身”诗句。他从老松遭遇，似乎看到了朱熹、赵汝愚的身影，又仿佛看到自己的未来。

在千年名刹福州西禅寺，入殿大门石柱上的对联，是陈宝琛手书的朱子名联："碧涧生潮朝自暮；青山如画古犹今。"大儒朱子，是他一生追崇膜拜的圣人。

冥冥之中似有轮回。绍熙五年（1194）六月九日，宋孝宗驾崩，光宗禅让，宁宗赵扩继位。八月五日，由于赵汝愚的力荐，65 岁的朱熹担任焕章阁待制兼侍讲，成为宁宗钦点的十名经筵讲官之一。但仅当了 46 天帝师，朱熹便被罢免。宣统三年（1911），63 岁的陈宝琛成为冲龄溥仪的帝师，师徒一处就是 20 多年。陈宝琛去世后，溥仪赐予他"文忠"谥号。

1902 年，陈宝琛在《听水斋杂忆》中，忆及十多年来与听水斋相关的人与事，感慨人事沧桑之变，"携稚山斋理梵书，廿年人事几乘除"。

隐居期间，师友常来听水斋相聚。如，光绪十三年（1887）七月十五之后的月夜，陈宝琛在听水斋扫榻接待著名学者谢章铤，"昨夜峰头月，山庄照著书"，"海风吹短发，且喜未扬尘"。常来往的，还有著名藏书家叶大庄、龚易图等。他的妹夫高向瀛也在石门留有诗刻，记载与梁和钧、陈用刚等人同宿山中之事。其中，"对话听水斋，坠石犹省记"一句自注中，提及"斋前对坐有巨石落其间"。20 年来，师友零落，令陈宝琛无比感叹。

听水斋边上就是涌泉寺，陈宝琛在涌泉寺法堂门口和回龙阁立柱上，各自镌刻一副"伯潜体"楹联。

涌泉寺法堂门口石柱上刻："能度众生，岂独潭龙知所讲；愿闻一喝，长教海水不扬波。"回龙阁立柱上刻："高树夹明漪，本来清净宜常住；巍峰当杰阁，合有英灵在上头。"

这些字迹带有清末民国书坛上自成一家的陈氏书法明显特点，起笔藏锋居多，与陈宝琛号"弢庵"的韬光养晦之性情相表里，也与这段清幽隐居生活相对应。（张浩清）

僧人诗刻铭鼓山

舍利窟看梅：倚岩傍屋梅千树，岁岁临冬竞放花。唯有今年花更好，暗香飞散落谁家。诸禅约我看梅去，无有梅花岁晚心。铁干横斜撑落月，玉英历乱吐霜林。僧霈题，时庚戌长至后十日。

“鼓山肇自唐季，邃古无闻”，至唐五代时期灵峤、神晏二禅师开山，文人名士纷至沓来，鼓山方成为福州名胜。俗话说，“自古名山僧

鼓山僧人诗刻

鼓山十八景佛名摩崖石刻

占多”，鼓山涌泉寺僧人俨然鼓山之主，历代寺僧修葺鼓山古迹，刊石造景，方有今绵延千载的摩崖石刻。

鼓山摩崖石刻仿佛是鼓山涌泉寺天然的签名簿，常有主僧陪同文人名士游山勒石，甚至有不少石刻就是寺僧为访者刊刻于石。鼓山历史上虽不乏著名诗僧，但僧人自己却颇为惜“石”，所留的诗刻并不多。

南宋僧人痴绝的佚刻诗

道冲禅师（1169—1250），讳道冲，字痴绝，俗姓荀，武信长江（今四川遂宁）人。痴绝为南宋临济宗杨岐派高僧，嗣法于曹源道生禅师，历住诸名刹。宋理宗嘉熙年间（1237—1240），曹豳出知福州，礼请痴绝道冲住持鼓山，然未能成行，寻改住福州雪峰寺。虽然道冲无缘住持鼓山，但与鼓山渊源甚深，元代的几代鼓山住持皆出自道冲法脉。

据《鼓山志》记载，痴绝道冲有七律《游鼓山》一首，镌于鼓山绝顶峰：

野径斜连石涧旁，草根呢呢语寒螿。
郊原经雨多秋意，庭院无人自夕阳。
风卷暮云归碧嶂，叶随野水入寒塘。
数家篱落枫林外，枳壳垂青菊绽黄。

痴绝道冲的诗刻是鼓山已知最早的僧人诗刻，可惜已佚。痴绝道冲此诗全篇写景，描写游山时的悠闲心境，给人以空静清寂之感。痴绝道冲是南宋名僧，禅风有“得处超轶，用处洒落”。传世诗作以偈颂、真赞为主，多借诗说理，阐明禅理或展现禅境。这首《游鼓山》是他仅见的写景佳作，殊为可贵。

清初僧人道霈的咏梅诗

道霈禅师（1615—1702），讳道霈，字为霖，俗姓丁，福建建安（今福建建瓯）人。道霈为清初曹洞宗寿昌系高僧，嗣法于永觉元贤禅师，前后住鼓山 20 多年，对清代鼓山的繁荣起了至关重要的作用。道霈禅教兼行，净律并开，研学经教，著述宏富，尤其于华严学颇有造诣。他在鼓山留有多处石刻，以十八景景区的“佛窟”最为知名。

为霖道霈在鼓山有两处诗刻，其中有七绝《舍利窟看梅》两首，在康熙九年（1670）镌于鼓山舍利窟：

倚岩傍屋梅千树，岁岁临冬竞放花。
唯有今年花更好，暗香飞散落谁家。
诸禅约我看梅去，无有梅花岁晚心。
铁干横斜撑落月，玉英历乱吐霜林。

舍利窟是鼓山名胜之一。顺治十二年（1655），鼓山监院成源建

元贤“灵源深处”题匾

庵于此，林之蕃为其命名吸江兰若。林之蕃也有诗赞舍利窟的梅花，称“四面凭虚云外槛，百年高卧石边梅”。林之蕃将梅花置于广阔的时间与空间之中，用豪迈之境衬出点睛之景。相对之下，道霈的两首诗归于平淡，不经意间流露出一种孤独疏离之感。

晚清僧人虚云的还山诗

虚云禅师（? —1959），字德清，俗姓萧，湖南湘乡人，生于泉州。虚云年轻时在鼓山出家受戒，后来云游参学，历坐十五道场，重兴六大祖庭，以一身兼承禅门五宗法脉，门人弟子遍布海内外，是近现代禅宗泰斗。民国 18 年（1929），虚云被涌泉寺僧众及护法官绅推选为方丈，住持期间颇有建树。

虚云对鼓山文献的整理做出了很大贡献，而他留在鼓山最早的一段文字，当属宣统元年（1909）镌于鼓山登山古道旁的诗刻：

岭上猿啼伤客心，昔余缁鼓屡登临。
间别廿年无来去，恍惚世情异古今。
不见青山愁日晚，更惶华发畏霜侵。
遍观故国流离竟，恐鸿难返发长吟。

这首诗用的是杜甫名篇《登楼》的原韵。首句的“伤”字为全诗定下感情基调，虚云本为鼓山出家的僧人，但此番回觐鼓山已经是“客”

虚云诗刻

僧的身份。次句回忆起曾经在此出家的场景，更衬托出“伤客心”三字的感伤。在诗的后六句中，虚云进一步将其自身的情思与古今之变、兴亡之感融于一体，寄慨遥深。杜诗作于唐王朝“万方多难”之际，虚云在诗中同样也发出了“遍观故国流离竟”的感慨，体现出虚云将国家民族命运与个人遭遇相结合的深悲宏愿。不过，此时因感慨写下“间别廿年无来去，恍惚世情异古今”的虚云，恐怕未能预料到正好是在二十年后，他将入主鼓山并在其历史上留下浓重的一笔。

民国高僧太虚的哲理诗

太虚法师（1890—1947），讳唯心，字太虚（以字行），俗姓吕，浙江崇德（今浙江桐乡）人。太虚是近代一位学识广博、眼光敏锐且极具魄力的高僧，一生致力于佛教改革运动，对现当代佛教的发展有着深远影响。1927 年，南普陀寺方丈会泉法师任满，公推太虚法师为继任住持，并推转逢、常惺、转岸三人为代表，赴上海迎虚云到厦门。太虚一行途经福州，晤福州名士登山怡游。

太虚游鼓山诗刻位于灵源洞枯涧边，福州西禅寺住持智水、厦门南普院寺住持会泉、南安雪峰寺住持转逢同游，常惺因事不至，太虚题诗并书丹：

一泉湛湛阿罗汉，觅到灵源洞已深。

喝水岩前流更急，溪花照彻国师心。

太虚此诗的四句分别提及了罗汉泉、灵源洞、喝水岩、国师岩四处鼓山名胜，看似描写景色，实际上灵源洞是一枯涧，太虚所描绘的景象几乎都是想象出来的。所以太虚此诗是在借诗明禅，只是借题发挥，用以阐发思想，与实际景色并无多少关联。诗中的“罗汉”“灵源”“国师心”都可视为修行中的某种境界，所围绕的还是禅宗的老话题，所以诗的末句由动归静，“国师心”就映彻在湍流溅出的水花上。（孙源智）

附　录

福州市摩崖石刻保护规定

（2024年10月29日福州市第十六届人民代表大会
常务委员会第二十次会议通过
2024年11月28日福建省第十四届人民代表大会
常务委员会第十三次会议批准）

第一条　为了加强摩崖石刻保护利用，传承和弘扬闽都历史文化，根据《中华人民共和国文物保护法》、《福建省文物保护管理条例》等法律、法规，结合本市实际，制定本规定。

第二条　本市行政区域内摩崖石刻的保护、管理、利用、研究适用本规定。

第三条　本规定所称摩崖石刻，是指在岩体表面或者崖壁上，凿刻的单体造像、造像群，或者刻写的各种书体文字。列入本规定保护的摩崖石刻为：

（一）鼓山、乌石山、于山、冶山摩崖石刻等核定公布为文物的摩崖石刻；

（二）由文物行政主管部门组织专家认定，具有历史、艺术、文化等价值，但尚未核定公布为文物的摩崖石刻。

第四条　摩崖石刻保护应当坚持保护第一、加强管理、挖掘价值、有效利用的原则。

第五条　市、县（市、区）人民政府应当制定摩崖石刻保护专项规划，建立保护协调机制，所需保护经费列入本级财政预算。

第六条 文物行政主管部门对本行政区域内的摩崖石刻保护实施监督管理。

自然资源和规划、园林绿化、林业、公安、文化和旅游、民族与宗教等部门在各自的职责范围内做好摩崖石刻保护工作。

第七条 乡（镇）人民政府、街道办事处应当按照职责做好辖区内摩崖石刻保护工作。

鼓励摩崖石刻所在地村（居）民委员会依法制定村规民约，建立群众性保护组织，参与摩崖石刻保护。

第八条 市、县（市、区）人民政府应当建立摩崖石刻保护志愿服务制度，培训指导志愿者参与摩崖石刻安全巡查、保护、宣传、讲解等活动。

第九条 鼓励公民、法人和其他组织通过捐赠、资助、举办公益性宣传教育活动等方式参与摩崖石刻保护。

市、县（市、区）人民政府可以对在摩崖石刻保护利用工作中作出突出贡献的单位或者个人给予奖励。

第十条 文物行政主管部门应当加强同有关教学科研单位和组织的交流、合作，开展摩崖石刻风化防治、病害防治、裂隙治理以及展示效果等方面的科学研究，推广使用摩崖石刻保护先进技术。

第十一条 文物行政主管部门应当对本行政区域内所有的摩崖石刻每十年进行一次普查登记。

普查应当以幅、方为单位，对摩崖石刻的名称、位置、面积、字体、文字内容、题刻年代、题刻人等内容进行登记，建立摩崖石刻信息数据库，纳入本市历史文化遗产资源数据平台。

第十二条 市、县（市、区）人民政府应当确定和公布摩崖石刻保护管理责任人，并为保护管理责任人提供必要的保护设备、设施。

文物行政主管部门应当组织开展摩崖石刻保护业务知识培训，为保护管理责任人提供摩崖石刻保护的技术支持。

第十三条 市文物行政主管部门应当根据摩崖石刻信息数据库，制定摩崖石刻保护名录，保护名录应当包含普查登记情况、保护管理责任人等内容，报市人民政府批准后对外公布。

第十四条 鼓励公民、法人和其他组织向市文物行政主管部门提供未列入摩崖石刻保护名录的摩崖石刻信息，其所提供信息的摩崖石刻被列入保护名录的，市文物行政主管部门可以给予奖励。

第十五条 摩崖石刻保护管理责任人负责摩崖石刻日常巡查和保养维护，履行以下职责：

（一）建立摩崖石刻安全责任制度，配备相应设施，落实各项安全措施；

（二）在摩崖石刻分布较集中或者具有较高文物价值的字段区域设置警示标志、视频监控等保护设备、设施；

（三）发现摩崖石刻存在病害或者安全隐患的，及时采取措施，并报告文物行政主管部门；

（四）在实施修缮、抢险加固、保护性设施建设等保护工程时，制定保护工程方案，经依法批准后，委托具备相应资质的单位实施；

（五）对损坏摩崖石刻的行为进行劝阻，并及时报告文物行政主管部门。

第十六条 本市摩崖石刻实行分级保护。

（一）对核定公布为文物保护单位的摩崖石刻实行一级保护，依法划定保护范围和建设控制地带；

（二）对核定公布为文物，但尚未核定公布为文物保护单位的摩崖石刻实行二级保护，根据实际情况，对摩崖石刻本体以及周围环境进行保护；

（三）对具有历史、艺术、文化等价值，但尚未核定公布为文物的摩崖石刻实行三级保护，对其本体进行保护。

第十七条 县（市、区）文物行政主管部门应当按照下列规定，定期组织专业技术人员对摩崖石刻进行巡查：

（一）对实行一级保护的摩崖石刻，每三个月组织巡查一次；

（二）对实行二级保护的摩崖石刻，每六个月组织巡查一次；

（三）对实行三级保护的摩崖石刻，每年组织巡查一次。

在巡查中，发现摩崖石刻存在开裂、风化、渗水等情形的，应当及时采取抢救性保护措施。

第十八条 实行一级保护的摩崖石刻，在其保护范围内禁止下列行为：

（一）擅自进行与摩崖石刻保护无关的建设工程；

（二）擅自爆破、钻探、挖掘；

（三）擅自新刻摩崖石刻；

（四）损毁、移动、破坏摩崖石刻保护设备、设施；

（五）其他危及摩崖石刻安全或者环境的行为。

在其建设控制地带内进行工程建设，不得破坏摩崖石刻的历史风貌；工程设计方案应当根据文物保护单位的级别，经相应的文物行政主管部门同意后，报自然资源和规划行政主管部门批准。

第十九条 实行二级保护的摩崖石刻，在其周边新建建筑物、构筑物，相关选址、布局、规模、高度、体量、造型、色调等应当与摩崖石刻的历史风貌以及周边环境相协调。

第二十条 实行三级保护的摩崖石刻，在其周边进行建设工程，不得危及摩崖石刻本体安全。

县（市、区）文物行政主管部门对实行三级保护的摩崖石刻，应当组织开展文物认定。

第二十一条 摩崖石刻应当设置保护标志，保护标志应当包含保护级别、名称、公布机关、公布日期、立标机关、立标日期等内容，设置保护标志时不得破坏摩崖石刻本体、历史风貌以及周边环境。

任何单位和个人不得擅自移动、拆除、刻划、损毁摩崖石刻保护标志。

第二十二条 禁止攀爬、踩踏、刻划、涂污、打砸等损坏摩崖石刻本体的行为。

第二十三条 摩崖石刻所在景区、公园的经营管理者应当合理疏导游客，避免因超量人流对摩崖石刻造成人为破坏。

第二十四条 摩崖石刻因自然因素造成其所在山体开裂、剥落，或者出现危及摩崖石刻本体安全的危岩体等情况时，摩崖石刻所在地县（市、区）人民政府应当及时组织开展抢救性保护。

无法实施原址抢救性保护的摩崖石刻，应当依法申请迁移异地保护。

第二十五条 核定公布为文物的摩崖石刻因文化研究、陈列展览等用途需要拓印的，教学科研单位和文博机构应当依法向有关部门申请批准后，由具备相应资质的单位进行拓印，不得对摩崖石刻本体造成损害。

因摩崖石刻保存状况和其本体特点不适宜拓印的，不得拓印。

拓片应当予以登记并妥善保管，不得挪作他用。

第二十六条 市人民政府应当建设摩崖石刻展示馆与数字化展示平台，运用现代展陈技术，展示宣传本市摩崖石刻本体及其周边历史风貌环境和摩崖石刻承载的历史、名人、诗词、书法、石刻艺术等摩崖石刻文化。

公共图书馆、博物馆、文化馆等应当利用馆藏资源，宣传、普及摩崖石刻文化。

第二十七条 市、县（市、区）人民政府应当挖掘摩崖石刻文化资源，促进摩崖石刻文化与旅游产业融合发展。

鼓励公民、法人和其他组织开发、经营摩崖石刻文化创意产品和旅游项目。

第二十八条 违反本规定的行为，法律、法规已有法律责任规定的，从其规定。

第二十九条 违反本规定第十八条第四项规定，在摩崖石刻保护范围内损毁、移动、破坏摩崖石刻保护设备、设施的，由文物行政主管部门责令改正，恢复原状，并可以处五十元以上一百元以下罚款。

第三十条 违反本规定第二十二条规定，有下列行为之一的，按照下列规定处罚：

（一）攀爬、踩踏摩崖石刻的，由文物行政主管部门给予警告；

（二）刻划、涂污、打砸核定公布为文物的摩崖石刻的，由公安机关给予警告，并可以处一百元以上二百元以下罚款；

（三）刻划、涂污、打砸尚未核定公布为文物的摩崖石刻的，由文物行政主管部门给予警告，并可以处五十元以上一百元以下罚款。

上述行为构成违反治安管理行为的，由公安机关依法给予治安管理处罚；构成犯罪的，依法追究刑事责任。

第三十一条 违反本规定，有关部门工作人员在摩崖石刻保护工作中滥用职权、玩忽职守、徇私舞弊的，依法给予处分；构成犯罪的，依法追究刑事责任。

第三十二条 本市行政区域内除摩崖石刻以外的石刻，可以参照本规定进行管理。

第三十三条 本规定自 2025 年 3 月 1 日起施行。

主要参考书目

（宋）梁克家修纂：《三山志》，海风出版社，2000 年。

（宋）志磐撰：《佛祖统纪》，上海古籍出版社，2012 年。

（元）脱脱著：《宋史》，中华书局，2004 年。

（宋）李心传编撰：《建炎以来系年要录》，中华书局，2013 年。

（宋）北大古文献研究所整理：《全宋诗》，北京大学出版社，1998 年。

齐豫生、夏于泉主编：《二十六史·元史》，吉林延边出版社，1999 年。

（明）黄仲昭修纂：《八闽通志》，福建人民出版社，2017 年。

（明）叶溥、张孟敬修纂：《福州府志》，海风出版社，2001 年。

（明）王应山编纂：《闽都记》，福建省地方志编纂委员会整理，方志出版社，2002 年。

（明）何乔远编纂：《闽书》，福建人民出版社，1994 年。

上海古籍出版社、上海书店：《清史稿》，1996 年。

（清）冯云鹏编纂：《金石索》，西泠印社出版社，2016 年。

（清）陈棨仁修纂：《闽中金石略》，商务出版社，2019 年。

（清）徐景熹主修：《福州府志》，福州市地方志编纂委员会整理，海风出版社，2001 年。

（清）饶安鼎、邵应龙修：《福清县志》，福建省福清县志编纂委员会，1987 年。

（清）郭庭平点校：《连江县志》，连江县地方志编纂委员会办公室整理，海峡书局，2019 年。

（清）林枫编纂：《榕城考古略》，福州市地方志编纂委员会整理，2001 年。

（清）郭柏苍编纂：《乌石山志》，海风出版社，2001 年。

（清）郭柏苍编纂：《竹间十日话》，海风出版社，2001 年。

（清）释元贤撰：《鼓山志》，福州市地方志编纂委员会整理，海风出版社，2001 年。

（清）郑祖庚编著：《闽县乡土志、侯官县乡土志》，海风出版社，2001 年。

（清）郑方坤编著：《全闽诗话》，福建人民出版社，2006 年。

（民国）马衡编纂：《中国金石学概要》，浙江古籍出版社，2021 年。

（民国）沈瑜庆、陈衍等纂：《福建通志》，方志出版社，2016 年。

（民国）陈衍著：《石遗室诗话续篇》，商务印书馆，1922 年。

（民国）李驹主纂：《长乐县志》，福建省地方志编纂委员会主编，长乐县地方志编纂委员会整理，福建人民出版社，1993 年。

（民国）沈桢编著：《八闽风土记》，海峡文艺出版社，1992 年。

徐晓望主编：《福建通史》，福建人民出版社，2006 年。

（清）冯登府编著：《闽中金石志》，海峡书局，2017 年。

赞宁、范祥雍编著：《大宋高僧传》，中华书局，1987 年。

郑丽生著：《郑丽生文史丛稿》，海风出版社，2009 年。

卢美松编著：《朱紫名坊》，福建美术出版社，2013 年。

卢美松编著：《福州名园史影》，福建美术出版社，2007 年。

徐自强、吴梦麟著：《古代石刻通论》，紫禁城出版社，2003 年。

黄荣春编著：《福州摩崖石刻》（增订本），福建美术出版社，2011 年。

福建省政协文史资料委员会编：《福建摩崖石刻精品》，福建人民出版社，2005 年。

福州市鼓岭旅游度假区管委会编：《鼓山摩崖石刻拓片百幅精选集》，福建美术出版社，2021 年。

陈元春编著：《冶山摩崖石刻新编》，海峡书局，2022 年。

俞达珠主编：《海口志》，海潮摄影艺术出版社，1994 年。

福建省地方志编纂委员会编：《福建省志·宗教志》，厦门大学出版社，2014 年。

连天雄编著：《坊巷雅韵》，福建美术出版社，2015 年。

连江县政协文史资料委员会编：《连江摩崖石刻》（连江文史资料第 17 辑），2012 年。

中共长乐区委宣传部编：《长乐古石刻》，福建美术出版社，2023 年。

张天禄编：《鼓山艺文志》，福州市地方志编纂委员会整理，海风出版社，2001 年。

丁福保编：《佛学大辞典》，中国书店，2011 年。

连江县博物馆编：《连江文化遗产》，海峡文艺出版社，2015 年。

黄新强著：《罗源文物》（罗源文史资料第 15 辑），鹭江出版社，2013 年。

高建斌著：《闽安石刻调查》，中共福州市马尾区委宣传部、福州市马尾区文化体育局编，福建教育出版社，2018 年。

后　记

为充分挖掘福州市摩崖石刻历史，阐述其深厚内涵，助推福州摩崖石刻的保护与利用，2024 年，福州市政协文化文史和学习委员会将编撰出版《福州摩崖石刻史话》列入年度工作计划，并于 4 月召开征编工作部署会，正式启动本书编写工作。

福州市政协领导高度重视本书编撰工作。市政协主席办公会议专题研究了编撰工作方案，并组成了以市政协党组书记、主席刘卓群为总策划，市政协副主席林澄为主任的《福州摩崖石刻史话》编委会，指导本书编撰工作。市政协文化文史和学习委原二级巡视员陈高英，市政协文史馆顾问、福建省文史研究馆原馆长卢美松担任本书主编，主持编撰过程并负责统稿。市政协文史研究员陈泽山、林强、张浩清等认真审阅稿件。陈常飞负责全书编辑具体事宜并初审文稿，杨芳莉等承担校对并对接出版等工作。

在本书编撰过程中，我委多次召开征编工作讨论会，对本书体例、框架、结构等内容进行认真讨论和研究。鉴于近年来出版的福州摩崖石刻书籍多以地域分类且以普及基础知识为主，本书精选代表性石刻 120 余段，分叙事抒情、爱国御侮、游踪题名、志趣题榜、岩画造像、遗闻轶事、诗文赏析等章节，力图讲好石刻背后的人文故事，展现闽都文化深厚底蕴。福建博物院副院长龚张念、福建师大社会历史学院教授徐心希、福建省民间文艺家协会副主席卢为峰、福建省书法家协会副主席柯学刃、福州市文物局文保处处长陈毓彪等对书稿提出了宝贵的建议意见。本书综述由黄荣春、张浩清、林强撰写，孙源智、柯学刃等对相关内容进行补充完善。福州市摄影家协会原主席林振寿提供了大量摩崖石刻图片，福建省政协文化文史和学习委员会办公室主任、省书法家协会副主席林传生应邀为本书题写书名，福州市政协书画院副秘书长陈伟创作封底国画《灵源深处》。在本书出版之际，向所有为本书付出心力者，谨致谢忱。

由于时间仓促、水平有限，书中错漏之处在所难免，敬请读者斧正。

编 者

2024年12月